Alexander Blöthner

SAGEN UND

ALTERTÜMER

AUS SCHLEIZ

UND UMGEBUNG

SCHLÖSSER, KIRCHEN, KELTISCHE FLURNAMEN
ARCHÄOLOGISCHE FUNDSTÄTTEN, KULTPLÄTZE

Aus der Reihe: Plothener Hefte zur Thüringer Regionalgeschichte Band 44

Über den Autor:

Alexander Blöthner M. A. (phil.), geboren 1974 in Schleiz, hat an der Universität Jena ein »Studium Generale« mit Schwerpunkt auf Geschichte und Soziologie absolviert und verfaßt Bücher über Lebensphilosophie, Sagen, Orts- und Regionalgeschichte.

Mitglied im Förderverband zum Schutze des Eßzet

Tannhäuser
Alexander Blöthner
3. Auflage Plothen 2020

Herstellung und Verlag: BoD - Books on Demand, Norderstedt - ISBN 978-3-752-62605-6

peutschütz dörfel GROBEN- DUMBISCH haintz

ALT- PEUSCKEN GEREUTHE KASCHUITZ STEIN- WIENGINDORF
BARN PARNE LACZK BRUCKEN

MUGGCZOW BANK- BOCKEN- GROBIS- DRAWELINDE MOSZEBACH
KYLAW schenke DORFF DORF CLINOVA RENSDORF CROLIP

SORNITZ STAROPOSTNO KNAWE TREBENE sornow

PASEGKE POZZENA sörnste CONRATS- BURKERTSDORF
VILLA Finkenmul wüste TORE

tussaw BUCH nebeck BLÖCHE hayn TECHAWE
czum Kolmichen VILLA PLOTE DITHERICHESDORF DRAGANS- PARN

CYGEN- schon- CZUR REEDERN moldelizsch DORF IGELSDORF

RUKE DORF VOLGMES- BAN- BURGSTÄUDEL RODESDORFH
DORFF STANGE TREMSDORF RAILA- GODUSTCZ
visbach PORMITZ ROST-mul mösersmul
smerlicz DUWENDORFF RÖDERA LOMEN görlitz
mespach OTTEN- KURSCOWE
ERCKMANSDORFF höfle DORF KRAUSCHITZ PÖRNA LEZOWE DROSE-
KRISTENDORF GORKEWIZ BURKHADTSMUL LÖSMUL BEYN
WALDSBURG PORSTSHOF schmtoen- HADIRSAK
DÖRFFLA MUNCHGRUN SLOWIZC DYCHERICHS- mul
teufelsmul DORF HAMMERMUL

GRUN CRISTEL- GROUSWITZ KALTENHOF BEMSDORF LANGE-
WALT BACH OSCHICZ heinrichshain PUCH
SORGA MOUSLITZ hammer- MILLERSDORF
DU BORG molmitz mul GRIMUL MEUSEBACH schlagmul

BURCK- GREVENWART RUMALT GOTSCHALGZGRUNE UNTER-
hammer hermannstorf VRANKINDORF KOSKA

GUT DIE ISE SCHILTPACH CHAN EBERN OBIRN-
techroth MANGOLZSTORFF LÖLA BERCH KOSKODE
mittelmul

SALBERCH REULA KÄMMERA WEIDENDORF TRAUNSDORF
culme DITTERSDORF VILLA STELZE
BERNSDORFF WILHELMSTORFF
KUNEGESDORF SUBOTENDORF ottenmul SPILEMÜTZ
VILLA metrhoff ROTENAKKER
nydergrune OBERGRUNE GETTENGRIN DOCKENDORF
VREZZIN PLINTENDORF GEVELLE Alte HAAD
GORETZE FUNCKENBURG
hohenpreis STARENBURG HORLA GEBEHARDISREUTE
ULRICHSREUT THOBEREUT Alte STRAAUß
Lehesten HAMMERMUL QUIRA MODELOTENREUT
HIRZSBERG jochhöhe KÖGELMUL
SPARNEBERCHE künsmul FENCZKA
RUDOLPHSTEIN SACHSVORWERCK TIEBENGRUN TOBIN KÖNIGSHOF

INHALTSVERZEICHNIS

DAS REUSSISCHE OBERLAND

Morphologie

»Im Süden des Orlagrabens zieht sich ein breiter Keil gefalteter Kulmschichten, bestehend aus Schiefern und Grauwacken, von Sonneberg bis nach Gera und Weida. ... Die Kulmschieferlandschaft stellt den Rest einer ehemaligen Verebnungsfläche dar, die durch die Tätigkeit der Flüsse zu einer welligen Hochebene umgestaltet worden ist. ... Auf den Hochflächen liegen mehr oder minder starke Verwitterungsdecken, die nach Rodung des Waldes dem Ackerbau dienstbar gemacht wurden. So finden wir in diesem Gebiete die Dörfer meist auf Höhen. Die Dorfanlage selbst schmiegt sich in den meisten Fällen in die flache, windgeschützte Mulde eines kleinen Wasserlaufs ein, der den Dorfteich als Wasserquelle speist. ... Die Äcker zeigen besonders in steilen Hanglagen steinigen Charakter. Talwände und felsige Hocker tragen meist Wald, der inselhaft die Landschaft belebt. Je weiter wir aber in der stufenartig aufsteigenden Landschaft nach Süden vordringen, umso größeren Raum nehmen die Fichtenwälder ein, so daß schließlich die Dörfer des Vogtländischen Schiefergebirges als Kulturinseln in Waldlande erscheinen.«[1]

Territorialgeschichte

Lange hatte man angenommen, das Oberland sei erst in slawischer Zeit [partiell] und im Hochmittelalter [durchdringend] besiedelt worden. Ein Fundbogen von steinernen Bodenbearbeitungsgeräten von Plothen nach Schleiz, von Zollgrün nach Seubtendorf zeigt jedoch, daß das Gebiet bereits im 3. und 4 Jahrtausend vor Christi von jungsteinzeitlichen Bauern, wenn nicht besiedelt, so doch als Durchzugsgebiet von Bedeutung gewesen sein muß, wenn auch nicht in dem Maße wie die nördlich davon gelegenen Gebiete Ostthüringens. Funde aus späteren Epochen, so aus der Zeit der großen Urnenfelder um 1.000 vor Christi, lassen sich in Oettersdorf [Geisla] und am ›Klettigshammer‹ bei Heinersdorf nachweisen. Bezüglich der Besiedlung des Landes während der jüngeren Eisenzeit hat man anhand von ›keltisch‹ interpretierten Gewässer- und Flurnamen im Flußgebiet der oberen Saale und Wisenta nachweisen wollen, daß die Kelten zu den ersten Siedlern des Wisentalandes zählten. Tatsächlich aber gehen diese Flurnamen eher auf alteuropäische Synonyme zurück, die sich in den keltischen Dialekten lediglich wiederfinden. So ist dann auch das historische Material für den örtlichen Nachweis einer keltischen Besiedlung des Oberlandes abgesehen von Ziegenrück, Paska und Göschitz äußerst dürftig. Im Laufe des 2. Jahrhunderts vor Christus bildete sich in Thüringen eine regionale Zweiteilung heraus mit der Saale als Grenze. Während sich im ostsaalischen Raum die elbgermanische Jastorf-Kultur durchsetzte, entwickelte sich im Westen die germanisch dominierte alteingesessene Bevölkerung zu einer hochstehenden, eigenständigen, wenn auch stark keltisch beeinflußten Kultur. Im Gegensatz zur Orlasenke sind im Oberland germanische Funde kaum vertreten. Bestenfalls einige Flurnamen lassen sich mit den Germanen in Verbindung bringen. Immerhin deuten Sagen, wie jene von Fürst Salah und seinen Kindern [Saalthal] oder die von der Hunnenschlacht im Mordtal [Tausa] auf ihre einstige Anwesenheit hin. Gemäß dem Sagenzyklus von den geheimnisvollen Hainherren scheint es bereits im 5. Jahrhundert im Oberland lokale Machtzentren, vornehmlich an den großen Kultplätzen der Gegend bei den Heiligen Hainen in Tossau [sicherlich Tausa], Slewitz [Schleiz], Göschitz und im vom Schauplatz des Geschehens auffallend weit entfernten Elsterberg gegeben zu haben. Sie werden von einer Art Kleinkönigen kontrolliert, die neben einer militärischen Schutzfunktion auch religiöse Ämter versehen.

Nach der Vernichtung des Thüringerreiches durch die Franken im Jahre 531, entvölkerte sich Ostthüringen im Laufe des Jahrhunderts und die Sorben, eine slawische Nation, wanderten mehr oder minder kampflos, in das Gebiet ein. Für ihre Siedlungen bevorzugten sie vornehmlich Gunsträume wie Flußtäler und offene Landstriche, zogen Saale, Wisenta und Wettera aufwärts und besiedelten deren Nebentäler. Vergleichsweise blieb die Zahl ihrer Ortsgründungen in unserer Region daher gering, der schwere Waldboden, den sie mit ihren hölzernen Hakenflügen kaum bearbeiten konnten, setzte ihrer weiteren Ausbreitung eine Grenze. Während in der östlichen Hälfte Thüringens ab dem 7./8. Jahrhundert ein sorbisches Gemeinwesen zu blühen begann, setzten sich im westthüringischen Raum unter Aufsicht fränkischer Herzöge immer mehr Grundherrschaft und Lehnsystem durch. Um das Jahr 800 begannen die Franken dann begehrliche auf die benachbarten Sorbengaue zu werfen. Seit dem letzten Viertel des 8. Jahrhunderts erscheinen in fränkischen Urkunden und Chroniken immer häufiger Angaben über Sorabien. Das links der Saale befindliche Land zählte damals zum Gau >Husitin<, die Orlasenke und die umliegenden Gebieten bildeten den >Orlagau< [pagus orla], das Holzland in der Umgebung von Bürgel lag im Gau >Strupenice<. Die Umgebung von Gera wird später als >Gau Geraha< bezeichnet. Der Dobnagau umfaßte die Umgebung von Plauen. Der >Prisingow< [Prisingau] zwischen Dobna- und Orlagau wird eine alte Bezeichnung für das Wisentaland um Schleiz [Gau Wisent] gewesen sein. Die Integration der einzelnen Sorbengaue in den fränkischen Herrschaftsbereich verlief regional unterschiedlich. Die Sorben an der unteren Saale entrichteten Tribute und unterstanden einer lockeren Oberherrschaft durch die Markgrafen. Ihre Führer fanden sich zu fränkischen Hoftagen ein. In unserer Region hingegen wurde, wohl bedingt durch die Nachbarschaft zu den heidnischen Czechen, um jeden Meter Boden erbittert gerungen. Zunächst beteiligten sich wohl nur sorbische Kriegsherren und ihre Mannschaften am Streit, später kämpfte das gesamte Volk um die bedrohte Freiheit. Als Orte vergangener Kämpfe zwischen Sorben und Franken gelten u.a. das kleine Mordtal bei Knau, der ›Schlaghaken‹ im Burgkwald und der Wald ›Streitreuth‹ bei Mißlareuth. Bis zum Jahr 869 soll es gedauert haben, bis die Markgrafen der neugebildeten Sorbenmark das Land bis zur oberen Elster dauerhaft unter Kontrolle gebracht hatten. Bis dahin waren von dem Markgrafen Thakulf gemeinsam mit dem Erzbischof von Mainz sechs große Kriegszüge gegen die Sorben geführt worden. Beim letzten dieser Züge wurde, der [späteren] Chronik des Longolius zufolge, auch die Burg Slowitz [Schleiz] den Sorben entrissen und anschließend als Zwingburg wider sie ausgebaut.[2] Als weitere frühe Burgen gelten die Leuchtenburg bei Kahla, der Petersberg [Schloßberg] von Saalfeld, die Burgen in Könitz und Ranis und vielleicht auch jene in Ziegenrück.

»Als Kaiser Otto I. 968 das Bistum Zeitz stiftete, entsprachen im allgemeinen die Grenzen desselben auch dem Umfange der gleichnamigen Mark. Dann aber wurde bald die Mission des Zeitzer später Naumburger Bistums durch die Slaweneinfälle gestört, ja ruhte wohl zeitweise ganz. In dieser Zeit suchten andere geistliche Gewalten in der Mark an Boden zu gewinnen. So wurde im Gebiete der späteren Herrschaft Lobenstein die Pfarre zu Gahma mit ihren Filialen Weitisberga, Wurzbach, Oßla, Ruppersdorf, Eliasbrunn, Altengesees, Rauschengesees und Thimmendorf von der [über das Kölner Erzstift] unter dem Erzbistum Mainz stehenden Benediktinerabtei Saalfeld gegründet. Ferner stiftete die zum Erzstift Prag und Bistum Bamberg gehörige Pfarre von Hof die Kirche zu Gefell, die wieder die Filialen Hirschberg, Töpen, Ullersreuth, Großzöbern, Mißlareuth ... geschaffen hat.«[3] Überdies scheint die Region auch von Mönchen des Klosters St. Emmeran bei Regensburg berührt worden zu sein, die missionierend die alte Landstraße nach Norden zogen und, wie vermutet wird, nach jeweils 17 bis 23 Kilometern, also am Ende einer jeden Tagestour, späteren Raststätten gleich, Wolfgangskapellen anlegten, so in Münchberg, Hof, Gefell, Schleiz, Auma, Großebersdorf, Gera, Zeitz u.a.[4] Während wir über die Entstehung der Herrschaft Saalfeld [899] mit dem Orlagau und die frühdeutsche Geschichte des Elsterlandes um Gera [995] und Plauen [1122] weitgehend im Bilde sind, fehlen uns Informationen über die Gegend um Schleiz, Tanna und Lobenstein bis zum 2. Viertel des 13. Jahrhunderts vollkommen. Eine Kaufbestätigung über die Einkünfte in Lothra im Jahre 1135 ist neben Rauschengesees [1120 Ruceschesece] die früheste Nennung eines Ortes unterhalb Saale, eine Notiz über die Kirche von Kulm [1223] die früheste aus dem Wisentaland, welches als solches nicht vor dem Jahre 1280 [terra dicta Wisenta] in den Quellen Erwähnung findet. Den geschichtlichen Hintergrund hierfür bildete die Territorialpolitik der Stauffer in der zweiten Hälfte des 12. Jahrhunderts. Ausgehend von Nürnberg hatte Kaiser Friedrich Barbarossa [1152-1190] über das Regnitzland, das Egerland, das spätere Vogtland und das Pleißenland ein einheitliches, zusammenhängendes Reichsterritorium mit Altenburg als Zentrum geschaffen. Dazu war es von großer Wichtigkeit, auch den damals noch dem Erzbistum Köln gehörenden Orlagau, das Gebiet zwischen Saalfeld und den späteren Städten Auma und Ziegenrück zu gewinnen. Geostrategisch gesehen verlief hier eine Art Landbrücke, welche die Thüringischen Altsiedellandschaften im Westen mit den königlichen und adeligen Herschaftsbildungen in den ostsaalischen Gebieten der ehemaligen ›Germania Slavica‹ verband. Um die Westgrenze des neuen Reichslandes nach Westen hin abzusichern, wurde u.a. die Saalelinie mit einer in Hirschberg beginnenden Burgenkette befestigt.[5] Für den Ausbau der neuen Reichslande stand den Stauffern nur mehr eine kurze Zeitspanne zur Verfügung. Der frühe Tod von Barbarossas Sohn und Nachfolger Kaiser Heinrich VI. im Jahre 1197 und der anschließende stauffisch-welfische Thronstreit bereiteten ihren weitreichenden Plänen ein jähes Ende.[6] Um sich gegen seinen Thronkonkurrenten Otto IV. dem Welfen durchzusetzen, mußte König Philipp von Schwaben [1198-1208] seine Gefolgsleute mit Lehnsbesitz belohnen, aber auch politische Gegner mit Landschenkungen gewogen machen können. Auf diese Weise ging von seinem Reichsgut ein Teil um das andere wieder verloren. 1199 sah sich der König gezwungen, dem Landgrafen Hermann I von Thüringen, der in diesem Konflikt eine zwielichtige Rolle als Königsmacher spielte, u.a. mit Saalfeld, dem Orlaland und der Reichsburg Ranis [Salvelt cum finibus Orlan et castrum Ranis] zu belehnen. Philipps Dienstmann, der 1174 urkundlich erwähnte Heinrich von Weida konnte seine Stellung als königlicher Vogt demaßen festigen und erweitern, daß er um das Jahr 1200 über einen Herrschaftsbereich verfügte, der – allerdings noch mit fremden Herrschaftsrechten durchsetzt – den Raum um Gera, Ronneburg, Weida, Greiz sowie später Mylau und Teile des Egerlandes umfaßte. Um die gleiche Zeit erhielten die stauffischen Vasallen, die Markgrafen von Giengen-Vohburg und deren Nachfolger die Herzöge von Andechs-Meran [um 1250], das Regnitzland mit dem Ort Hof sowie die Gegend um Hirschberg zu Lehen. Der Reichsfiskus Plauen mit dem früheren Dobnagau ging zunächst an die Grafen von Everstein, später an Vogt Heinrich von Weida. Das Gebiet östlich der mittleren Saale mit dem späteren Holzland um Jena, Kahla und Stadtroda, die mittlere und obere Orlasenke, die Herrschaft Elsterberg sowie das ganze Land zwischen der oberen Saale und dem Dobnagau gelangte im Jahre 1204 an die Herren von Lobdeburg, wohl als Lohn dafür, daß sie Philipp in einem seiner Kriege beigestanden hatten. Von Arnshaugk aus drangen diese bedeutenden Kolonisatoren in die nördlich und südlich gelegenen Waldungen vor, errichteten Burgen und legten weitreichend Rodedörfer an. Die festen Plätze Saalburg, Burgk und wohl auch Walsburg und Wysburg sind ihre Gründungen. Ebenso haben sie, wie der Name vermuten läßt, Lobenstein erbaut. Später zerfielen sie in mehrere Linien. Während die

Arnshaugker Linie der Nachkommen des Hartmann bis 1289/90 bestand, erlosch die Saalburger Linie der Nachkommen des Otto mit dem Tod Hartmanns IV. schon in den 1240er-Jahren. Die Herrin Leukard, die Witwe oder Erbtochter – so genau weiß man das heute nicht mehr – des Hartmann, war mit Vogt Heinrich I. aus der nach 1238 von dem Haus Weida gebildeten Linie der Vögte von Gera vermählt, worauf dieser mit Otto IV. von Lobdeburg-Arnshaugk, den nächsten Verwandten des Verstorbenen und eigentlichen Lehnserben der Saalburger Güter einen Erbstreit führte. Am Ende verglichen sich beide Teile dahingehend, daß Otto Schleiz, Saalburg und Burgk erhielt, während der Vogt von Gera die Orte Lobenstein, Mühltroff und wahrscheinlich auch Pausa zugesprochen bekam. Letztere beiden Burgsitze scheinen die Geraer dann bei einer Teilung mit der Linie Plauen an diese abgetreten zu haben. Heinrich I. von Gera, der in den Urkunden zwischen 1238 und 1269 auftritt, hatte zwei Söhne [Heinrich II. und III.], die in den Jahren 1274 bzw. 1279 als Allodialerben im Besitz von Mühltroff bzw. von Tanna anzutreffen sind. Nach dem Tod Ottos IV. von Lobdeburg-Arnshaugk und dem Ende seines einzigen Sohnes Hartmann in den Jahren 1289 und 1290 sah sich Ottos Witwe, Elisabeth ›die Ältere‹, in ihrer Stellung bedroht und mußte sich unverzüglich wieder vermählen und zwar mit dem Thüringer Landgrafen Albrecht den Entarteten. Ihre Tochter Elisabeth ›die Jüngere‹ dagegen ehelichte 1303 dessen Sohn Friedrich den Freidigen und wurde dadurch zur Stamm-Mutter aller heute noch lebenden Wettiner. Durch diese beiden Hochzeiten gelangten alle Güter und Herrschaftsrechte der Lobdeburger auf Arnshaugk an die Wettiner, die den Erwerb solcher kleinen Herrschaften als Bindeglieder zwischen ihrer Markgrafschaft Meißen, ihren osterländischen Besitzungen und ihrer Landgrafschaft Thüringen planmäßig betrieben. Das Gebiet um Schleiz mit Burgk und Saalburg, welches das Leibgedinge von Ottos Witwe gewesen war, wurde von den Wettinern gegen die eigentlichen Lehnserben der Arnshaugker Linie, den Lobdeburgern zu Burgau und Leuchtenburg, erfolgreich behauptet. Neben diesen erhoben auch die beiden Vögte von Gera Ansprüche auf diesen verbliebenen, ihnen damals nicht zugefallenen Teil der Hartmannschen Güter, doch konnten sie zunächst wenig ausrichten. Erst eine Generation später, als die Wettiner in ihren aufreibenden Auseinandersetzungen mit dem Königtum, welches die dem Reich entglittenen mitteldeutschen Gebiete wiederzuerlangen suchte, sowie mit mächtigen Nachbarn Schwäche zeigten, nutzten die beiden Reichsvögte Heinrich der Große und Heinrich der Freigesinnte von Gera die Gunst der Stunde. Im Jahre 1314 eroberten sie die Schlösser Saalburg, Schleiz und Burgk. Markgraf Friedrich, der Gemahl von Otto des letzten Arnshaugkers Tochter, verbündete sich daraufhin mit dem Burggrafen von Nürnberg. Es wurde vereinbart, daß im Falle einer Eroberung der Städte Gera und Schleiz beide dem Markgrafen zufallen sollten, während sich der Burggraf an der Besetzung anderer Vögtischer Länder, so von Hof und dem Regnitzland, schadlos halten wollte. Allein daraus wurde nichts. Der deutsche König Ludwig [der Bayer] griff 1316 zugunsten der Vögte von Gera in den Konflikt ein. In aller Form bekräftigte er den Anspruch des Reiches auf alle ehemaligen Reichslehen, insbesondere auf die Städte Altenburg, Zwickau und Chemnitz sowie auf das Pleißenland und bestätigte die Vögte von Gera, Weida und Plauen ausdrücklich als Reichsvögte für diese Gebiete. Damit war den Wettinern der Wind aus den Segeln genommen und sie mußten 1316 bzw. 1320 mit den Vögten einen Waffenstillstand abschließen. Daraufhin verglichen sich die Vögte von Gera auch mit den Vertretern der ebenfalls am Streit beteiligten erbberechtigten Linie Lobdeburg-Burgau, die daraufhin ihre Ansprüche auf Saalburg, Schleiz und Burgk fallen ließ, worauf das Land dem Geraer Hause gesichert war.[7] Auch nach der Aufhebung der Reichsvogtei im Jahre 1404 blieben die Vögte im Besitz des Landes, nannten sich aber seither ›Herren‹ von Weida, Gera bzw. Plauen. Das ursprünglich nur die ehedem quedlinburgischen Stiftsgüter um Gera sowie Streubesitz im Ronneburg-Altenburger Raum umfassende Gebiet der Vögte bzw. Herren von Gera erfuhr in der Folge wiederholte und verschiedentliche Teilung. 1333 erwarben die Geraer zusammen mit den Weidaern die Pflege Langenberg und tauschten später ihre durch Erbschaft gewonnene Herrschaft Greiz bei der Plauenschen Linie gegen die so genannten ›Hofer Lehen‹ ein. Zudem besaß das Haus Gera vor 1350 Mühltroff und bis 1502 Zeulenroda. Nach dem Aussterben der ehedem vögtischen Linien zu Weida [1532] und Gera [1550] existierte nur noch die Linie Plauen. Diese hatte von den Weidaer Vettern Ronneburg, Schmölln und Werdau erworben, war aber nach dem Jahr 1303 in einen älteren Zweig zu Plauen und einen jüngeren Zweig zu Greiz zerfallen. Der ältere Zweig umfaßte die Herrschaften Plauen, Auerbach, Pausa, Gefell, Hirschberg, Selb sowie Asch und Graslitz in Böhmen, der jüngere Zweig dagegen Greiz, Reichenbach, Mylau, Werdau, Ronneburg und Schmölln. Aus einer Nebenlinie des älteren Hauses [zu Mühltroff] stammte im übrigen der bekannte Hochmeister des Deutschritterordens Heinrich von Plauen [†1429]. Sein Vetter aus der Linie Plauen, Heinrich X [†1447], wurde vom Kaiser zum ›Burggrafen von Meißen‹ ernannt, ohne die Herrschaft in diesem seit 300 Jahren von den Wettinern besetzten Gebiet je angetreten zu haben. Den damit verbundenen Titel aber behielt er für sein Haus. Sein Sohn Heinrich II. allerdings verlor seine vogtländischen Besitzungen um Plauen und lebte fortan in Böhmen. Der jüngere Zweig des Hauses Plauen wurde nach dem Zunamen seines Begründers, Heinrich III. [† vor 1295], ›Ruthenus‹, ›Rucze‹, fortan ›Reuß‹ genannt. Der Name hat entweder von dessen längerem Aufenthalt in Russland seinen Ursprung oder rührt von seiner Ehe mit der mütterlicherseits einem russischen Fürstenhaus entstammenden böhmischen Herrentocher Maria Swihowska her.[8] Nach dem verlorenen Vogtländischen Krieg zerfielen die Reußen 1359 in die beiden Linien Greiz und Ronneburg, deren Gebiete in wettinische, zum Teil auch in böhmische Lehen umgewandelt wurden. Nachdem die Ronneburger Reußen im Jahre 1400 ausgestorben waren, fiel ihr Land als erledigtes Lehen an die Wettiner und die Greizer Verwandten gingen leer aus. Das Greizer Haus aber existierte weiter und blühte nach dem Tod Heinrichs XIII. [†1535] in seinen 3 Söhnen Heinrich XIV. dem Älteren [1506-1572], Heinrich XV. dem Mittleren [1525-1578] und Heinrich XVI. dem Jüngeren [1530-1572] fort. Nach dem verlorenen Schmalkaldischen Krieg wurden die Reußen 1547 von Kaiser Karl V. [reg. 1520-1555] entmachtet, auf ihre Kranichfelder Besitzungen verdrängt und der Rest ihres Landes [Greiz und Zeulenroda ganz, das Geraer Erbe halb] dem Burggrafen Heinrich IV. [†1564] von Meißen aus der älteren Plauenschen Vogtslinie übertragen, der als böhmischer Erzkanzler in diesem Krieg eine wichtige Stütze der katholischen Partei gewesen war und zum Dank dafür vom Kaiser auch die von seinem Großvater an Kursachsen verlorenen Gebiete im Vogtland [Plauen, Pausa u.a.] zurückerhielt. Sein daraus gebildeter ›Burggrafenstaat‹, der faktisch das gesamte Vogtland umfaßte, zerfiel bereits nach dem Tod seines letzten, zu Schleiz residierenden Sohnes Heinrich VI. [†1572] und das Land kam teils als Sächsisches Vogtland zurück an die Wettiner, teils in Gestalt der Herrschaften Greiz, Gera, Reichenfels-Hohenleuben, Schleiz, Saalburg, Lobenstein u.a. endgültig an die Reußen, die diese Gebiete allerdings als böhmische Lehen annehmen mußten, wenn auch mit der Besonderheit, daß der böhmische König sie nicht seinen anderen Lehen gleichstellen durfte, sondern ausdrücklich vom Reich zum Lehen nehmen mußte.[9] Damit war die jahrhundertelang über den Nachfahren der Vögte schwebende Gefahr, zu Vasallen der Wettiner zu devancieren, gebannt, ihre reichsunmittelbare Stellung endgültig gesichert. »Entbehrte das reußische Gebiet ohnehin des territorialen Zusammenhalts durch das den Wettinern zugefallene Amt Weida, ... so wurde die Stellung der Herrschaft durch das bis zur Selbstaufgabe ausgetobte Teilungsprinzip«[10] in der Folge wiederholt in Frage gestellt. Kaum hatten die drei Brüder 1562 bzw. 1572 einen Teil ihres Besitzes bzw. Erbes [Lobenstein war noch verpfändet, Schleiz, Saalburg, Burgk kamen erst nach der Zahlung einer Entschädigung für Heinrichs VI. Witwe 1589 ganz in ihre Hand] zurückerhalten, schritten Heinrich XIV., XV. und XVI. auch schon zu ihrer ersten Landesteilung und bildeten eine ältere, eine mittlere und eine jüngere Linie und damit die Teilstaaten Reuß-Untergreiz, Reuß-Obergreiz [mit Schleiz und Zeulenroda] und Reuß-Gera [mit Gera, Langenberg und Köstritz] heraus. Die Herrschaft Burgk mit dem schmalen Landstrich zwischen Plothen und Zoppoten kam an Reuß-Untergreiz. Schleiz mit 11 Orten der gleichnamigen Herrschaft sowie die Pflege Reichenfels bei Hohenleuben gelangten an die mittlere Linie Reuß-Obergreiz, während der restliche Teil von Schleiz mit Tanna, Saalburg der jüngeren Linie zu Gera zugesprochen wurde. Deren Anteil an

Lobenstein vergrößerte sich 1585 bzw. 1588 zudem durch den Zukauf der Anteile der mittleren und älteren Linie daran. Als Heinrich der Mittlere zu Schleiz 1616 erbenlos starb, fielen abgesehen von jenen 15 an Reuß-Untergreiz abgetretenen Dorfschaften Schleiz und Saalburg endgültig an die jüngere Linie des reußischen Hauses zu Gera, dessen Oberhaupt Heinrich Posthumus [1572-1635] war. Sein Beiname ›Posthumus‹ rührt daher, weil er erst nach dem Tod seines Vaters zur Welt kam. Durch viele nutzbringende Anwendungen hob er den Wirtschafts-, Verwaltungs- und Bildungsstandard seines Landes erheblich an und wurde so unzweifelhaft zu dem bedeutendsten Reußen seiner Zeit und zum ersten berühmten Geraer. Nach seinem Tod regierten seine Söhne Heinrich II., Heinrich III., Heinrich IX. und Heinrich X. zunächst gemeinschaftlich weiter. Heinrich III. residierte bis zu seinem Tod 1636 in Schleiz. Danach hielt sein Sohn Heinrich I. dort Hof. Im Jahre 1647, als die Söhne und Enkel des Posthumus zur Teilung schritten, bekam Heinrich IX. 23 Orte der Herrschaft Schleiz sowie Reichenfels, während man dessen Neffen, besagtem Heinrich I., neben den 14 verbliebenen Orten der Herrschaft Schleiz einen Anteil am Saalburgischen sowie 11 Orte aus dem Lobensteinischen zusprach. Heinrich II. dagegen wurde Gera und Heinrich X. das um 11 Orte verminderte Lobenstein übergeben.[11] »Durch den 1666 erfolgten Tod Heinrichs IX., des seitherigen Regenten von Schleiz, wird Saalburg als selbständiger Staat, der aus drei verschiedenen Stücken zusammengesetzt war, aufgehoben und in drei Portionen geteilt. Die ursprüngliche Pflege Saalburg fiel an Gera, die Schleizer Dörfer an Schleiz und die Lobensteiner Dörfer an Lobenstein.«[12] Heinrich I. [†1692], der Stammvater aller heute noch lebenden Reußen übernahm die Herrschaft der wieder vereinigten Pflege Schleiz mit Reichenfels. Sein Land umfaßte die Fläche zwischen Willersdorf im Süden und Dittersdorf bzw. Kleinwolschendorf im Norden, griff aber – von den Greizer Exklaven Zeulenroda und Mehla-Brückla unterbrochen – im Nordosten bis nach Hohenleuben aus. Besiedelt war es von 2 Städten [Schleiz und Tanna], 1 Marktflecken [Hohenleuben], 3 Jahrmarktsdörfern [u.a. Rödersdorf], 32 Landgemeinden und etlichen Mühlen und Einzelanwesen. Im Jahre 1647 lebten dort 7.602 Menschen, im Jahre 1806 schon etwa 16.000 und 1846 sogar 21.780.[13] 182 Jahre bis zum Jahr 1848 währte diese selbständige Herrschaft Schleiz.

Im Gegenzug spaltete sich die Hauptnebenlinie Lobenstein mit der Zeit in mehrere Unterlinien auf. Die Lobensteiner Linie zerfiel in die Zweige Lobenstein, Hirschberg und Ebersdorf und diese Linie Lobenstein abermals in die Zweige Lobenstein und Selbitz, während im Jahre 1711 die Linie Hirschberg der Hauptnebenlinie Lobenstein erlosch. Nachdem alle reußischen Linien bereits 1673 in den Reichsgrafenstand erhoben worden waren, avancierte 1778 der Graf von Reuß älterer Linie und im Jahre 1790/1806 schließlich die Inhaber der Nebenzweige der jüngeren Linie in den Reichsfürstenstand. Im Jahre 1802 starb die jüngere Linie zu Gera aus. Deren Land wurde von der Linie Schleiz und der Hauptlinie Lobenstein-Ebersdorf gemeinsam regiert. 1805 erlosch die Linie Lobenstein, deren Land nun an die Selbitzer Tochterlinie überging.

Bis zum Untergang des Alten Reiches 1806 und der (materiell freilich abzugeltenen) Erlöschung fremder Lehnsansprüche im Zuge der rheinbündischen ›Souveränität‹ hatten die Reußen nur die Regalien als Reichslehen, ihr Gebiet aber wie gesagt, nur als Reichsafterlehen der Krone Böhmens besessen. Sie beschickten die Reichstage und gehörten dem Obersächsischen Kreis und seit 1656 der Wetterauischen Grafenbank an. »Das bedeutete, sie hatten mit den Häusern Nassau, Hanau, Solms, Isenburg, Stolberg, Wittgenstein und den Grafen bei Rhein, Leiningen-Daxburg, Leiningen-Westerburg, Waldeck, Schwarzburg, Schönburg, Ortenburg und Wartenberg, mit denen sie meist auch vielfach verschwägert waren, Anteil an einer Kuriatstimme (Gruppenstimme).«[14] – »Sie hatten seit 1583 dem Obersächsischen Kreis 3 Mann zu Roß und 15 Mann zu Fuß oder 24 Mann zu Fuß zu einem Reichskrieg zu stellen oder 4 fl. je Mann und Monat zu zahlen.«[15] Kurios war, daß man alle Prinzen der reußischen Linien mit Vornamen ›Heinrich‹ benannte. Den Namen soll Heinrich der Reiche [† vor 1210] aus Dankbarkeit für Landschenkungen zu Ehren Kaiser Heinrichs VI. für alle reußischen Regenten und deren Söhne eingeführt und im ältesten Hausgesetz festgeschrieben haben. Im Laufe der Jahrhunderte folgten Hunderte von reußischen Heinrichen, wobei die Verwirrung noch erheblich dadurch verstärkt wurde, daß es zudem verschiedene Zählmodalitäten gab. Mal zählte man alle männlichen Mitglieder von I bis C [hundert] und begann dann wieder von vorn, mal wurde mit dem ersten Glockenschlag jedes neuen Jahrhunderts wieder damit begonnen, die Prinzen zu zählen. Diese skurrile Sitte führte sogar zu staatlichen Verwicklungen, wenn etwa der nach 1815 in Frankfurt/Main tagenden Versammlung des Deutschen Bundes bei der Anschrift des Schleizer Regenten Heinrich LXII. bzw. seines zur gleichen Zeit in Ebersdorf herrschenden Vetters Heinrich LXXII. einmal ein Fehler unterlief. Demnach resümiert der berühmte Landesgeschichtsforscher Hans Patze 1968: »Namen wie Heinrich LXXII. Reuß j.L. schrecken auch den Historiker, nicht nur wegen einer unsinnigen, auf ein Hausgesetz gegründeten Namensgebung, sondern weil sie ein Gewirr von Landesteilungen in Erinnerung bringen, das keine handvoll Fachleute im Kopfe hat.«[16] Die durch den Schmalkaldischen Krieg völlig verarmten Reußen konnten auch späterhin nicht als ›reich‹ bezeichnet werden. Ihre Einnahmen standen selbst hinter den kleinsten ernestinischen und schwarzburgischen Häusern zurück. Wenn man vom Geraer Landesteil mit seinen fruchtbaren Au- und Lößböden nebst der überregionalen Bedeutung der Stadt Gera als eines der Zentren des Tuchverlags sowie von der Stadt Schleiz als Kreuzungspunkt mehrerer Handelsstraßen einmal absieht, waren die reußischen Städte durchweg klein und unbedeutend. Ihre ratsfähige Bürgerschaft bestand in der Regel aus Ackerbürgern, die, wenn sie auch ein Handwerk ausübten, doch vorwiegend von der Landwirtschaft lebten. Ausnahmen, wie vermögende Händler, reiche Apotheker oder Besitzer von großen Fuhrmannsrasthöfen als Ratsherren, bestätigen die Regel. Die Vollbauern und »die Bürger, die nur Handwerker waren, gehörten zum Mittelstand. Die Rittergüter, denen ein großer Teil des Landes gehörte, waren steuerfrei. Die Herren mußten ihre Ausgaben aus dem Kammergut und einmaligen Steuern decken. Für deren Bewilligung waren die Landstände zuständig, zu denen die Rittergutsbesitzer und die Bürgermeister der Städte gehörten. ... Die Städte mußten die außerordentlichen Steuern wie etwa die Fräuleinsteuer bei der Verheiratung von Töchtern des Hauses oder Reisesteuern für die Kavaliersreisen der jungen Herren ebenso wie Steuern zur Abdeckung der Schulden bewilligen. Die Reichs- und Kreissteuern konnten dagegen ohne Mitwirkung der Stände umgelegt werden. Eine Scheidung zwischen Haus- und Kammervermögen bestand bis in das 19. Jahrhundert nicht. Abgesehen von dieser begrenzten ständischen Mitwirkung waren die Herren absolute Herrscher. Doch hat [im 17. und 18. Jahrhundert] keiner von ihnen, wie es scheint, die Stellung zu einem Willkürregiment oder zu einer übersteigerten Hofhaltung ausgenützt, mag auch der eine oder andere Absonderlichkeiten gezeigt haben. Kein Reuße ist auch als Bauherr besonders hervorgetreten, dafür fehlten bei der Kleinheit der Herrschaften einfach die Mittel. Die meisten Herren mußten fremde Dienste annehmen, um ihre Hofhaltung aufrechtzuerhalten. Wir finden sie in kursächsischen, brandenburgischen, auch in dänischen, vor allem aber in österreichischen, d.h. kaiserlichen Diensten als Kammerherren, Räte, meist aber als Soldaten.«[17] Auch ihr Familienleben − wenn man von der Hofierung durch ihre Vasallen bei wichtigen Familienanlässen wie Taufen, Hochzeiten oder Beerdigungen einmal absieht − hob sich nicht allzusehr von dem des niederen Adels ab. Allerdings forderte ihr Auftreten außerhalb des Landes eine unvermeidliche Betonung ihrer gesellschaftlichen Stellung als Reichsherren, Reichsgrafen und schließlich als Reichsfürsten, denn die damalige Zeit liebte solche Standesbezeigungen. Bemerkenswert an den Reußen ist, daß trotz der Vielzahl ihrer Linien − insgesamt 10 waren es etwa im Jahre 1694 − ganz im Gegensatz zu den Ernestinern kaum größere Streitigkeiten unter ihnen bekannt sind. Neben ihren besonderen Hausgesetzen und genauestens vollzogenen, infrastrukturell mitunter völlig unsinnigen Landesteilungsmodalitäten [wie einmal in Stadt Schleiz und Markt Schleiz] mögen vornehmlich ihre häufigen Familientreffen den Zusammenhalt mit konfirmiert haben. Aufgrund ihrer zentralen Lage inmitten der verschiedenen Reußenländer dienten die Städte Schleiz, mehr noch Zeulenroda, häufig als Konferenzorte, woraus diesen meist hohe Verpflegungskosten entstanden.[18] Die letzte Epoche der reußischen Herrschaftsgeschichte läßt sich folgendermaßen umreißen: Nach dem Aussterben der Selbitzer Tochterlinie im

Jahre 1824 fiel deren Gebiet an die einzige noch existierende Lobensteiner Seitenlinie, die Linie Ebersdorf. Dessen Fürst Heinrich LXXII. [1797-1853] entsagte im Revolutionsjahr 1848 gegen eine alljährliche Rente der Regierung, wodurch gemäß den reußischen Hausgesetzen Heinrich LXII. von Reuß-Schleiz [1785-1854] als einziger noch regierender Vertreter der jüngeren Linie deren Gesamtlande vereinigen und daraus das Fürstentum Reuß jüngerer Linie bilden konnte. Er verlagerte seine Hauptresidenz nach der aufstrebenden Elstermetropole Gera, behielt Schleiz und Ebersdorf aber als Neben- und Sommerresidenz. Eine Verwaltungsreform löste die alten Ämter auf und ersetzte sie durch landrätliche Behörden moderneren Typs. Das Kreisratsamt Schleiz umfaßte das Gebiet der ehemaligen Herrschaft Reuß-Schleiz sowie die Exklave Hohenleuben, das Kreisratsamt Ebersdorf hingegen war für das Gebiet Lobenstein-Ebersdorf sowie für die Pflege Saalburg zuständig. Die vier bestehenden Amtsgerichtsbezirke Schleiz, Saalburg, Hirschberg und Lobenstein beschränkte man 1861 durch den Anschluß von Saalburg an Schleiz auf drei. Zehn Jahre später kam es zur Verschmelzung der beiden Kreisämter Schleiz und Ebersdorf. Der Sitz des nunmehr ›Oberländischer Bezirk‹ genannten Amtes kam nach Ebersdorf, 1880 schließlich nach Schleiz. Die Exklave Reichenfels wurde dem ›Unterländischen Bezirk‹, dem Landratsamt Gera, angeschlossen. Nach dem Tod Fürst Heinrichs XXII. von Reuß älterer Linie [1846-1902] und der Regierungsunfähigkeit seines Sohnes Heinrichs XXIV. übernahm Heinrich XIV. von Reuß jüngerer Linie [1832-1913] auch die Regentschaft in Greiz. Im Jahre seines Todes umfaßte Reuß jüngere Linie eine Fläche von 826 km^2 und zählte 152.765 Einwohner. Dazu kam noch das beträchtlich kleinere, nur 316 km² umfassende und 72.616 Einwohner zählende Fürstentum der älteren Linie.

Schon wurden Überlegungen angestellt, die beiden Fürstentümer zu einem Reußenland zu vereinigen. Tatsächlich kam es auch dazu, allerdings unter umgekehrten Vorzeichen. Als es im Zuge der Novemberrevolution 1918 in Gera zu Aufständen kam und ein aus Arbeitern und Fronturlaubern gebildeter Arbeiter- und Soldatenrat am 10. November die Staatsgewalt im Land übernahm, dankte Fürst Heinrich XXVII. [1858-1928] auch mit im Namen der älteren Linie ab. Im Folgejahr verschmolzen die beiden reußischen Staaten zum Volksstaat Reuß mit Sitz der Regierung und des Staatsrats in Gera. Im Zuge dieser Vereinigung wurde der Amtsgerichtsbezirk Burgk der älteren reußischen Linie dem ›Oberländischen Bezirk‹ zugeschlagen. Im Frühjahr 1920 dann schloß sich der Volksstaat Reuß mit den beiden Schwarzburgischen Ländern und den vier ernestinischen Staaten [ohne Coburg] zum Land Thüringen zusammen. Infolge des Thüringer Kreiseinteilungsgesetzes von 1921/22 blieb Gera immerhin der Behördensitz eines im Westen bis nach Kolba an der Orla sich erstreckenden Groß-Landkreises, während auch Schleiz wieder zum Landratssitz wurde.

Dem waren zähe Kämpfe vorausgegangen. Ursprünglich hatte man geplant, den Oberländischen Bezirk zu zerschlagen und zwischen den Kreisen Greiz und Saalfeld aufzuteilen. Das forderte jedoch den Widerstand der Bevölkerung heraus, worauf man sich am Ende auf eine Art Flurbereinigung beschränkte. Der reußische Anteil des Dorfes Weitisberga kam zum Kreis Saalfeld. Im Gegenzug wurde das Dorf Weisbach, das vordem zum Fürstentum Schwarzburg-Rudolstadt gehört hatte, sowie der bislang sachsen-meiningische Teil von Erkmannsdorf zum Landkreis Schleiz geschlagen, ebenso die bislang zu Sachsen-Weimar-Eisenach gehörigen Ortschaften Bucha, Chursdorf, Dreba, Förthen, Knau, Läwitz, Moßbach, Neudeck, Posen, Schöndorf, Tausa und Volkmannsdorf. Ein Staatsvertrag mit Sachsen brachte dem Kreis Schleiz 1928/29 noch die bislang sächsischen Anteile des Dorfes Stelzen ein. Der preußische Kreis Ziegenrück mit Ziegenrück, Ranis und Umgebung sowie den Exklaven Gefell, Blankenberg, Sparnberg und Blintendorf blieb bis zur Einverleibung der in Thüringen gelegenen preußischen Gebietsanteile in den NS-Gau Thüringen am 1. April 1944 ein vom preußischen Regierungsbezirk Erfurt weit entferntes und damit aufwändig zu verwaltendes Gebiet.[19]

Im Gegensatz zur älteren reußischen Linie, der kaum mehr als wenige Kammergüter, darunter Schloß Burgk, verblieben, wo man Heinrich XXIV. bis zu seinem Tod 1927 als freundlich grüßenden, des Sprechens aber unfähigen Spaziergänger begegnen konnte, hatten die Geraer Reußen bei der Fürstenabfindung einen guten Schnitt gemacht. Es blieben ihnen ihre Schlösser, ihre Domänen und das Theater in Gera. Zudem waren sie nach dem Haus Sachsen-Coburg die größten Waldbesitzer in Thüringen. Heinrichs XXVII. in Ebersdorf geborener Sohn, Prinz Heinrich XLV. [1895-1945], bot das bürgerliche Leben Entfaltungsmöglichkeiten, die er als Inhaber eines Fürstenthrons nie hätte verwirklichen können. Er widmete sich den Musen und besuchte noch einmal die Universität, wo er Literatur, Musikwissenschaften und Philosophie studierte. 1923 nahm er beim Geraer Theater eine Tätigkeit als Berater und Leiter der dramaturgischen Abteilung auf. Nachdem das Geraer Residenzschloß Osterstein am 6. April 1945 durch Bomben zerstört war, erwartete er in Ebersdorf, das Ende des Zweiten Weltkrieges. Entgegen dem Rat der in den letzten Junitagen abziehenden Amerikaner, folgte Heinrich XLV. ihnen nicht. Im August 1945 wurde er von NKWD-Soldaten überraschend verhaftet und gilt seitdem als verschollen. Indem er ohne Kinder war, hatte er schon 1928 seinen Verwandten Heinrich I. [1910-1982] aus der 1692 vom Haus Schleiz begründeten mit Grundbesitz abgefundenen und daher nicht regierenden Nebenlinie Reuß-Köstritz zum Erben eingesetzt. Diese Linie ist heute das einzige noch bestehende reußische Haus und zwischenzeitlich wieder in verschiedene Äste und Zweige geteilt. Im Zuge der mit der Zerschlagung des Landes Thüringens 1952 einhergehenden Gebietsreform entstand in der bislang zwischen den beiden Landkreisen Saalfeld und Gera aufgeteilten Orlasenke der Kreis Pößneck, dem mit Bucha, Posen, Knau und Dreba ein Teil des bisherigen Kreises Schleiz einverleibt wurde. Zudem verlor Schleiz einige Ortschaften am östlichen Kreisrand wie Förthen, Pahren, Klein- und Langenwolschendorf, Leitlitz und Weckersdorf an den neugebildeten Kreis Zeulenroda sowie nahezu den gesamten linkssaalischen südwestlichen Teil nebst Saaldorf, auf dessen Fläche [ähnlich der alten Herrschaft Lobenstein nur ohne Hirschberg] ein neuer Kreis mit Lobenstein als Kreissitz geschaffen wurde. Dafür erhielt der Kreis Schleiz einige vormals zum sächsischen Vogtland gehörende Orte, wie Dröswein, Langenbuch, Langenbach sowie die Stadt Mühltroff, wodurch er eine Fläche von 455 km² mit 32.500 Einwohnern [1992] besaß. Zum Sitz der Kreisbehörden wurde das im Jahre 1936/1937 ursprünglich als Landwirtschaftsschule konzipierte, bald aber von der NSDAP-Kreisleitung vereinnahmte Schleizer Wisenta-Haus bestimmt, das in seinem barockisierenden Stil, dem wuchtigen Portal und dem Glockenspiel im Turm als thüringisches Sinnbild für den monumentalistischen Baustil jener Ära gilt.[20]

Im Zuge der Neubildung des Landes Thüringen nach der politischen Wende von 1989/90 fand im Jahre 1994 erneut eine Kreisreform statt, welche die drei Kreise Pößneck, Schleiz und Lobenstein zum Saale-Orla-Kreis zusammenführte, wobei es den vormals zu Sachsen gehörigen Orten per Volksentscheid überlassen wurde, wieder zum Freistaat Sachsen zurückzukehren. Zum Sitz der Kreisverwaltung erwählte man wieder Schleiz. Ausschlaggebend für diese Wahl war nicht unbedingt der Umstand, daß sich die beiden größeren Städte Pößneck und Neustadt um den Kreissitz gestritten und das kleinere, aber im Zusammenspiel seiner Kräfte kohärentere Schleiz das Rennen gemacht hätte. Vielmehr ging es wohl darum, daß Schleiz zentraler gelegen war und überdies über eine bessere Anbindung verfügte. Ungeachtet, daß der Saale-Orla-Kreis mit 1.148,41 km² bereits zu den größten Landkreisen Thüringens zählt, hat man 2016 die Bevölkerung wiederum mit Kreisreformplänen konfrontiert, die angeblich den düsteren Prognosen des demographischen Wandels des 21. Jahrhunderts sowie der Vereinfachung der Verwaltungsstrukturen nebst erwarteter Kosteneinsparung geschuldet seien. Nach 2018 – so war es jedenfalls geplant – sollte es in Thüringen statt 17 Land- und 6 Stadtkreisen nur noch 9 [!] Landkreise geben. Die dabei erwogenen potentiellen neuen Verwaltungsgebilde reichten – was unser Gebiet betrifft – von der völligen Zerschlagung des Saale-Orla-Kreises und seiner Aufteilung an die Nachbarkreise bis zur Zusammenfassung des Kreises mit einem, ja sogar zwei Nachbarkreisen. Solchen Schreckgespinsten wie etwa dem jenes Mega-Kreises mit Saalfeld [nicht etwa Pößneck] als Hauptsitz, zu dem etwa die Bewohner peripher gelegener Städte wie Gefell oder Eisenberg völlig überdehnte Wege hätten auf sich nehmen müssen, hat sich die Bevölkerung dermaßen widersetzt, daß die Pläne vorerst wieder fallengelassen werden mußten.

Die Hochebene nördlich von Oettersdorf

Görkwitz

Görkwitz [1250 Gorkewiz], der Dorf des ›Gorek‹, gilt als slawische Gründung. Das Zeilendorf liegt in einer Talweitung des Elschnitz- oder Schlangenbaches am alten Weg nach Pößneck und ist an dem steil überragenden Hübel, der ›Görkwitzer Schweiz‹, romantisch angelehnt.

Der Sage, daß vordem in Görkwitz ein Rittergut gewesen sei, fehlt jede historische Substanz. Wohl aber war hier bis weit ins 19. Jahrhundert hinein ein für die Herrschaft Schleiz bedeutendes vorindustrielles Fertigungszentrum. Noch im Jahre 1870 gab es neben vier Mühlen [Dorf-, Graupen-, Mittel- und Hochofenmühle], eine Wollspinnerei mit Walkmühle, zwei Ziegeleien, zwei Kalköfen und zwei Lohmühlen. Über ein dutzend Gruben lieferten Erze für den Görkwitzer Hammer [nahe am Dorf, wohl dort, wo die heutige Mühle steht] und eine Hochofen- und Frischfeuerhütte in der Hochofenmühle. Der im Jahre 1836 eingegangene Betrieb bestand aus einem Hochofengebäude, einem Eisenstein- und Schlackenpochwerk, dem nötigen Kohlenschuppen und dem Wohnhaus. Die Gruben jedoch befanden sich im Bereich des Zipfelteichs, am unteren Weg nach Schleiz, am Oettersdorfer Weg, in der Erzleite, am Lerchen-hügel, am Vogelherd und in der Leite. Dazu kam noch im 19. Jahrhundert eine Farbengrube.[21] Der Flurname ›Drei Kreuze‹ deutet auf ein Ensemble alter, jetzt nicht mehr vorhandener Mord- oder Sühnekreuze aus dem Mittelalter hin.[22]

Das Reußische Wappen in Görkwitz

Aufgrund ausgezeichneter Böden und eines besonderen Mikroklimas war die Landwirtschaft in Görkwitz besonders ertragreich, wodurch es im Ort viele reiche Bauern gab, die sich überdies teils mit Kleinkreditgeschäften, teils mit Vorspanndiensten auf der Böhmischen Straße, teils mit Kalkfahren und zeit-weise auch mit Bierbrauen manches hinzuverdienten.

Da begab es sich einmal, daß der Herr von Schleiz auf seinem Schloß einen fürstlichen Gast bewirtete, der sich pries, Herr über lauter reiche Untertanen zu sein, worauf der Schleizer Herr ihm entgegenhielt, ungleich zahlfertigere Lehn-bauern zu besitzen. So ging er mit seinem Gast die Wette ein, innerhalb zweier Stunden einen seiner Bauern aufs Schloß zu beordern, der einen gestrichenen Scheffel voller Speciestaler [Doppeltaler] herbeibringen würde.

Der Schleizer überlegte kurz und sandte dann einen Boten nach Görkwitz zu einem Bauern namens Schüler. Nachdem dieser den Auftrag seines Grafen erfahren hatte, befahl er dem Knecht seine beiden Pferde vor den Korbwagen zu spannen und öffnete seine große eiserne Kiste. Sack um Sack holte er nun aus ihr hervor, bis er glaubte, den Scheffel – das waren nach Schleizer Maß immerhin 192,37 Liter – voll zu haben. Dann ließ er die Säcke von seiner Frau zum Wagen tragen und schüttete sie in den daraufstehenden Scheffel. Zum Schluß legte er über den Schatz eine Pferdedecke und beschwerte diese mit Steinen. Sodann ging die Fuhre nach dem Schleizer Schloß. Die Zeit war noch nicht um, da polterte er schon mit seinem Fuhrwerk auf den Schloßhof. Die beiden Herren überzeugten sich von dem Inhalt des Scheffels und prüften, ob dieser auch voller echter, vollwertiger Taler sei.

Nachdem der Schleizer Herr von seinem Gast den Glückwunsch für die gewonnene Wette entgegengenommen hatte, wollte er dem Bauern eine Gunst erweisen und gestattete ihm, sich von seinem Lehnsherrn eine Gnade zu erbitten. Wie Schüler nun darüber nachsann, fiel sein Blick auf ein über dem Schloßportal angebrachtes reußisches Wappenschild mit den beiden Kranichen und den schreitenden Löwen und ihm kam ein eigentümlicher Gedanke. Er sprach zum Grafen, so ein buntes Bild wie da oben wolle er über seinem Tor auch gern anbringen dürfen. Der Wunsch wurde ihm gewährt und seitdem prunkt über der Einfahrt des Schülerschen Gehöfts in Görkwitz, in Stein gehauen, das reußische Wappen und die Jahreszahl ›1670‹.[23]

Ein Geist wird zitiert

»Einem gewissen Schüler in Görkwitz war seine Tochter gestorben, die sein Liebling gewesen war und die wieder zu zitieren er den Schluß faßte. Und es gelang ihm auch. Eines Tages kehrte sie zurück und setzte sich in den ausgebuchteten Winkel an der Haustür. Auf die Frage, wie es in der Seligkeit gewesen, antwortete sie: sie wisse es selbst nicht; laut klagte sie aber dann: ›Vater, Vater, was hast Du gemacht!‹ und dringend bat sie; sie wieder gehen zu lassen. Das hätte nun Schüler auch recht gern getan, wenn seine Kunst soweit gereicht hätte; er konnte nur vor-, nicht rückwärts zitieren und so geschah es, daß die klagende Erscheinung nicht wieder loszuwerden war. Da schickte man denn endlich zu Häring, dem Crimmitschauer Scharfrichter, dem denn auch die Bannung bald geglückt ist.«[24]

Der geheimnisvolle Zipfelteich

Noch heute heißt es im weiteren Umkreis, daß der Storch die kleinen Knaben vom Zipfelteich bringe. Das läßt einen, ehedem der Großen Mutter geweihten Kultplatz an dieser Stelle vermuten. Etymologisch wird hier die indogermanische Silbe ›Ipf, Ybbs‹ evident, die einerseits wohl vorzeitliche Zentren kennzeichnete, zum anderen aber auf Orte heidnischer Vogeltänze verweist. Sowohl der ›Hohe Ipf‹, ein in der Keltenzeit bedeutender Kegelberg im Nördlinger Ries, als auch der ›Ipf‹, eine alte Keltenschanze bei Bopfingen tragen einen ähnlichen Namen. Von dem Dorf Eyba [Ybe] bei Leutenberg erzählt eine Sage von feurigen Zwergen die zuzeiten auf langbeinigen Vögeln umherreiten. Ähnliche Geschichten kannte man von den Ippsätteln, einem Höhenrücken zwischen Großkamsdorf und Oberwellenborn. Die sprachliche Ähnlichkeit der ›Ip, Ipf, [Z]ipf‹-Namen mit dem der Lappachalm in Oberbayern, die durch ihre geheimnisvollen Vogelmenschen bekannt ist, wird offensichtlich. Da auch unser Zipfelteich mit langbeinigen Storchenvögeln sagenhaft verknüpft ist, dürfen wir annehmen, daß an solchen ›Ipf‹-Orten einst rituelle Vogeltanze stattfanden, wie sie in Gestalt des traditionellen Kranichtanzes durch die Trojaburg – ein Rasenlabyrinth bei Graitschen [Eisenberg] – noch nach 1950 von den Dorfbewohnern alljährlich veranstaltet wurden. Am Zipfelteich aber ist es seit jeher ›nicht richtig‹. Im Jahr 1908 haben Schleizer Oberschüler einen Mondregenbogen aus weißem Nebel über dem Teich beobachtet. Er schien mit jedem Ende auf einem der beiden Teichzipfel zu stehen und wölbte sich in hoher reiner Rundung über dem Wald. Dieses Naturphänomen ist so selten, daß manche an seiner Existenz zweifeln. Zudem fand sich im Sommer 1994 auf dem Feld der linken Talseite ein sogenanntes ›Kornkreisphänomen‹. Zwei ineinanderliegende Kreise, der äußere mit einem Durchmesser von 60 Metern, fanden sich ins Feld gedrückt. Ein ähnliches Gebilde war 5 Jahre zuvor am nördlichen Ortsrand von Crispendorf aufgetaucht. Mittlerweile sind jedoch berechtigte Zweifel an der Authentizität dieser beiden Kornkreise aufgekommen, die wahrscheinlich von Spaßvögeln ins Feld gelegt wurden. Und doch hätte man diese Gebilde an keinen geomantisch ›geeigneteren‹ Orten platzieren können. Interessant ist, daß solche Kornkreise – allerdings nicht in unserer Region – in den folgenden Jahren immer komplexere Formen angenommen haben und mitunter so schnell entstanden sind – einmal binnen 30 Minuten – daß Manipulation oft ausgeschlossen ist.[25]

Das freundliche Licht

Nahe bei Görkwitz führte die alte Landstraße an einem Sumpf vorüber. Dort ließ sich zuweilen ein seltsames Licht sehen, das wie eine Laterne aussah und nächtlichen Passanten oder Fuhrleuten den damals noch sehr schlechten Weg erleuchtete. Einmal kippte einem Fuhrmann bei diesem Sumpf der Wagen um. Weil es schon dunkel war, konnte er ihn nicht wieder aufrichten und wollte schon nach Neundorf umkehren und sich ein Licht holen, als er von weitem eine seltsame Laterne gewahrte, die auf ihm zueilte. Verwundert sah er, daß die Laterne von niemanden gehalten wurde, sondern frei in der Luft schwebte. Mit Hilfe dieses Lichts konnte er sein Fuhrwerk wieder aufrichten und wie er dem wundersamen Licht für dessen geleisteten Dienste gedankt hatte, entgegnete dieses: ›Hab Du Dank für deinen Dank! Nun bin ich erlöst jetzt!‹. Daraufhin erhob sich das Licht in die Luft, entschwand in den Wolken und ward nie wieder gesehen.[26]

OETTERSDORF

Oettersdorf [1325 Ottendorf] liegt in einer Mulde am Anfang des Oelsbaches [Bentengroam]. Es hat die Gestalt eines doppelzeiligen Angerdorfes und besteht aus einem Ober-, einem Mittel- und einem Unterdorf. Der obere Teil [475 m NN] im Norden heißt ›**Neudeck**‹ und besitzt mehrere nie versiegende Quellen [wie den Steinbrunnen] mit guter Wasserqualität. Während auch das Mitteldorf von diesem Vorteil profitiert, war das Trinkwasser im Unterdorf – dem südwestlich gelegenen ›**Anger**‹ – seines starken Eisenoxidgehalts wegen, früher so schlecht, daß es nicht getrunken werden konnte.[27]

Die Oettersdorfer Flur ist ringsherum von schützenden, teils bewaldeten Höhen eingeschlossen. »Der Obere Bühl [488m] – Ziegelhütte [469m] – und das Geisla [500m] bilden den östlichen Abschluß, in südliche Richtung ist das der Funkenhübel [491m] und der Galgen [479m], dem sich bei Görkwitz die Hohe Art anschließt. In nördliche Richtung vollendet der Kreuzhübel [475m] den Kreis.«[28] – »Wenn man von den Dörfern links der Saale – etwa von Röppisch aus – nach Oettersdorf blickt, so bleibt der größte Teil des Dorfes verdeckt, und die Bäume bilden nebst den Kirchturmspitzen und anschließenden Gebäuden ein eigenartiges schönes Bild, das ein Oettersdorfer kaum für sein eigenes Dorfbild halten würde.«[29] Ein Blick von der **Oettersdorfer Höhe** selbst jedoch zeigt ein welliges Land. Gute, sich schnell erwärmende Kalkböden tragen dazu bei, daß in der Flur die Ernten früher reifen, als anderswo in Oberland, weshalb sie früher einmal ›Reußisches Italien‹ genannt worden ist.[30] »Der Vulkan, der bei seinem Ausbrüchen Diabas und Tuffgestein ablagerte, schweigt schon seit Jahrmillionen.«[31]

Oettersdorf besaß ehedem zwei **Mühlen**. Zum einem war das die Holzmühle an der Wisenta mit drei Gängen, Schneidegatter und Ölstampfwerk sowie die Windmühle auf dem Lindig.

Ursprünglich war der Ort nach der Bergkirche eingepfarrt, wie der dorthin führende Leichenweg noch heute zeigt. Nicht vor 1302 ist für Oettersdorf eine, dem Heiligen Laurentius geweihte **Kirche** erwähnt, welche in diesem Jahr vom päpstlichen Generalvikar Johannes von Rom aus einen Ablaß erhielt. Der Zulauf der Gläubigen dorthin muß so beträchtlich gewesen sein, daß nach dem Zeugnis des Zeitzer Chronisten Paul Lange in den Jahren 1388 bis 1392 eine neue Kirche gebaut werden mußte, die mit vier kleinen Bogenfenstern versehen war. Als mit wachsender Bevölkerungszahl das alte Haus nicht mehr ausreichte, entstand 1842/43 neben dem Kammergut ein eher nüchterner Neubau im neoromanischen Stil. Von der äußeren Form her ein achteckiger Zentralbau mit Rundbogenfenstern, Zeltdach, und Dachturm, hat die neue Kirche im Inneren nach dem Vorbild der Schleizer Bergkirche nach innen gezogene Strebepfeiler, zwei Emporen und eine Holzdecke, die insbesondere der guten Akustik wegen bemerkenswert ist. Nachdem die alte Kirche um der neuen Willen verlassen war, wurde das westlich sich anschließende Langhaus abgebrochen. Nur der gewölbte Altarraum und der Glockenturm mit Uhr und Geläut blieben stehen. Warum man die alte Kirche nicht ganz mit abgetragen hat, »mag auch darin mit begründet sein, daß sich unter dem Fußboden des Altarraumes eine **Gruft** mit einer Bestattung befindet. Wer dort zur letzten Ruhe gebettet wurde, darüber kann man nur spekulieren. Ist es ein Adliger, der Oettersdorf als Rittergut besaß? Könnte es vielleicht ...? Das aufzudecken, wird wohl kaum möglich sein, es sei denn, daß bei irgend einer Gelegenheit die Öffnung der Gruft möglich wird und sich ein klärender Befund machen läßt. Die Person in der Gruft ist jedenfalls ungewöhnlich groß für die Zeit, in der sie bestattet wurde.«[32]

An dieser Kirche ist der **Friedhof** und in diesem das im Jahre 1828 vom Landesherrn gestiftete Grabmal für den sächsischen Oberst von Hochheimer, der sich im **Gefecht bei Schleiz** am 9. Oktober 1806 den Reitern Murats entgegengeworfen hatte, dabei zu Tode verwundet wurde und dann im Pfarrhaus gestorben ist. Das Gefecht südlich der ehemaligen Windmühle mit mehreren hundert Toten gilt als erstes größeres Gefecht des napoleonischen Feldzuges vom Oktober 1806, der wenige Tage später in der Doppelschlacht von Jena und Auerstedt seinen Höhepunkt nahm.[33] War die ältere Militärgeschichtsforschung noch von dem geringen Wert des Gefechts bei Schleiz ausgegangen, so wird von anderer Seite dessen Bedeutung durch die Beteiligung der Marschälle Murat und Bernadotte erinnerungskulturell aufgewertet.[34]

»Das jetzige, im Dorf gelegene **Pfarrrhaus** ist 1866 auf dem Unterbau des um 1650 errichteten, 1865 abgebrannten entstanden. Das allererste Pfarrhaus soll jedoch auf dem Gottesacker gestanden haben.«[35]

Zudem gab es seit 1853 eine vom Landesherrn begründete **Taubstummenanstalt**, die aber schon bald mit dem Schleizer Seminar vereinigt wurde und bis heute dort als Friedrich Fröbel Schule fortbesteht.[36]

Am höchsten Punkt von Oettersdorf lagen die Gebäude des **Kammergutes**, zu dem als weiteres Vorwerk auch eine Schäferei gehörte. Es ist aus einem bereits im Jahre 1472 erwähnten Rittergut hervorgegangen, dem vor 1594 neben den Oettersdorfer Handfrönern auch 28 Möschlitzer, 8 Grochwitzer und 23 Plothener Pferdfröner zu dienen hatten, wobei die Lehnsleute der drei letztgenannten Dörfer im Zuge einer reußischen Landesteilung 1596/1616 an die Herrschaft Burgk der älteren Linie kamen. Das war, nachdem das Rittergut von der Landesherrschaft erworben und zu einem Kammergut gemacht worden war. Der Wirtschaftsbetrieb selbst wurde die meiste Zeit über verpachtet. Dessen ungeachtet, diente das Herrenhaus, zuletzt ein barocker Bau mit Mansarddach, den Schleizer Reußen zu verschiedenen Zeiten als Nebenresidenz, als Wohnsitz nachgeborener Kinder und deren Familien bzw. als Witwensitz, weswegen es zeitweise auch eine androgyne Loge [bis 1786] und karrikative Einrichtungen, wie die ›Innere Mission‹ und die Taubstummenanstalt im Ort gegeben hat. »Mit dem Revolutionsjahr 1848 sollten die fürstlichen Kammergüter und mit ihnen Gut Oettersdorf an den Staat abgetreten und Staatsdomänen werden. Dagegen protestierten die Fürsten und erreichten, daß die Abtretung unterblieb. Von 1856 an hatte die Familie Dönitz das Kammergut gepachtet und feierte 1931 mit ihren Mitarbeitern das 75-jährige Bestehen des Pachtverhältnisses. Der Pachtvertrag ist, wie so viele andere wertvolle Dokumente der Heimatgeschichte, beim Brand des Schleizer Schlosses vernichtet worden. Es wird erzählt, daß die Dönitzens das Gut nach 100 Jahren als Eigentum hätten übernehmen können.«[37] Nachdem das Kammergut 1919 durch den Reußischen Volksstaat übernommen und ab 1920 als Thüringisches Staatsgut wurde, blieb es Hauptarbeitgeber für zahlreiche Oettersdorfer Einwohner, die neben einem sehr niedrig gehaltenen Grundlohn in Bargeld vorallem Naturalien [Deputat] erhielten. Mit einer Fläche von 171,18 ha [davon 44 ha Wiesen und 22 ha Wald] bewirtschaftete das Oettersdorfer Gut ein Sechstel der Ortsflur. Zu den 35 haupt- und nebenberuflichen Mitarbeitern, die im Jahre 1932 dort beschäftigt waren, zählten neben den drei Verwaltern und Inspektoren, die die Arbeit einteilten und beaufsichtigten, 1 Schäfer, 7 Kutscher bzw. Geschirrführer, 18 Landarbeiterinnen und Landarbeiter für Feld- und Stall, 1 Schweizer [Melker], 1 Stellmacher und 4 Küchenfrauen, die auch für das Pächterhaus und die Gärten zuständig waren. Im Jahre 1946 wurde das Gut von der neu gegründeten Vereinigung für gegenseitige Bauernhilfe [VdgB] übernommen. Das Land wurde an 19 Neubauern aufgeteilt, das Herrenhaus und weitere Gebäude u.a. zur Gewinnung von Baumaterialien niedergerissen.[38]

Den Teufel bei den Hörnern gepackt

In den 1860er-Jahren gab es in Oettersdorf noch etliche kleine Wohnstallhäuser, die nur ein Erdgeschoß und im Giebel gleich den Boden und die Bodenkammern hatten, von wo dann oft eine Treppe in den Wirtschaftstrakt des Haus, in den Stall, führte. Die Türen waren damals meist nur angelehnt, denn die alten Zeiten sind weitgehend auch ruhige Zeiten gewesen. Gleichwohl ging aber auch viel Aberglauben um, kursierten Gespenstergeschichten und Erzählungen von Teufelserscheinungen. Es hieß namentlich von Leuten, die es zu etwas gebracht oder wenigstens ein wenig Geld gespart hatten, daß sie den Teufel hätten, der ihnen dieses und jenes zutrüge. Als eines Abends in der Schenke wieder einmal eine solche Geschichte erzählt wurde, wonach eine Frau vom Nickelsplatz in Schleiz mit dem Teufel zutun hätte, meinte einer der Bauern trocken: ›Sagt ihr doch, sie soll mir einen absetzen, wenn er einmal Junge hat!‹, denn er glaubte nicht so recht daran. Doch ist ihm bald eine Sache widerfahren, wo er sich dieses Ausspruchs wieder gewahr wurde und wo es ihm tüchtig gegraut hat. Es war in einer der Zwölf Heiligen Nächte, als ein gräßlicher Sturm mit Wetterleuchten wütete, so daß es aussah, als führe feurige Lohe in die Schornsteine der Häuser hinein. Der Mann war früh zu Bett gegangen, wachte aber in der Nacht plötzlich auf. Beim Wiedereinschlafen glaubte er im Halbschlummer, bald deutlich Schritte zu hören. Es klang, als würde der Teufel langsam mit schweren Hornschuhen heranstampfen. Als dann auch noch grunzende Laute zu hören waren, die näher und näher kamen, wurde der Mann ganz munter und zog die Zudecke bis an die Nase heran. Was sich nun ereignete, war kein Traum, sondern schreckliche Wirklichkeit, denn plötzlich stand da ein höllisches Ungetüm vor seinem Bett und neigte sich zu ihm hernieder, so daß er dessen viehischen Atem in seinem Gesicht spürte. Vor Entsetzen hob er die Arme zur Abwehr und hatte auf einmal – das Untier bei den Hörnern. Das war ein furchtbarer Augenblick. Angstschweiß lag dem Mann auf der Stirn, die Augen traten ihm weit aus den Höhlen. Doch was war das, das war ja gar kein Teufel, das Ungetüm kam ihm auf einmal bekannt vor. Und Richtig, es war sein großer Zugochse. Der hatte sich in der Sturmnacht von der Kette losgerissen, war die Bodentreppe hinaufgestampft und durch die offene Kammertür an das Bett seines Herrn gelangt. Den Bauern fiel ein Stein vom Herzen. Er weckte das Gesinde und nun versuchten alle, den Ochsen wieder die Treppe hinunter zu bringen. Es wollte jedoch nicht gelingen, denn treppauf kann ein Huftier bekanntlich steigen, hinunter aber will es nimmermehr. Am Ende hat man Stroh geholt, eine dicke Schütte auf die Stufen gebracht und den Ochsen hinunter geschleift, ob er nun wollte oder nicht. Dennoch hat der Mann danach mehrere Tage gebraucht, um sich von dem Schrecken zu erholen.[39]

Wüstungen, Altertümer und Steinmale in der Oettersdorfer Flur
Im Mittelalter gab es im Umfeld von Oettersdorf mehrere Siedlungen, die heute verschwunden sind: [1] Das Vorwerk im Flurteil Höfle nördlich der Bergkirche, [2] der Weiler anstelle von Porsts Hof und [3] der Ort Krauschitz sind an anderer Stelle genannt. Hinzu kommt [4] das Dorf Rödern in der nordwestlichen sowie [5] eine ungenannte Wüstung in der nördlichen Flur im Bereich des **Kreuzhügels** [476m], der durch ein schmales tiefes Tal von der Ortslage getrennt ist. Durch Abstand, Hohlwegspuren, alte Wegeführung und Flurausstülpung läßt sich hier eine Siedlungslücke ausmachen. Der Kreuzhügel ist durch Funde, quer durch alle Zeiträume, bekannt. Als etwa 1924 eine aus verwittertem Grünstein bestehende Erhebung rechts vom alten Pörmitzer Weg abgetragen wurde, stieß man auf vier Skelette ohne Beigaben, die mit dem Gesicht nach Osten blickten.[40] Der Name ›Kreuzhügel‹ sowie ein 1510 erwähnter ›Acker am Kreuz‹ rechts am alten Weg nach Pörmitz deuten hier die Existenz eines mittelalterlichen Unfall- bzw. Sühnekreuzes an.

Abgesehen von den alten Steinkreuzen liegen in den oberländischen Fluren hier und da noch größere Steinbrocken herum, die allgemein als ›**Franzosengräber**‹ bezeichnet werden.[41] Zu ihnen gehört auch das ›Franzosengrab‹, eine große Zechsteinplatte in der Gemarkierung Oettersdorf, von der es heißt, 1806 gefallene Franzosen seien darunter beigesetzt worden. In anderen Gegenden, die weniger von den Napoleonischen Kriegen, dafür aber mehr vom 30-jährigen Krieg als letzten großen Krieg heimgesucht worden sind, heißen diese Findlinge oft ›Schwedensteine‹, wonach schwedische Soldaten darunter begraben lägen. Sicher weisen diese Steine in noch frühere Zeiten zurück, doch die Überlieferung, daß sie Gräber seien, ist dennoch beachtlich.

Neben vor- und frühgeschichtlichen Hinterlassenschaften sind auf den Oettersdorfer Feldern, beim Schlämmen der Teiche oder bei Waldarbeiten auch frühdeutsche Scherben und sogenannte ›Schwedeneisen‹, die jedoch eher ins 12. bis 14. Jahrhundert gehören, zutage getreten.[42]

LÖHMA

Von Kirschkau geht es über ein Kalksteingebiet nach Löhma [1355 Lomen] zu, welches an einer Hochflächenmulde am Ursprung der Gülde liegt und rings von Hügeln umgeben ist. Nach Osten findet sich der Hungersberg [454m], nach Süden der Poppen- oder Bockenberg [488m], nach Westen der Geisla [500m] und nach Norden der Stückhübel. Der Ort selbst besteht aus mehreren Häuserzeilen, der Dorfgasse, der Kalten Gasse [nach Dittersdorf], der Holmsgasse [nach Kirschkau], dem Anger im oberen Dorf und dem Winkel, die einen Teich und einen Anger umarmen und am Ortsrand in einem Hain aus Obstbäumen gebettet sind.[43]

Die **Kirche**, ehemals dem Heiligen Mauritius – dem Hauptheiligen des Erzbistums Magdeburg – geweiht, geht in ihren Ursprüngen wohl auf eine Gründung des Deutschen Ordens im 13. Jahrhundert zurück. 1371 erhielt die Kirche von Gerhard, dem Bischof von Naumburg, einen Ablaß, der 1451 bei einer Stiftung konfirmiert wurde. Die jetzige im Jahre 1709/10 entstandene Chorturmkirche mit Bodenfenstern und hohem – unten viereckigen, oben achteckigen, in einer Kuppel auslaufenden – Turm ist ein Denkmal des Grafen Heinrich Reuß XI., dessen Brustbild sich im Inneren befindet. Mauerteile im Chor sowie das Kreuzgratgewölbe ebenda sind Überreste des aus dem 14. Jahrhundert stammenden Vorgängerbaus.[44]

Im unteren Dorf befand sich das ehemalige **Kammergut**, welches im Sommer oft von der Schleizer Herrschaft bewohnt war und nach dem großen Brand von Schleiz nach 1695 sogar mehrere Jahre Hauptsitz der gräflichen Familie war. Zwei Reußen sind in Löhma geboren, ein dritter dort gestorben. Ursprünglich ist das Kammergut aus einem Rittergut hervorgegangen. Zu seinen vormaligen Besitzern zählten die Familien von Friesen, von Thela [1509], von Kospoth [1527], von Utzschau [1541] und von Schütz [1550]. Nachdem der Rittersitz in die Hand der Landesherrschaft übergegangen war, ließ Heinrich der Mittlere um 1610 ein neues Schloß errichten, das den Akten zufolge aber vielmehr nur ein großes steinernes Haus gewesen ist. Zu Anfang des 19. Jahrhunderts, als man das Kammergut zerschlug, wurde auch das Herrenhaus bis auf einige Reste abgetragen. Ein Teil der Grundstücke fiel dem Kammergut in Oettersdorf anheim. Die verbliebenen Gutsgebäude wurden 1862 verkauft. Noch ist die Stätte des Schlosses und seines Wallgrabens erkenntlich.

Nicht zu verwechseln sind diese Überreste mit den Relikten des **Alten Schlosses**, das im Burgteich auf einer von Wasser umgebenen Ringwallinsel gestanden hat. Der Wall im Burgteich scheint aus weitaus älterer, nicht mehr datierbarer Zeit zu stammen. Daß dort im Mittelalter ein zweiter [der ursprüngliche?] Rittersitz war, den man später in einige Bauerngüter zerschlagen hat, deutet der Umstand an, daß vor 1848 mehrere Löhmaer Bauern Lehngeschirre zu halten und Dienste zu leisten hatten, die früher Adlige dem Landesherrn bei dessen Festen und sonstigen besonderen Gelegenheiten erbrachten.[45]

Daß der **Burgteich** schon in vorchristlicher Zeit vorhanden und bedeutsam gewesen sein muß, zeigt die Überlieferung, wonach dieser als Aufenthaltsort von Nixen gelte. Auf Musik und Tanz waren diese so versessen, daß sie jedesmal, wenn im Dorf ein Fest war, auf dem Tanzboden erschienen, sich die schönsten Burschen heraussuchten und sich mit ihnen unermüdlich im Kreise drehten, bis kurz vor Mitternacht. Dann hatten sie es auf einmal sehr eilig zu verschwinden. Kein Bursche durfte ihnen folgen, sonst zogen sie ihn in die Wasser des Burgteichs und niemals kehrte er wieder.[46] Einmal fand dort sogar eine Kindtaufe statt. »Die zuvor dahinbeschiedene Wehfrau bat auch die Gevattern, welche vom Teichdamme aus den Eingang nahmen, in eine schöne Stube. Nachdem der Ortsgeistliche das Kind in der Kirche getauft, speiste man sehr gut bei der Nixe und auch die Wehfrau ist von ihr reich mit Geld beschenkt worden. Im übrigen weiß man, daß das Kind zwar in der Kirche getauft, nicht aber ins Kirchenbuch eingetragen worden ist.«[47]

Die Gülde

»Die größte Sehenswürdigkeit des Dorfes ist die Gülde, ein Quelle, 5 Minuten vom Dorfe entfernt, in nördlicher Richtung. Sie ist vielleicht die stärkste im ganzen Oberlande. Sie liefert in 15 Sekunden 100 Liter Wasser. ... Wie ihr Zufluß gleich bleibt, so auch ihre Wärme. Sie zeigt Sommer und Winter 7 Grad C°.«[48] Folge davon ist, daß das Wasser im Sommer kühl und im Winter warm erscheint. Wenn es draußen kalt wird, fängt sie an zu dampfen. Als in dem Jahrhundertsommer von 1893 alle Quellen, Bäche und Flüsse der Umgegend versiegten, blieb allein die Gülde sich gleich. Ihren Ursprung hat die Gülde im

Kalkstein des Stückhübels. Der ist innen vielfach zerklüftet und bildet große Hohlräume. Die Quelle scheint mit einem solchen Hohlraum durch eine Spalte, die im Gestein vorhanden ist, in Verbindung zu stehen. Obwohl von der Gülde große Wassermengen abfließen, sieht man ihr Wasser nicht aus der Erde sprudeln, wie bei anderen Quellen, sondern der Wasserspiegel bleibt stets ruhig. Das Wasser der Gülde ist kristallklar und galt früher als besonders heilkräftig. Des kalten Wassers wegen findet man in ihrem Bach weder einen Fisch noch sonst ein lebendiges Wesen. Der Name ›Gülde‹ soll vom Goldsand, den man darin gefunden, oder von dem Goldenen Löffel, mit dem man die Goldkörner gewonnen, herrühren. Später hat man die Quelle eingefaßt und mit der Inschrift versehen:

›Lieblich umrankt von der verklärenden Sage grüßt Dich, fröhlicher Wanderer die Güldequelle, gefaßt von der Gemeinde Löhma 1902.‹[49]

Brückner schreibt 1870 darüber: »Nach der Volkssage war vor 100 Jahren in der Christnacht über dem Güldenbrunnen ein silbernes Häuschen zu sehen, das mit vielen bunten Lichterchen erleuchtet und mit silbernen und kristallnen Glöckchen behangen war. Auf dem heute noch am Brunnen vorhandenen, großen platten Steine saß ein altes Mütterchen mit blendend weißem Kleide und reichte denen, die sich schweigend nahten, geweihtes Wasser, das sich, wenn sie schweigend zurückgekehrt waren, in den besten Wein verwandelte. Als aber einst ein böser Geselle einige Glöckchen abbrach und mit sich nahm, sind das Weib und Häuschen für immer verschwunden. Die entwendeten Glöckchen wurden in der Tasche des Buben zu großen Ameisen, die ihm das Herzen abfraßen.«[50]

Auf die vorchristliche Bedeutung der Gülde weißt auch der Name des nahen **Bettelholzes** am alten Weg nach Rödersdorf hin, welches auf eine in heidnischer Zeit an Quellheiligtümern oft verehrte Trinität von Göttinnen, in Gestalt der Drei Bethen, verweist. Zudem ist das Bettelholz eines gespenstischen Hündchen wegen bekannt, das die Wanderer dort in die Irre führte.[51]

Die **Gülde** ist kaum 5 km lang und doch hat sie sieben Mühlen ihre Kraft geliehen. Nachdem sie an ihrem Ausfluß noch kleinere Quellbäche aufgenommen hat, richtet die Gülde ihren Lauf zunächst nach Osten. Schon nach 300 Metern trieb sie am Nordabhang ihres Tals die erste Mühle, die Roßmühle, an. Nach weiteren 500 Metern gelangte sie zur zweite Mühle, der Railamühle. Diese ist am Südabhang des Grundes, am Fuß des **Hungersberges**, gelegen. Dessen Abhang ist zum Teil mit Wald [ehedem ausschließlich mit Tannen] bestanden. Sodann erreicht die Gülde Göschitz, dessen erstes und letztes Haus wiederum je eine Mühle ist. Bald nachdem sie das Dorf verlassen hat, richtet sie ihren Lauf nach Südosten. An zwei Mühlen fließt sie noch vorbei die zu Göschitz gehören, die Mösers- und die Lauermühle. Dahinter nimmt die Gülde wieder ihren Lauf nach Osten und erreicht bald die Fritschenmühle, die ehemalige Dorfmühle von Förthen. Das nordwärts nur 5 bis 7 Minuten entfernte kleine Dorf ist in klassischer Hufeisenform gebaut. Zusammen mit dem 1 km ostwärts gelegenen Ort Läwitz, bildete es bis 1918 eine **Exklave** des Großherzogtums Sachsen-Weimar-Eisenach.

Von der Fritschenmühle fließt die Gülde durch ein anmutiges, auf beiden Seiten von Hochwald gesäumtes Wiesental. Kurz vor ihrer Mündung in die Weida zwischen Weckersdorf und Läwitz zweigt noch einmal ein Mühlgraben von ihr ab, der zur letzten mit Güldewasser getriebenen Mühle, der Kolbenmühle [1441], führte. Neben ihrem Mahlstuhl besaß sie um 1880 auch ein Schneidewerk sowie eine Ölstampfe. 1902 brannte die Mühle nieder. Sie wurde nicht wieder aufgebaut.[52]

Der Geislaberg

Von Löhma wenden wir uns in südwestlicher Richtung nach dem Geisla, einer fernsichtigen Höhe. Hier sehen wir noch einmal Löhma vor uns liegen.»Rechts grüßt Kirschkau herüber, vom Wald wie von einem Rahmen umgeben. Ostwärts erkennen wir Langenwolschendorf und Zeulenroda. In noch weiterer Ferne grüßt Weißendorf und die hochgelegene Kirche von Hohenleuben. Aus dunklem Fichtenwald blickt das schmucke Kirchlein von Zickra. Im Güldegrunde liegen Läwitz, Förthen und von Göschitz sieht man nur die Kirche. Das schmucke Tegau winkt von Nordosten her, während man von Rödersdorf nur das Kirchlein sieht. Nach Norden zu sieht man Dittersdorf und Linda bei Neustadt. Westwärts erblickst du Oettersdorf, Pahnstangen, das Schießhaus bei Schleiz in weiter Ferne den Zug des Frankenwaldes. Nach Süden zu ist die Aussicht versperrt durch den großen Schleizer Wald, der sich bis nach Langenbuch hinzieht. Ein Gang nach dem Geisla lohnt sich also der schönen Aussicht wegen, dann aber auch, weil da oben manche seltene Pflanze wächst.«[53]

In den Jahren 1959 und 1961 wurde auf dem Geisla ein Urnengräberfeld der jüngeren Bronzezeit ausgegraben. Wie Hans-Jörg Diersch, ein Experte auf dem Gebiet der Vor- und Frühgeschichte des Oberlandes, schreibt, fanden sich dort auch Andeutungen von kleinen [Grab]Hügelchen sowie eines ›regelrechten‹ Hügels. Allein der Pflug hatte das Brandgräberfeld schon weitgehend zerstört. Die obere Schicht der Steinpackungen, mit denen die Gräber umbettet waren, war größtenteils schon verschwunden. Dennoch konnten noch einige unversehrte Beisetzungen, sowie drei Gruben mit Artefakten geborgen werden.[54] Nachdem man die Toten auf einem Scheiterhaufen eingeäschert hatte, wurde der Leichenbrand in einem Gefäß bestattet.»Um die Urne schichtete man plattige Kalksteine, die vor Ort gefunden wurden. Um diese Steinpackungen lagen zerstreut zerscherbte Gefäße. Sie hatten vielleicht bei der Bestattungszeremonie Speise und Getränke enthalten. Durch den Ritus waren sie geheiligt und durften nicht wieder für den alltäglichen Gebrauch benutzt werden. Sie konnten aber auch aus dem Besitz des Toten gestammt haben und wurden ihm mit auf die Reise gegeben. Doch wer will das so genau wissen, was sich die Menschen damals dabei gedacht haben. Interessant ist aber, daß auch einige Reibemühlen im zerschlagenen Zustand aufgefunden wurden. Sie sind aus Grauwacke gefertigt, einer Gesteinsart, die sich auf und im Bereich der Oettersdorfer Hochfläche nicht findet. Nach Auskunft eines Geologen, einem Kenner unserer Gegend, findet man diese Grauwacken im Raum Ziegenrück.«[55] Die auf dem Geisla bestattenden Urnengräberleute lebten höchstwahrscheinlich in jener offenen Siedlung, die vor einigen Jahren am Ortsrand von Oettersdorf, im Bereich des Löhmaer Weges von der Feldscheune bis an die B2 [in den Flurteilen ›Scheibe‹ und ›Fluracker‹], ausgegraben wurde. Die Fundhorizonte reichten von der jüngeren Bronzezeit bis in die Eisenzeit hinein. Neben Geisla und Göschitz kamen auch ganz in der Nähe, auf Bieders Bühl, Urnen zutage.

Über den Zusammenhang von Flurnamen mit ›Scheibe‹ und Vorzeitfunden war an anderer Stelle oben schon die Rede. Auch ›Geis‹-Orte, wie unser ›Geisla‹ sind in dieser Hinsicht bedeutsam. Einerseits lassen sich manche ›Geis‹-Fluren der Gruppe der ›Gossa‹-Namen zuordnen, die nach einem germanischen Synonym als ›kleine Straße in einer Siedlung‹ [Gasse] gedeutet werden. Demnach könnte man den Geisla als vormaligen Siedlungsort betrachten. Zum anderen wurden Namen mit ›Gos‹ auch für Orte vor oder über Berghängen gebraucht bzw. scheinen das Strömungsverhalten von Wasser an dieser Stelle ausgedrückt zu haben. Andere Namenskundler, wie Inge Resch-Rauter, erklären die ›Gossa‹-Orte mit dem keltischen Synonym ›Geis, Ges → Schicksal, Bestimmung, Tabu‹ und führen zahlreiche Kultplätze, Hügelgräber und Urnenfelder an, die sich an so benannten Orten vorfinden. ›Geis‹ im Sinne von ›Schicksal‹ mag darauf hinweisen, daß an solchen Orten einstmals für die Geschichte bzw. die kulturelle Identität einer dort siedelnden Volksgruppe bedeutende Ereignisse, wie Zweikämpfe, Schlachten etc., stattgefunden haben mögen. ›Geis‹ im Sinne von ›Tabu‹, hingegen zeigt an, daß es sich dabei um einen tabuisierten Ort, einen Ort, der nicht öffentlich zugänglich war, gehandelt haben mag, vielleicht weil man dort den Sitz einer Gottheit vermutete oder der Ort, wie in unserem Fall eher anzunehmen, eine Stätte der Toten war. Auch der Name des nahen Lohmen, im Sinne eines vormaligen ›Haines‹ bzw. eines ›Feuerplatzes‹ deutet noch darauf hin.[56]

Südöstlich des Geisla, wo sich der Weg von Löhma nach rechts zur ehemaligen Oettersdorfer Windmühle [1706] am Lindig und nach links zum Schleizer Wald gabelt, lag im Mittelalter das Dorf **Krauschitz** [Krauchitzwitz]. Hohlwegspuren und alte Wegeführung lassen die Lage der Wüstung noch erkennen.[57]

KIRSCHKAU

Das Platzdorf Kirschkau [1335 Kyrscowe] liegt in hoher, kühler Lage in der oberen Einsenkung des westlich zum Eltschbach fallenden kleinen Autals und ist von den Erhebungen Pfarrberg, Löhmaer Rasen, Roh, Ebersbühl und Stern umrandet. Der Name ›Kirschkau‹ ist nicht, wie die Überlieferung will, von einem ›Kirschen-Gau‹ abgeleitet, sondern eher vom dem slawischen Synonym ›Kyrčova → Rodung mit Baumstümpfen‹, wobei der Name schon im Jahre 1499 zu ›Kirska‹ verschliffen war.[58] »Von vielen oberländischen Dörfern hat Kirschkau zweierlei voraus: einmal die malerische Lage, so daß es von nah und fern hübsche Ansichten bietet. Der andere Vorzug ist die eigentümliche Geschichte des Ortes.«[59]

In Kirschkau bestanden vordem zwei etwa gleichgroße Rittergüter. Weniger vornehm, dafür aber altehrwürdig, war das von alten Bäumen höchst malerisch umrahmte **untere Gut**, auch ›Freigut‹ genannt. Es bestand aus einem quadratischen Lehmziegel- und Fachwerkbau und gehörte zunächst denen von Kospoth, dann denen von Kauffung bevor es von diesen im 19. Jahrhundert über die Familie von Spiegel an den Ökonomierat Meisgeier überging.

Das **obere Gut** dagegen hatte zusammen mit Lössau lange Zeit der Familie von Röder gehört. Von dieser gelangte es über die von Magwitz [1489], die von Kauffung, die von Dobeneck und die von Rohrscheid im Jahre 1745 durch Kauf an den Landesherrn Graf Heinrich XII. von Reuß-Schleiz [1716-1784]. Dieser ließ ein schloßartiges neues Herrenhaus ausführen, verwandelte es aber nach 1763 in ein **Waisenhaus**, dem die gesamten Erträge des nunmehrigen Kammergutes zufließen sollten. Bis 1816 waren dort jeweils 12 Waisen untergebracht, die dann in Pflegefamilien unterkamen, während die Einnahmen aus der Verpachtung des Gutes weiterhin dem Waisenkinderwesen zuflossen. Im Jahre 1910 brannte das Herrenhaus bis auf die Umfassungsmauern nieder, wonach der Neubau, so praktisch er auch war, der Schönheit der vorherigen Gebäude nichts entgegenzusetzen hatte.[60] Nach der Abdankung des Reußischen Fürstenhauses 1918 wurde gleich vielen Kammergütern der Region auch Kirschkau zum Staatsgut.

Hinter dem Gut schließt sich ein **Park** an, von dessen hinterster Ecke sich eine weite Sicht auf das Güldetal eröffnet sowie auf die waldumgebenen Dörfer, welche auf dem Höhenrücken liegen, der die Wasserscheide zwischen der Gülde, der Auma und der Orla bildet.[61]

Die älteste Kirschkauer Kirchenglocke aus dem 14. Jahrhundert zeigt an, daß es zu dieser Zeit im Ort schon eine **Kirche** gegeben haben muß, die wahrscheinlich vom oberen Rittergut aus begründet wurde. 1407 wird sie erstmals urkundlich erwähnt, doch schon im Jahre 1503 erfolgte ein Neubau, der den beiden Aposteln Petrus und Paulus geweiht war. Beim Abbruch dieser

Kirche im Jahre 1751 fand man, außer zwei Päckchen mit Reliquien, ein tönernes Büchschen mit einem Pergamentstreifen, der folgende Aufschrift trug:

>ANNO DOMINI NOSTRI QUINDECIES CENTESIMO TERTIO DIE
QUINTA MENSIS NOVEMBRIS EGO JOHANNES EPISCOPUS
MISSENENSIS CONSECRAVI ALTARE HOC IN HONOREM
OMNIPOTENTIS DEI ET APOST. PETRI ET PAULI.
RELIQUIAS SANCTORUM SUB SIGILLO INCLUSI<.

Das zwischen 1751 und 1753 errichtete heutige Gotteshaus entstand im Stil des Übergangs vom Rokoko zum Klassizismus und gilt als eine der ausgereiftesten und herausragendsten Lösungen des protestantischen Kirchenbaus während des 18. Jahrhunderts in Thüringen. Den Hauptteil dieser eigentümlichen Kirche bildet ein länglich-runder Raum, der durch nach allen vier Himmelsgegenden angebrachte Ausbauten, darunter eine herrschaftliche und eine kospothsche Seitenkapelle, die Form eines Kreuzes hat und von 18 hohen Bogenfenstern erhellt wird. Die Altarplatte aus Marmor ist durchzogen von versteinerten feinen Moosen, Muscheln und Insekten. Sehr schön sind auch die vielen in der Stuckatur an der flachen Decke und deren Hohlkehle dargestellten biblischen und kirchlichen Szenen. »Unter der Kanzel ist auf grauer Platte das in weißem Marmor gemeißelte Brustbild Heinrichs XII. angebracht. Dicht an demselben ruhen – unter dem Granitfußboden in zinnernen Kapseln beigesetzt – die Herzen des gräflichen Ehepaares Heinrich XII. und seiner zweiten Gemahlin Ferdinande, geborene Gräfin von Isenburg. Der Ort wird durch zwei Sandsteine bezeichnet mit der Inschrift:

XII   F

1784   1822.«[62]

Der frühere Glockenturm ähnelte dem der Geraer Salvatorkirche und galt als der schönste im Schleizer Oberland; er besaß nach der oberen Verjüngung mit seiner Durchsicht und gefälligen Schieferhaube eine sonst unerreichte Vollkommenheit.[63] Bei einem Brand im Jahre 1880 brannte der Turm vollkommen aus, während der Saal durch das Löschwasser ruiniert wurde. Der jetzige Turmaufbau ist beträchtlich niedriger als der frühere. Auch fehlen ihm in der letzten Gliederung jenen feinen Abstufungen, die den vorhergehenden so ausgezeichnet hatten.[64]

Auf dem **Friedhof** findet sich, wie sonst nur in katholischen Gegenden, ein steinerer Schmerzensmann aus dem Jahr 1766.

Die **Kirchhofskapelle**, auch >Totenkapelle< genannt, ein einfaches Rechteck aus vorreformatorischer Zeit mit steinernen Wänden und Holzdecke befand sich im Jahre 1890 im Zustand traurigen Verfalls begriffen. Auf dem Flügelaltar vom Beginn des 16. Jahrhunderts war auf einer Seite der Heilige Christophorus dargestellt. Im Jahre 1818 fand man in den Erbbegräbnissen dort beigesetzter Adliger noch verschiedene Waffen. Zudem kann man im Voigtländischen Sagenbuch von Robert Eisel lesen, daß in einem Gelaß des alten Kirschkauer Wirtshauses >Pferdezäume, Trensen, Steigbügel aus der Zeit des 30-jährigen Krieges aufgehängt gewesen< seien und daß sich bei Kirschkau >zwei Ritter geschlagen haben<. Letztere im übrigen auch von anderen Dörfern mit zwei Rittergütern überlieferte Sage hat ihren Ursprung in diesem Fall nicht wie sonst in Nachbarschaftsstreitigkeiten, sondern mag eine verklärte Erinnerung daran sein, daß im Jahre 1702 der Langenwolschendorfer Gutsherr Adam von Römer seinen Adelskollegen Georg Heinrich von Kospoth, als beide auf dem Heimritt von Schleiz waren, nach einem Wortgefecht im Rohrgrund erschossen hatte, worauf letzterer in Kirschkau begraben wurde.[65]

Ein weiteres ehemals zu Kirschkau befindliches altes **Steinhaus**, in welchem es nicht geheuer war und wo ebenfalls >alte Rüstsachen getroffen< wurden, ist jetzt in einen Garten verwandelt. Seine ursprüngliche Bestimmung ist rätselhaft. Unheimlich war es auch in den **Kellern** des oberen Gutes, wo ein dort vorgefallener Gespensterspuk lediglich zum Schutz eines Weinfasses gemacht worden sein soll.[66]

Merkwürdige Ortsfluren

Kirschkau ist von vielen kleine Wäldchen umgeben und stößt westlich an den umfänglichen Nadelwald, der zum größten Teil zu den Fluren von Löhma, Oettersdorf und Schleiz [**Schleizer Stadtwald**] gehört, der von den Schleizern aber >Kirschkauer Wald< genannt wird, weil der bei ihnen als Spaziergang früher so beliebte Kirschkauer Marktsteig mitten hindurch führt. Zwei wüste Dörfer lassen sich in diesem Wald feststellen. Westlich von Kirschkau nördlich des Marktsteigs, wo sich die Flur von Löhma nach Südosten ausweitet, findet sich noch eine Wegspinne mit Hohlwegspuren. Hier hat ehedem das Dorf **Pörna** gelegen. Eine weitere Wüstung, ebenfalls auf Löhmaer Flur und wieder durch eine Wegspinne erkenntlich, liegt im Flurteil >**Eckert**< am alten Weg von Langenbach nach Löhma.[67] Im >**Kuhholz**<, wo sich die Flur von Kirschkau nach Osten hin ausweitet, läßt sich durch Abstand, Hohlwege und Wegeführung eine weitere Siedlungslücke ausmachen. Hier scheint ebenfalls ein Dorf gestanden zu haben. Auch im Flurstück >**Alter Hof**< befand sich noch 1651 ein Haus, das von einem Mann namens Oertel dem Kleinen bewohnt wurde.

Wonach die >**Kriegsäcker**< und das >**Marterholz**< benannt sind, weiß man nicht mehr. Der Name des **Hühnerbühls** dagegen scheint gleich dem des Huns- oder Hunenhügels [Crispendorf], Hungersberges [Göschitz], des Gehegs und des Hains [Löhma], des Hainbühls [Stelzen], des Henne- oder Hainberges [Heberndorf] bzw. der Hemmkoppe [Ziegenrück] vor- bzw. frühgeschichtlichen Ursprungs zu sein.[68]

Geheimbünde im 18. Jahrhundert

Die Form der Kirschkauer Kirche sowie der Umstand, daß Graf Heinrich XII. von Reuß-Schleiz [1716-1784] im Ort ein Waisenhaus stiftete, schlägt eine vergessene Saite regionaler Kulturgeschichte an, wonach Mitglieder des reußischen Hauses, vornehmlich während des 18. Jahrhunderts in verschiedenen Geheimlogen – oftmals an führender Stelle – tätig gewesen sind. So war Heinrich XII. Obersekretär der Antimassonianischen Hauptloge in Drage bei Flensburg, einer gegenfreimaurerischen Gesellschaft, die sich aber wesentlicher freimaurerischer Techniken und Geheimniskrämereien bediente.

In Schleiz, in Oettersdorf, in Kirschkau, in Heinrichsruh, überall da, wo sich der gräfliche Hof aufhielt, existierten Ableger dieser Loge, wobei die Oettersdorfer Loge sogar ein Filial in Neuhaus am Rennsteig unterhielt. Im inzwischen verloren gegangenen Reußischen Hausarchiv auf dem Schleizer Schloß fanden sich verschiedene Briefe, Drucksachen und Bilder über diese geheimen Verbindungen, so u.a. ein Buch mit dem Namen ›Geheimnis und Satzung der Gesellschaft der guten Leute zu Oettersdorf und Heinrichshain [Heinrichsruh]‹ mit Zeichnungen vom Inneren des Logenraumes, des dort aufgestellten ›geheimnisvollen Bildes‹, der Ritualbücher etc., auch viele Texte in chiffrierter Schrift, Kopien von Beschlüssen der Nordischen Hauptloge in Dänemark etc. Diese Geheimbünde nahmen auch weibliche Mitglieder auf und verfolgten karikative Ziele, wie das Waisenhaus von Kirschkau.

Infolge dieses androgynen Charakters boten diese Logen – wir finden solche auch in Ebersdorf, in Neustadt/Orla und in Saalfeld – einen interessanten Zeitvertreib für die Mitglieder der dortigen Höfe, als auch für adlige Beamte, Offiziere, und abgesehen vielleicht von Rudolstadt, faktisch gar nicht für Groß- oder Bildungsbürger. Indem zu dieser Zeit der Souverän die große Politik seines kleinen Landes machte und auch die Landstände nicht allzuoft zusammentraten, fehlte es den Untertanen und auch manchen Adligen an politischen Betätigungsfeldern, wofür das Engagement in solchen Gesellschaften [es gab solche ebenfalls im Bereich städtischen Bürgertums] gewissermaßen Ersatz bot, zumal sich ihre Mitglieder bei den Zusammenkünften ungezwungen – man denke an die sonst sehr strenge Standesetikette an den fürstlichen und gräflichen Höfen – bewegen konnten. Gerade die gesellschaftlichen Verhältnisse des 18. Jahrhunderts, wo jede Meinungsbildung zu politischen Themen in der Öffentlichkeit verpönt, ja geradezu unbekannt war, boten einen ungemein fruchtbaren geistigen Boden für Geheimbünde, wo auch religiöse Strömungen und ethisch-moralische Bestrebungen bis hin zu Magie, Mystizismus und religiöser Schwärmerei bedient werden konnten.[69]

Von Freimaurerlogen selbst hören wir in unserer Region nicht vor 1763 [Rudolstadt] und 1803 [Gera], auf breiterer Basis dann ab 1880 in Pößneck [Goethe im Orient] und etwa zeitgleich in Neustadt an der Orla [Johannes im Orlagau].

LÖSSAU

Lössau [1325 Lezowe] ist ein hochgelegenes Angerdorf dicht an der Straße nach Zeulenroda. Es liegt am Westfuß des Mühlberges auf einer hohen, zur Wisenta hin geneigten Plateauwand. Seinen Namen hat der Ort sicher in sorbischer Zeit [slaw.: Lěsov → Ort am Wald] erhalten. Das Quellgebiet seiner Wasser liegt im **Errlicht** [Erle], nahe am Kirschkauer Wald. Die Ortsflur grenzte früher im Osten und Südosten an Sachsen. Im Süden wird sie von der Wisenta durchflossen, die hier den Kohlbach [Colbach] und die Leukera aufnimmt. Die Lössauer **Kirche** aus dem Jahr 1763 ist ein achteckiger Saalbau mit rechteckigen dreiseitig-polygonal abgeschlossenen Chor. Das geschweifte Walmdach wird von einem tabernakelartigen Dachreiter bekrönt. Im Inneren zeigen sich an Empore, Altaraufbau und Kanzel sparsame Formen der Rokoko-Zeit. Das **Haus** von Bowen Kegler war im 19. Jahrhundert von einem Gespensterspuk betroffen, der sich später jedoch als angebliche Familienintrige herausstellte.[70]

»Die von Lössau nach Weckersdorf zuerst auf der **Höhe** geradlinig sich hinziehende, mit Apfelbäumen bepflanzte Landstraße führt an [ehemaligen] Kieselschiefergruben vorbei, an der höchsten Stelle, 517 m, ist ein trigonometrisches Signal errichtet. Von demselben und auch schon recht gut vom Straßenkörper aus, hat man nach Osten einen weiten Blick auf den südwestlichen Teil des sächsischen Erzgebirges mit dem Kuhberg [bei Schönheide] und dem über 1.000 m hohen Auersberg. Nach Südwesten heben sich der Sieglitz und der Kulm sowie der langgestreckte Wetzstein im Frankenwald deutlich vom Horizont ab. Dort, wo das Signal steht, und weiter nach Ost und West mögen bei einer vulkanischen Erdbewegung kieselschieferige Schüttermassen empor und zutage gehoben worden sein. In ihrer großen Anzahl und namentlich, wo sie von Birkensamen überflogen oder mit Laubholz bepflanzt worden sind, bieten diese Kuppen ein auffälliges Kennzeichen der Bodengestaltung.«[71] Dort, wo die nach Osten sich ausdehnende Ortsflur mit der südöstlichen Kirschkauer Flur verzahnt ist, soll in alter Zeit ein Dorf gestanden haben, dessen Position durch Hohlwege und alte Wegeführung noch festgestellt werden kann.

Möglicherweise handelt es sich hierbei um den Ort **Hadirsak**, welcher nach anderen im heutigen Drösweiner Flurteil ›Habernest‹ an der Straßenkreuzung Thierbach-Lössau mit Langenbuch-Dröswein gelegen habe. In den Urkunden wird Hadirsak meistens zusammen mit Dröswein erwähnt. »Die Sage will aus diesem einstigen Hadirsak ein ›Hadernest‹ machen und damit aus einem Hader der Feudalherrschaften um dieses Dorf auch den Grund für dessen Verwüstung deuten.«[72] Da Hadirsak nach 1378 nicht mehr in den Urkunden erscheint, wird angenommen, der Ort wäre nach dieser Zeit aufgegeben worden und seine Bewohner nach Dröswein verzogen.[73]

DRÖSWEIN

Das Gassendorf Dröswein [1278 Drosebeyn] liegt zwischen Lössau und Thierbach zwischen dem Kesselbach und dem Marienbächlein und ist von nahezu allen Seiten von Wald umgeben. Alte Flurnamen weisen darauf hin, daß sich hier ehedem eine kleine keltische Siedlungskammer befunden haben könnte, auch wenn entsprechende Bodenfunde bislang noch ausstehen. Noch in frühdeutscher Zeit könnte der angrenzende, sich zwischen Lössau, Kirschkau, Weckersdorf, Leitlitz, Wallengrün, Thierbach und Dröswein erstreckende Ketten- oder Köthenwald [kelt.: Ceto, Coet → Wald, ahd.: Ket → Grab, Graben] ein umgrenzter Sonderbereich gewesen sein, der die Entwicklung vom keltischen zum sorbischen Kultplatz und hernach zu einem überregionalen Versammlungsort mitgemacht hat, weswegen er lange Zeit im Besitz der Landesherrschaft, in diesem Fall der vögtischen Herrschaften und der Markgrafschaft Meißen, geblieben ist. Im Jahre 1377 wurden die strittigen Grenzen im ›Ketener holcz gelegen by muldorf [Mühltroff]‹ dahingehend entschieden, daß alles, ›waz under dem lichwege ist zcu der rechten hand‹ dem Herrn von Gera und alles ›waz denne vf dy lynken hand ist ... biz vffe den krucze weg‹ mit ›Langinbuch vnde Hadirksak‹ dem Markgrafen von Meißen gehören sollten. Daß dieser Vertrag neben den adligen Gewalten auch von Vertretern der markgräflichen Dörfer ›Tirbach, Hadirsak, Rabinsbach vnd Waldengrune‹ sowie der zur Herrschaft Schleiz gehörigen Dörfer ›Behemstorf, Kirshouwe, Leszouwe, Gerwicz, Banstange vnde Nuwendorf‹ mitunterzeichnet wurde, deutet darauf hin, daß man sich hierzu auf einer Mal- oder Freistätte versammelt hatte, wo auch andere unter den Herren bzw. unter den Dorfschaften strittige Themen verhandelt und die dort getroffenen Vereinbarungen am Ende von allen Teilnehmern als Zeugen mitbezeugt wurden. Manche dieser Gerichts- und Volksversammlungsstätten waren, zumindest dort, wo sie aus zentralen Heiligtümern [Hainen] der heidnischen Bewohner eines Stammesverbandes oder eines Gaues hervorgegangen sind, sogar weitläufig noch umhegt. »Auf älteren Karten und Flurnamenverzeichnissen fallen einen am Rand des Kettenwaldes Bezeichnungen auf wie der Landgraben bei Dröswein, das Gehege bei Leitlitz, der Wallacker bei Wallengrün [kelt.: Grinn → Burg] und die Wehrkirche von Thierbach, die bestätigen, daß dieses Gebiet von Alters her von den angrenzenden abgesondert war.«[74] Was jedoch die Häufung alteuropäischer Flurnamen in und um Dröswein betrifft, so ist es interessant zu wissen, daß die Gelehrten und Weisen der alten Völker ihren Mysterien oft an abgelegenen Orten in Wald nachgegangen sind. Die Ableitung des Namens ›Dröswein‹ aus dem urkeltischen Synonym ›Drasidae → Hohepriester, Gelehrte‹ könnte durchaus darauf hindeuten, daß sich in vorgeschichtlicher Zeit keltische Priester von jenseits der Gebirgsschwelle, aus dem Böhmischen Raum oder aus der Orlasenke in die

Gegend des späteren Dröswein zurückgezogen haben, wodurch die Flur einen mit ›Dras‹ gebildeten Namen erhielt, welchen die Germanen und nach ihnen die Sorben dann rein phoenetisch in ihre Sprache übernommen haben. Als weitere alteuropäische Deutungsvariante kommt auch das keltische Synonym ›dravos → stark, mächtig, reißend‹ infrage, nach welchem oft strömungsreiche Flußbiegungen wie die Saalehalbinsel Droschka bei Altenbeuthen oder der ehemalige Trauschkenstein, ein Fels in der Mulde bei Wurzen, benannt worden sind.[75] Wenn also die Gegend um Dröswein von einem Synonym für ›stark, mächtig, reißend‹ ihren Namen hat, so mag das darauf hindeuten, daß die Altvorderen im Umgang mit ihrer Umwelt viel spüriger als wir heute gewesen sind und an dieser Stelle möglicherweise vorhandene, starke Erdenergien nicht nur fühlen, sondern auch nutzen konnten. Immerhin befinden sich hier am Nordwestflügel des Ostthüringer Hauptsattels nicht nur bedeutende Antimon-Vorkommen, die zwischen Schleiz und Zeulenroda in mehrere parallelen Gängen verlaufen und bei Oberböhmsdorf abgebaut wurden, sondern auch ein breiter von Schleiz nach Weida verlaufender Silurstreifen, der mit 0,2 Prozent Vanadium und 0,4 Prozent Molybdän die höchsten Gehalte dieser zwei Elemente in Thüringen aufweist, wobei der Durchschnitt ansonsten 0,07 Prozent Vanadium und 0,024 Prozent Molybdän beträgt. Radiästhesisten mögen diesem Hinweis einmal nachgehen.[76]

LANGENBUCH

Das Angerdorf Langenbuch [1416 Langepuch] liegt auf einem vom Grieshübel [520m] zur Wisenta und zu einem ihrer Zuflüsse sich neigenden Plateau. Die **Chorturmkirche** mit Rundbogenfenstern und Krüppelwalmdach hat im Turm noch das Spitzbogentonnengewölbe des Vorgängerbaus. Die Innenausstattung mit Flachdecke, schlichter Empore, Altar und Kanzel entstammt dagegen der zweiten Hälfte des 18. Jahrhunderts.

Der das sächsische vom reußischen Gebiet ehemals trennende **Landgraben** ist eine halbe Stunde Fußwegs lang. Eine bloße Grenzmarkierung kann er nicht gewesen sein. Von ähnlichen Bauwerken wie der Landwehr zwischen Berga und Pöltzschen heißt es, sie seien einst gegen die Slawen gegraben worden. Der von Osten nach Westen führende Leichenweg wird auch ›**Schaalweg**‹ genannt.[77] Folgt man dem germanistischen Namensforscher Max Leichsenring, so weist nicht nur der Name des Grieshübels, sondern auch der Ortsname von Langenbuch, Langenbach [1378 Langinbach] und selbst von Mühltroff und Mielesdorf auf einen größeren, in der Nähe befindlichen germanischen bzw. frühdeutschen Versammlungs und Gerichtsplatz hin, dessen verschiedene Bezeichnungen sich auf die Fluren des Umfeldes übertragen und so namensgebend für die sorbischen bzw. kolonisationszeitlichen Ortsgründungen geworden sind. Leichsenring hat die Ansicht vertreten, daß sich die frühen Siedler für die Namen ihrer Gründungen nicht nur topographischer Bezüge oder der Namen ihrer Patriarchen bzw. Lokatoren bedienten, sondern sich auch nach der Freistätte benannten, an denen sie zusammenkamen und wo sie ihre Gemeinschaft gegenüber sich selbst, als auch gegenüber der Außenwelt in Eiden bekräftigten. Demnach sind Orte mit aus ›Mühl‹ gebildeten Namen wie **Mühltroff** [1274 Muldorf] nicht zwangsläufig Orte mit Mahlwerken, im besagten Fall ein Dorf mit einer Mühle an der Wisenta gewesen, sondern können – wir wir schon hörten – ebensogut eine Malstätte, eine Gerichts- und Versammlungsstätte bezeichnet haben, wobei das Synonym später den mundartlichen Formen ›mahl, mehl, mil, mol, mul‹ der ihnen vertrauten Mühle angeglichen wurde. Die Malstätte als Gericht erscheint auch im Heliland, einer altsächsischen Christusbiographie aus der Karolingerzeit, wo der Vers 2892: ›geginthiodo mahal‹ als ›Gericht über alle Völker‹ übersetzt werden kann. Ein zweiter Ansatz leitet die ›Mühl‹-Orte in Sachsen und Thüringens von slawischen Begräbnisplätzen [slaw.: Mohyla → Grabhügel] ab. Doch auch die Gräber der Ahnen waren bei vielen alten Völkern Orte der Versammlung und der Rechtsprechung.

Ebenso mag der Name des **Grieshübels** auf eine solche Freistätte zurückgehen, wenn man ihn von dem germanischen Synonym ›Grave, Grebe, Gries → Gericht, Richter‹ ableitet. Ab der karolingischen Zeit war der Graf der Administrator und der Oberrichter eines Gaues. ›Grieswart‹ hieß noch im Mittelalter der Richter bei gerichtlichen Zweikämpfen. ›Gönegrees‹ war ein westfälisches Gaugericht. Ein anderer völkerwanderungzeitlicher bzw. frühdeutscher Name für ›Gericht‹ war ›Lank, Lenk oder Leng‹. Manche Frei- oder Hochgerichte markierende Steine hießen nicht nur ›Breite, Rote, Blaue, sondern auch Lange Steine‹. Demnach war **Langenbach** nicht zwangsläufig ein ›Dorf an einem langen Bach‹, während Langenbuch nicht unbedingt ein ›Ort an einem Buchenwald‹ gewesen sein muß. Auch wenn von den 40 ›Bach‹-Orten in Ostthüringen allein 22 in den 3 gebirgigen Altkreisen Rudolstadt, Saalfeld und Lobenstein zu finden und viele Orte nach den sie durchfließenden Bächen benannt sind, können bestimmte ›Bach‹-Namen, gleich den ihnen ähnlichen ›Buch, Bâg oder Bock‹-Verschleifungen in früheren Kultplätzen oder Malstätten ihren Ursprung haben. Beispielsweise hat der Göritzer Bachberg ehedem ›Buchberg‹ geheißen. Auch wenn man den Namensforschern Wolfgang Krause [1904] und Max Leichsenring [1928] aus berechtigten Gründen in ihren Darlegung in vielen Fällen nicht folgen kann, so ist doch die teilweise Anwendung der von ihnen verfolgten Ansätze für die Orts- und Flurnamenforschung unserer Region, deren beinahe ausschließlich slawischen und mittelhochdeutschen Deutungen sich oft und rasch erschöpfen, als überaus belebend zu erachten.[78]

Oettersdorf

Lössau

Schleiz: Hospital

Bergkirche

Schleiz: Wolfgangskapelle

Schleiz: Stadtkirche

Schleiz: Amtshaus

STADT SCHLEIZ

Schleiz [1232 Slowizc] liegt in einer von der Wisenta und dem hier einmündenden Stelzenbach gebildeten, auf drei Seiten von Höhen und Plateaurändern umfriedeten Mulde und ist um den Schloßberg [Alten Berg] herum aufsteigend und im Halbrund erbaut. Die Stadt bildet ein Herzstück des aus zwei Hochlandstufen, dem Modera-Wisenta-Hochland und dem Modelitzsch-Weida-Strich bestehenden vogtländischen Plateaus, welches im Westen steil zum Saaletal abfällt.[79] Der Sage nach habe ein großer Buchenwald einstmals ganz Schleiz umgeben. Nur noch wenige alte Stämme sollen von ihm übrig sein, die sich in vier Gruppen verteilen; nämlich die auf dem Schweinsberg, die auf dem Buchhübel sowie jene auf dem Ritters- und dem Kirschbühl am Wege nach Heinrichsruh.[80] Auch im Park von Heinrichsruh selbst finden sich noch Überbleibsel jenes großen Primärwaldes, der vor 1.000 Jahren das Oberland weitestgehend noch bedeckt hatte.

Für die Entstehung des Namens ›Schleiz‹ gibt es die verschiedensten Deutungsvarianten, wobei die Ableitung von ›Slewicz‹ [1284] nach dem slawischen Synonym für ›Zwetsche, Pflaume‹, man denke dabei an das Tschechische Zwetschkenwasser ›Slibowitz‹, die unwahrscheinlichste ist. Auch wenn germanistische Namensforscher ›Schleis‹-Orte, wie Schlaisdorf [bei Rochlitz], Schleisberg [bei Waldheim], Schleißheim [in Oberösterreich] oder Schleis [im Vinschgau], welches im 13. Jahrhundert ›Slins‹ genannt wurde, von einem völkerwanderungszeitlichen oder frühdeutschen Volksversammlungs- und Gerichtsort [germ.: Scil → Gericht] ableiten, dürfte der Name ›Schleiz‹ in unserem Fall eindeutig auf slawische Wurzeln zurückzuführen sein. Die älteren Formen weisen auf die Ausgangsform ›Slavici‹ [slaw.: Slava → Ruhm] im Sinne eines für ›die Geschichte des dort siedelnden Volksstammes bedeutenden Ortes‹ oder eines ›Dorfes der Sorben‹ [Slowitz] bzw. ›der Slawen‹ [Slavewitz]. Ferner kann sich hinter ›Schleiz‹ der Name der Sippe eines einst hier siedelnden sorbischen Patriarchen genannt: ›Slavomir‹ verbergen oder gar die Morphologie des Landes selbst [slaw.: schelawy → schiefe, abschüssige Richtung] widerspiegeln.[81]

Zur Stadtentwicklung

Die Stadt Schleiz, das Zentrum des ›Terra dicta Wisenta‹ [1280] ist im Laufe der Jahrhunderte im Schutz ihrer ›Akropolis‹, ihres hochthronenden Burgberges, entstanden. Im Kern besteht sie aus drei Teilen, der Alt-, der Neu- und der Heinrichstadt, welche jede für sich eine eigene Geschichte haben. Als die Lobdeburger das Land in Besitz nahmen, fanden sie in der Talsohle wohl schon eine sorbische Straßensiedlung vor. Aus dieser ging später die Altstadt, zuerst schlechthin ›Alte Stadt‹ genannt, hervor. In einer Urkunde aus dem Jahre 1310 bestätigt der Bischof von Naumburg dem Komtur und Pfarrer

Dietrich von Dorla zu Schleiz eine verloren gegangene Urkunde von 1232, die er noch mit eigenen Augen gesehen haben will. Darin werde festgestellt, daß der Bischof Engelhardt von Naumburg in diesem Jahr eine Verfügung der Gründer der Pfarre zu Schleiz bestätigt habe, wonach dem Pfarrer von jeder zur Pfarre gehörigen Hufe Landes ein Scheffel, der sogenannte ›Wesanter‹ oder ›Wescenter‹ [ein wohl nach der Wisenta benanntes eigenes Maß im Wisentaland] gegeben werden müsse und bei der Teilung der Hufe diese Abgabe von jedem ihrer Teile zu erheben sei. Weiter heißt es dort, die Kapelle zu Dittersdorf solle Tochterkirche der Schleizer Pfarrkirche sein. Als Zeugen werden darin genannt: Hermann, der frühere und Degenhard der jetzige Pfarrer von Schleiz, Berthold, Pfarrer zu Tanna, Wittig, Otto Baier, Burghold und Sieghard von Saalburg, Heinrich von Kulm, Heinrich der Ältere Truchseß und Albert von Harra.[82]

Die Pfarrei zu Schleiz scheint also von den Lobdeburgern gestiftet worden zu sein. Die Mitbesiegelung der Urkunde von 1232 durch Graf Hartmann läßt vermuten, daß er einer der Stifter gewesen ist.[83] Nach dieser ersten Erwähnung von Schleiz ruht die Überlieferung bis zum Jahre 1284, wo Otto von Arnshaugk dem Deutschen Orden die hiesige Pfarrkirche verlieh. Zu dieser Zeit muß die Stadt schon mit Stadtrechten versehen gewesen sein, aber erst 1297 wird Schleiz als ›Oppidium → Stadt‹ bezeichnet.[84] »Unter den Zeugen einer Urkunde von 1285 erscheint an exponierter Stelle ein Schleizer Bürger mit Namen Heinrich von Plauen, den man für einen Dienstmann des Burgherrn und für den ›Lokator‹ [Siedelmeister] der Schleizer ›Neustadt‹ hält.[85]

Die **Altstadt** umfaßte den Raum des jetzigen Nikolaiplatzes mit der davon abgehenden Agnes- bzw. Schmiedestraße, ferner Teile der Poststraße und der Braugasse. Von der Größe her eher klein, erhielt die alte Stadt erst im Spätmittelalter Mauern und Tore, so das Niklastor, das Oschitzer Tor, das Gregoroder Braugassentor [1644 erstmals erwähnt] sowie die Mühlpforte, welche wohl das ehemalige Mühlgäßchen nach der Schmiedestraße hin abschloß. Drei wichtige Handelsstraßen tangierten die alte Stadt.[86] »Die eine führte von Regensburg über Hof, Schleiz, Neustadt weiter in das Saaletal nach Naumburg, eine andere von Nürnberg über Kronach, Nordhalben, Lobenstein, Saalburg, Schleiz, Auma und Gera nach Leipzig und eine dritte von Schleiz über Oberkoskau, Reuth, Thossen nach Oelsnitz weiter ins Böhmische.«[87]

Das Haupttor der alten Stadt war das Niklastor, in dem sich die Hofer und die Leipziger Straße kreuzten. Es lag vor dem ehemaligen Hotel ›Bayerischer Hof‹ fast in der Mittellinie der heutigen Geraer Straße. Gleich dem Turm neben dem Teichtor der Neustadt scheint auch neben dem Niklastor ein Turm gestanden zu haben. Die Schmiedestraße hat ihren Namen von den Handwerkern, die die Wagen und Zugtiere der Fuhrleute betreuten. Auch lagen hier drei der sieben großen Schleizer Gasthöfe für den Fernverkehr.[88]

41

An die Altstadt schloß sich in östlicher und nordöstlicher Richtung die von den Lobdeburgern begründete **Neustadt** an, welche sich allmählich ebenfalls zu einer mit Mauern und Toren befestigten Stadt erweiterte, welche um 1300 ›Innere‹ oder ›Neustadt‹ genannt wurde, ›Innere Stadt‹ deshalb, weil sie zwischen der Altstadt und dem Schloßberg angesiedelt war. Die schon im Jahre 1359 erwähnte Mauer der neuen Stadt stieg im Westen vom Schloß herab, lief hinter der Gasse ›am Alten Berg‹ auf die Teichgasse und das Teichtor zu, ging bis zum Komturhof des Deutschen Ordens und wandte sich dann scharf nach rechts. In ihrem weiteren Verlauf durchschnitt sie die Grundstücke des Archediakonats, der Superintendantur sowie des späteren Gymnasiums und erreichte die Stadtkirche, wobei der Chor derselben ein wenig über die Mauer hinausragte. Von da ging die Mauer, die Grundstücke verschiedener Bürger und der alten Bürgerschule durchlaufend, bis zum Bürgerhof, bog hier zum Böhmischen Tor [vor der heutigen Elisenstraße] ab und stieg endlich wieder in gerader Linie zum Schloß hinan. Durchbrochen war die Mauer von drei Toren oder Torhäusern, so vom Teichtor mit dem darüberliegenden Stadtgefängnis, vom Böhmischen Tor und vom Pfortentor, zu denen über den Stadtgraben hölzerne Zugbrücken führten. Im Jahre 1611 kam noch die sogenannte ›Komturpforte‹ am Komturhof hinzu. An Türmen hatte die neue Stadt einen unterhalb des Schlosses am alten Berg neben dem Teichtor sowie zwei heute noch nebst einem Teilstück der Mauer teilweise erhaltene Türme unterhalb der Badergasse und der Bahnhofstraße, während der gewaltige Turm des Komturhofes schon im 17. Jahrhundert verschwunden ist. Wenn die Altstadt im Inneren ihrer Mauern keine Kirche besaß wohl aber von 5 Kapellen und Kirchen umgeben war, so hatte die Neustadt als Wahrzeichen die Stadtkirche, von der manche meinen, sie habe zunächst noch außerhalb der Mauern gestanden.[89]

Hinter der mit höchster Wahrscheinlichkeit von deutschen Ansiedlern begründeten Schleizer Neustadt hatte die ursprünglich slawische Altstadt in Recht, Status und obrigkeitlichen Belastungen lange zurückstecken müssen.

Die Konkurrenz der beiden selbständigen Gemeinden in der inneren und äußeren Stadt bedingte zudem für beide Teile fortwährend Streit und wirtschaftliche Nachteile.»Was die eine Stadt geboten, wurde in der anderen Stadt verboten. Man schädigte sich beim Verschenken von Bier und Wein und stritt sich um Röhrenwasser und Grundstücke, die zu der einen oder der anderen gehören sollten.«[90] So beschwerten sich die Bewohner der Altstadt im Jahre 1400 beim Herrn von Gera, daß sie auf dem zusammen mit der Neustadt geführten Markt Stättegeld bezahlen müßten, daß sie ihr Vieh nicht durch den gemeinsamen Stadthirten hüten lassen dürften, daß sich die Neustadt zur Altstadt gehörende Felder aber auch Hofstätten widerrechtlich aneignen würde. Man holte sogar einen Urteilsspruch des Magdeburger Schöffengerichts ein. Über den Ausgang des Prozesses ist allerdings nichts mehr bekannt ist, nur daß die beiden Gemeinden im Jahre 1442 erneut in ›Irrungen und Streitig-keiten‹ gerieten, diesmal des Mälzens, Brauens, Schenkens, des Marktes, der Viehtrift, der Kirchenlehen und der Stadtgüter wegen.[91] Das verwundert umso mehr, da die beiden Gemeinden zu dieser Zeit schon die gleiche Verfassung, aber noch eigene Bürgermeister und Ratsherren hatten. Erst am 2. Dezember 1482, offenbar in der Folge des Wiederaufbaus der Stadt nach dem Brand von 1475, schlossen sich endlich Neu- und Altstadt zu einem Gemeinwesen zu-sammen, so daß sie in Zukunft ›für ewige Zeiten‹ eine Stadt unter einer Obrig-keit mit gemeinsamer Verwaltung sein wollten. Nur die Handfron, welche die Altstadt als Nachfolger der ehemaligen slawischen Dorfgemeinde der Herr-schaft noch zu leisten hatte, sollte sie auch ferner allein tragen, doch wurden ihr noch 5 Mann der Neustadt zur Beihilfe gegeben. Im Gegenzug sollte die Altstadt von der städtischen Fron befreit sein, welche die Neustadt gelegentlich bei Bauten an öffentlichen Gebäuden und an den Mauern, beim Heumachen auf dem Stadtgut zu Wüstendittersdorf oder sonstwie zu leisten hatten.[92]

Das erste und älteste **Rathaus** der Stadt stand 1390 in der Altstadt. 1597 erbaut man am Markt der Neustadt ein zweites, den vereinten Städten ge-meinsame Rathaus, welches 1689 bzw. 1837 abbrannte und erst 1880 im Stil der Neorenaissance wiederaufgebaut wurde.

»Das **Stadtregiment** führte bis ins 19. Jahrhundert – wie in anderen Städten, so auch in Schleiz – ›Bürgermeister und Rat‹, welche sich bei Todes-fällen oder sonstigen Abgängen ihrer Mitglieder durch Zuwahl ergänzten.«[93] Das Ratssystem von Schleiz bestand zunächst aus drei, ab dem 17. Jahrhun-dert aus zwei Kollegien, den so genannten ›Ratsmitteln‹. Indem sich diese in einem bestimmten Turnus in der Herrschaft abwechselten, sprach man von ihrem ›regierenden Jahr‹. Zu jedem Ratsmittel gehörte ein Bürgermeister und mehrere Personen [Ratskumpane, Ratsverwandte, Zugewandte, später Beisit-zer und Senatoren]. Dem Rat gegenüber standen die Viertelsmeister, bzw. die ›Achtmänner‹ als fallweise gewählte, fallweise aber ›von oben‹ bestimmte Vertreter der Bürgerschaft. In Schleiz ist erstmalig 1462 ein solcher Viertels-meister genannt. Neben den Viertelsmeistern gab es auch die Institution der ›Acht von der Gemeinde‹. Als im Jahre 1419 in Schleiz – wohl wegen des Fehlens einer städtischen Verfassung – Unruhen ausbrachen, bat der Vogt von Gera den Pößnecker Rat um eine Abschrift seiner Statuten, auf deren Grund-lage die Verhältnisse in Schleiz ›in die Schranken gewiesen und konfirmiert‹ wurden.[94] Ebenso wie in anderen städten mußten auch in Schleiz die Statuten jeweils vom Landesherrn bestätigt werden, wobei Fälle, bei denen er seine Zustimmung verweigerte, nicht selten vorkamen.

Solange die Haupttrasse der Nürnberg-Leipziger Handelsstraße durch Schleiz führte und die Stadt [bis 1507] einen wichtigen Etappenpunkt bildete, war die Stadt verhältnismäßig wohlhäbig. Von ihrem Geraer Landesherrn hatte sie manche Freiheiten und Privilegien erwerben können. Auch der Einfluß der Zünfte gegenüber dem Rat und der Landesherrschaft war im Laufe des 15. Jahrhunderts enorm gewachsen. Später, als Schleiz Residenzstadt wurde, änderte sich die Situation. Infolge der Einführung des Innungswesens – wo faktisch jede interne Entscheidung innerhalb der Handwerkerschaft von der Genehmigung des Landesherrn bzw. des Rates abhängig gemacht wurde, bei gleichzeitiger Androhung der Aufkündigung des betreffenden Privilegiums im Falle mangelnden Wohlverhaltens – wurde die Macht der Zünfte gebrochen. Aber auch in die Belange des Rates und der Gemeinde begann sich der Landesherr insbesondere im Zeitalter des Absolutismus zunehmend einzumischen. Er erteilte nicht nur Verhaltensmaßregeln, sondern bestimmte teilweise sogar, wie oft die Ratsherren ihre Sitzungen abzuhalten hätten, wobei freilich nicht alle seine Interventionen zum Schaden der Stadt und ihrer Bürger waren.

Man denke an bestimmte Verordnungen zum Feuerlöschwesen und zur Aufrechterhaltung der öffentlichen Ordnung und Sicherheit. Auch gab es Zeiten, wo die Bürger mehr unter der Behäbigkeit der Ratsherren litten, als daß diese ihnen zum Vorbild hätten dienen können. Zeitweise war die städtische Obrigkeit so mit Umtrunk, Gelagen und mit der Bereicherung aus ihnen zur Aufwandsentschädigung überlassenen Stadtbesitztümern beschäftigt, daß sie die ihnen auferlegten Pflichten, wie beispielsweise die Kontrolle der Bierhöhler u.a., nicht mehr erfüllen konnten.[95]

Im Besitz der Stadtgemeinde waren neben verschiedenen Grundstücken [Gemeindelehmgrube u.a.] der Ort Wüstendittersdorf, der Stadtwald nach Kirschkau zu und vier **Mühlen**. Das waren eine Windmühle und drei Wassermühlen,

- so die Burkhardts- [Burkels-] oder Billings- [früher Kühnmühle] im Trilloch [Wüstendittersdorf] unter dem Königsberg [Künsberg],
- die Herrenmühle, sonst landesherrlich, später wie die übrigen privat mit sieben Gängen und einem Schneidewerk sowie
- die Helbigsmühle mit drei Gängen und einem Schneidewerk.

Zudem sind im Jahre 1647 noch zwei Walkmühlen und eine Pulvermühle erwähnt, wozu später die Neumühle kam. Die Pulvermühle im 30-jährigen Krieg ungangbar gemacht, von 1686 bis ca. 1760 wieder in Betrieb, wurde später zu einer Pfeffermühle, dann zu einer Walkmühle, schließlich zu einer Malzquetsche umfunktioniert. Obwohl die Mühle danach zum Zubehör der Neumühle und zu einer Fabrik wurde, hat sich der Name ›Pfeffermühle‹ erhalten.

Am Beginn der Bergstraße bzw. der Oettersdorfer Straße stand bis 1938 das später auch als Armenhaus dienende städtische **Hospital** [Spittel]. Für mit ansteckenden Krankheiten belastete Menschen gab es noch ein besonderes Siechen- oder Pesthäuschen, das ›Spital der Sondersiechen‹, am Gratweg.[96]

Infolge der Lage der Stadt an wichtigen Handelsrouten entwickelte sich

Schleiz im Laufe des Mittelalter nicht nur zu dem ›Handels- und Gewerbezentrum des oberen Saalegebietes‹, sondern erlangte auch überregionale Bekanntheit.[97] Bevor die Kommune ihre Stellung als Etappenziel der Nürnberg-Leipziger Straße an die Stadt Hof abgeben mußte, war ihre wirtschaftliche Prosperität so groß, daß sich ähnlich wie in Neustadt/Orla sogar eine Jüdische Gemeinde entwickeln konnte, die ihre Toten auf dem **Judenkerfert** in der westlichen Stadtflur zwischen der Stadtwiese und dem Silberberg beisetzte. Hinreichend belegt ist das allerdings nicht. Zwar lieferte eine Grabung im Jahre 1872 dort einen Menschenschädel, doch kann es sich bei diesem Judenkirchhof, der auch ›Görgengörg‹ genannt wurde, ebenso um eine Grabstätte fahrender jüdischer Kaufleute gehandelt haben.[98] Als Kaiser Maximilian im Jahre 1507 für Leipzig ein Niederlags- und Stapelrecht erteilte, worauf für einen Umkreis von 15 Meilen [136 km] um die Messestadt herum ein allgemeiner Straßenzwang eingeführt wurde, der den Handelsleuten auch auf der Straße von Nürnberg nach Leipzig die Benutzung der Verbindung von Hof über Schleiz strengstens untersagte, verlor Schleiz viele Vorteile, die ihr diese Handelsstation als traditionelle Durchgangsstation gebracht hatte.[99] Dennoch blieb Schleiz nach Saalfeld lange Zeit die größte Stadt der Saale-Orla-Region. Zu Beginn des 16. Jahrhunderts lebten hier die Familien von 257 Bürgern, von 29 Hausgenossen sowie von 36 Unbehausten. Im Jahre 1565 etwa 2.100 Köpfe stark, erhöhte sich die Einwohnerschaft bis zum Ende des Jahrhunderts auf 2.800 bis 3.000 Personen, die in 346 Bürgerhäusern lebten. Durch verschiedene Neuerschließungen sollte die Häuserzahl bis 1700 auf 400 anwachsen. Um das Jahr 1600 waren selbst Gera [235 Häuser] und Plauen kleiner als Schleiz.

Infolge von Spezialisierung und Differenzierung wirkten im Jahre 1697 in der Wisentastadt beinahe 300 Handwerksmeister, die in 35 Gewerken tätig waren. Die älteste Nachricht von einer Zunft in Schleiz stammt aus dem Jahre 1477, wo die ansässigen Fleischer im Rathaus 14 Fleischbänke als Verkaufsstellen unterhielten. In den städtischen Statuten von 1492 finden sich Bäcker, Fleischer und Tuchmacher mit eigenen Privilegien ausgestattet. Zu den bedeutendsten Produktionszweigen gehörte im Jahre 1697 die Tuchmacherei [mit 59 Meistern], die Gerberei und die Schuhmacherei [27/25] sowie das Schmiede- und das Wagnerwesen [zusammen 26].»Allein bei den Schmieden gab es eine Spezialisierung in 12 Hufschmiede, 4 Schlosser, 2 Waffenschmiede, 1 Büchsenschmied und 1 Pfannenschmied. Zudem war das städtische Handwerk differenziert in 9 Tuchscherer, 7 Hutmacher, 7 Böttcher, 7 Bortenwirker, 5 Tischler, 5 Maurer, 5 Seifensieder, des weiteren in 4 Seiler, 4 Glaser, 3 Nadler, 3 Beutler [Handschuhmacher], 3 Riemer, jeweils 2 Zinngießer, Sattler, Kürschner, Buchbinder und Kupferschmiede, sowie 1 Flaschner, 1 Gürtler und 1 Kamm-Macher.«[100] Zu den frühindustriellen Unternehmungen zählen die Hütten- und Hammerwerke der Schleizer Metallurgenfamilie Weisker, zudem die Metallwarenfabrik Weißschuher [1771], die Schönfärberei Timmich [1774], eine Porzellanfabrik [1778], kurzzeitig eine Stahlfabrik [1814] sowie eine Armaturenfabrik [1819-1976]. Der Handel in Schleiz – wenn auch nicht unbedeutend – brachte ab dem 17. Jahrhundert keine großen Kaufmannsgeschlechter mehr hervor, wie man sie z.B. in Gera im Bereich der großen Kirchstraße antreffen konnte. So waren unter den Schleizer Ratspersonen eher reiche Gastwirte als Kaufleute vertreten. Versuche des Landesherrn über – wie man heute sagen würde – ›Subventionen‹ Großkaufleute zum Zuzug nach Schleiz zu bewegen, sind nie von bleibendem Erfolg gewesen.

Die **Jahrmärkte** der Stadt waren zunächst an den Kirchenfesten orientiert, bis die später im Land vorherrschende pietistische Kirchenmeinung daran Anstoß nahm und – freilich in bibeltreuer Konsequenz – befürchtete, daß an den großen Tagen der Christenheit zuviel gefeiert und zu wenig gebetet würde. So kam es, daß man sämtliche Märkte auf Wochentage verlegte, so den alten Haupt- oder Jacobimarkt auf Mittwoch vor Jacobi, den Michaelismarkt auf den Tag nach Michaelis oder wenn dieser Tag auf einen Sonntag fiel, auf den Tag darauf. Der Jacobimarkt wurde später zunehmend von dem Heinrichstädter Markt verdrängt, der mit einer achttägigen Kirmes verbunden war, bei der Rostbratwürste und ›Gestandenes‹ [Schweinsknochensauer] eine Rolle spielten.[101]

Die **Heinrichstadt** selbst mit ihren planmäßig angelegten rechtwinklig verlaufenden Straßen war im Jahre 1706/08 südlich des Schlosses oberhalb der Brunnengasse auf ansteigender Höhe angelegt worden. Die nach ihrem Begründer Heinrich XI. von Reuß-Schleiz benannte Gemeinde erhielt nicht nur ihren eigenen Schulzen, sondern zum Leidwesen der Schleizer Altbürger auch bestimmte Privilegien wie das Markt-, insbesondere aber das Braurecht. Erst mit dem Ende des alten Schleizer Ratssystems, nachdem 1851 die althergebrachte Gerichtsbarkeit der Stadt an den Staat übergegangen und ein gemeinsames Bürgerrecht für alle eingeführt worden war, hat man die Heinrichstadt mit der übrigen Stadt vereinigen können.[102]

Eine weitere bedeutende Veränderung des Stadtbildes war die Erschließung des **Neumarkts**. Schon im 16. Jahrhundert hatten in diesem Teil der alten Stadt um einen großen, der Herrschaft gehörenden Teich herum Bader, Färber, Gerber u.a. ihr Handwerk getrieben. 1824 wurde ein Teil des Teiches zugeschüttet, ein anderer als Bassin eingefaßt, bis selbiger in den Jahren 1864-1868 endlich zugeschüttet und der heutige Markt geschaffen wurde.[103]

Von der industriellen Revolution des 19. Jahrhunderts wurde Schleiz erst sehr spät und auch nur am Rande erfaßt, so entstanden in der Stadt ab dieser Zeit lediglich 2 große Buchbindereien, 1 Spielwarenfabrik [1878], 1 Brauerei [Schwenderbier], 4 Armaturenfabriken [teils mit Gießerei], 2 Metallwarenfabriken, 4 Holz- bzw. Möbelbetriebe sowie eine Kleiderfabrik. Dabei hatte zunächst alles vielversprechend ausgesehen. Noch bevor in den 1830er-Jahren die erste Eisenbahnstrecke Deutschlands in Betrieb ging, waren schon Pläne diskutiert worden, einen Schienenweg von Bamberg über Nordhalben, Lobenstein, Schleiz, Gera, Leipzig und Berlin nach Hamburg zu verlegen, womit unsere Region mit Sicherheit eine andere Entwicklung genommen hätte. Allein daraus wurde nichts. Daß der Landesherr keine Industrie in seiner Residenzstadt hätte haben wollen, daß die Bürger von Schleiz den Nutzen der Eisenbahn nicht erkannt und sich diesen Plänen in den Weg gestellt hätten, worauf bis zum Jahre 1851 die Schienentrasse der Eisenbahnlinie Leipzig-Hof durch das Elstertal verlegt wurde, ist ins Reich der Legende zu verweisen. Der Mythos scheint in jenen Tagen entstanden zu sein, als sich nichtzuletzt infolge der Elsterbahn die Städte Plauen, Greiz und Gera zu bedeutenden Industriezentren entwickelt und Schleiz infolge des damit verbundenen faktischen Erliegens des Fernverkehrs auf der alten Landstraße das Nachsehen hatte. Während Pößneck, Neustadt und Triptis ihren Bahnanschluß 1871 bekamen, wurde Schleiz erst 1886/87 an die Bahnstrecke Leipzig-Hof angeschlossen und damit zu einer Zeit, als sich die verarbeitenden Industrien längst anderswo schon etabliert hatten.[104] In diesem Sinne wurde auch in der Eröffnungsrede zur Einweihung des an Schleiz vorbeiführenden Teilabschnitts der zwischen 1934 und 1936 errichteten Reichsautobahn Berlin-Nürnberg die Hoffnung ausgedrückt, daß wenigstens die neue Autobahn das Wirtschaftsleben der Stadt emporheben würde. Und in der Tat wuchs die Schleizer Bevölkerung zwischen 1925 und 1960 von 6.000 auf 8.000 Einwohner. Obwohl die Stadt trotz verschiedener noch während der Gründer- und während der DDR-Zeit dort angesiedelter Unternehmen keine allzugroße industrielle Vergangenheit vorzuweisen hat, so ist doch der Name ›Schleiz‹ gerade durch die alljährlich stattfindenden **Dreieckrennen** auf der ältesten Naturrennstecke Deutschlands [1923] mit in Spitzenzeiten hunderttausend und mehr Besuchern bekannter geworden, als der Name mancher weit größeren Stadt. Zwar ging die Bedeutung des Dreiecks nach der Wende von 1989/90 nichtzuletzt wegen des Neubaus großer Motodrome in anderen Regionen bzw. wegen der geringen Ausbaufähigkeit der Rennstrecke, die einen Teil der Bundesstraße 2 nebst wichtigen Kreuzungen vereinnahmte, teilweise enorm zurück, doch ist die Stadt im Zuge der thüringischen Kreisreform von 1994 zur Kreisstadt und damit zu einem zwar kleinen, aber aufgrund der Nähe zur BAB9 nicht unbedeutenden Mittelzentrum aufgestiegen, das seine alte Funktion als ›Verwaltungssitz‹ beibehalten konnte.[105] Neben der Kernstadt umfaßt Schleiz eine Reihe weiterer Ortsteile. Zum einem sind da die überwiegend erst in den 1990er-Jahren eingemeindeten Dörfer Dröswein, Gräfenwarth, Grochwitz, Heinrichsruh, Langenbuch, Lössau, Möschlitz, Oberböhmsdorf, Oschitz und Wüstendittersdorf, zum anderen das 2019 beigetretene Crispendorf mit seinen Ortsteilen Dörflas und Erkmannsdorf.

Schleizer Kirchen

Die zahlreichen Kapellen im alten Schleiz deuten auf eine gewisse sakralto-pographische Bedeutung der Stadt im Mittelalter hin, die zum Teil aus einer früheren Kultbedeutung des Standorts in der Sorbenzeit erwachsen sein mag. »Von keiner Kapelle steht das Gründungsjahr unbestritten fest, doch war sicher die Bergkapelle die erste Missionsstätte der Gegend, daher sie auch eine Wallfahrtsstätte gebildet und dem Schleizer Wässerlein den Namen ›Stelzen-bach‹ gegeben,«[106] In unserem Kapitel über den Stelzenbaum werden wir auf die ›Stelzen‹-Orte zurückkommen.

Bereits im Jahre 1232 wird in Schleiz eine Pfarrkirche erwähnt, die in Dit-tersdorf ein Filial besaß. Unklar bleibt, ob die Kirche der Neustadt [St. Georg] oder die der Altstadt [St. Nikolai] diese erste Pfarrkirche gewesen ist. Berthold Schmidt hält St. Nikolai für das ältere Haus, nicht nur weil das Patrozynium des Heiligen Nikolaus, des Patrons der Reisenden, der Kaufleute, der Pilger und der Kinder in direktem Bezug zu der Entwicklung von Schleiz als Siedlung an einer Handelsstraße gebracht werden kann, sondern weil die Neustadt – auch das dem Deutschen Orden zugeordnete Georgspatrozynium der Neustadtkirche weist darauf hin – im Jahre 1232 noch gar nicht gestanden haben könne. Andere Forscher hingegen halten die Georgskirche für das 1232 erwähnte Gotteshaus. Obwohl der Deutsche Orden erst 1284 das Patrozynium über die Schleizer Pfarre erhielt, ist nicht ausgeschlossen, daß er bereits in den 1240er-Jahren, manche vermuten sogar schon im Jahre 1217 im Raum Schleiz tätig gewesen ist. Ferner scheint die Georgskirche von ihrer Substanz her von vornherein als Stadtkirche konzipiert worden zu sein, während die Nikolai-kirche, wie wir noch sehen werden, ein eher kleineres Gebäude war. Zudem kann nicht ausgeschlossen werden, ob bzw. inwieweit die Alte Stadt ursprüng-lich in eine Vorgängerkirche im Bereich der späteren Wolfgangskapelle bzw. der Bergkirche eingepfarrt war und erst später eine eigene Kirche erhielt.[107]

Als Otto IV. von Arnshaugk im Jahre 1284 die Schleizer Pfarre dem Deut-schen Orden übertrug, geschah dies mit der ausdrücklichen Bestimmung, daß durch den Orden auch hier die Seelsorge und Ausbreitung des christlichen Glaubens besser gefördert werden sollte, worin anklingt, wie wenig Erfolg man mit der Christianisierung dieses rauen Landstrichs bisher gehabt hatte. Mit dem Patronat des Ordens über die Schleizer Pfarrkirche wurden alle älteren Kirchen und Kapellen zu Nebenkirchen derselben, die von Vikaren verwaltet wurden. Zur Kirchfahrt Schleiz gehörte anfänglich die gesamte Umgebung, später noch Görkwitz, Mönchgrün und Oberböhmsdorf, wobei letzterer Ort erst 1866 einen eigenen Friedhof erhielt.[108] An die Zeit davor erinnert das am Ost-rand der Stadt am alten Weg nach Oberböhmsdorf stehende **Steinkreuz** un-bekannter Herkunft, das schon halb in den Boden eingesunken ist. Julius Alberti sieht in dem inschriftlosen lateinischen Kreuz einen Sammelpunkt für

Wallfahrer, die zur Schleizer Bergkirche zogen, zumal an diesem Kreuz früher Geistlichkeit und Kurrende [Schülerchor] von Schleiz die Leichenzüge aus Oberböhmsdorf erwartet und schließlich zur Bergkirche begleitet hatten. Nach Georg Brückner habe es außer diesem noch weitere alte Steinkreuze in der Schleizer Flur gegeben.[109]

Um das Jahr 1500 übte das Archediakonat der Probstei Zeitz über das ihm zugehörige Dekanat Schleiz die Kirchenherrschaft über 62 Pfarr- und Filialkirchorte zwischen Lobenstein im Südwesten und Hohenleuben im Nordosten aus. In Schleiz selbst gab es zu dieser Zeit sieben Kirchen und Kapellen. Das waren die Stadtkirche St. Georg in der Neustadt, die Allerheiligenkirche am Schloßberg, die Nikolaikirche in der Altstadt, die Wolfgangskapelle am Liebfrauenberg sowie die Bergkirche mit der Annenkapelle und der Kospoth-Kapelle ebenda. Von der Bergkirche, der St. Georgskirche und der Rödersdorfer Kirche, die ehedem Wallfahrtsorte waren, erzählt die Sage, sie seien von ein und demselben Meister erbaut worden. Und in der Tat mag bei der Erneuerung von mindestens zweien dieser Kirchen in spätgotischer Zeit wirklich ein und derselbe Baumeister das Heft geführt haben.[110]

St. Georg

Die Stadtkirche St. Georg ist nach der Angabe eines Chronisten im Jahre 1239, wahrscheinlich aber schon lange vorher gegründet worden. Dem Kunsthistoriker Georg Dehio zufolge gilt sie als schon vor 1232 als Kapelle belegt. Der Überlieferung, daß die Kirche ursprünglich außerhalb der Neustadt gestanden habe, weil ihr Chor über die Stadtmauer hinausragte, kann mit dem auch in anderen Städten nachweisbaren Befund begegnet werden, daß man bei einer späteren Erweiterung, aus Platzgründen vor die Mauer hat ausweichen müssen. 1338 erfolgte der Neubau des Turms. In den Jahren 1585/87 und 1690/1691 nach dem Stadtbrand wurden Schiff und Turm, im Jahre 1838 der Turm vollkommen wiederaufgerichtet. Bei dem Luftangriff vom 08. April 1945 an Schiffs- und Emporengewölbe sowie an Kanzel und Altarwerk schwer beschädigt, wurde die Kirche zu Beginn der 1950er-Jahre wiederaufgebaut und erfuhr 1992 bis 1994 eine Renovierung.[111]

In unmittelbarer Nähe der Stadtkirche waren nicht nur der Komturhof des Deutschen Ordens, sondern auch die Wohn- und Amtsgebäude der Geistlichkeit sowie die Schule angesiedelt. Da Schleiz Residenzstadt war, gab es hier neben einer Stadtschule noch eine höhere Lehranstalt, das >**Seminar**<, wo Pädagogen, mitunter auch behördliche Nachwuchskräfte herangezogen wurde. Diese Gelehrtenschule war im Jahre 1818 entstanden, als die drei oberen Klassen der Stadtschule zu diesem zusammengefaßt wurden, während die drei unteren die Bürgerschule bildeten. Zudem existierte seit langem eine **Mädchenschule**, der sich 1838 noch eine >Höhere Privatmädchenschule< hinzugesellte.

Als weitere gehobene Lehreinrichtung [in Gestalt einer Art Landesschule] ist das im 17. Jahrhundert nach dem Vorbild des Geraer Rutheniums begründete >**Lyzeum Ruthenium**< zu nennen. Bekannt geworden ist das spätere >fürstliche Gymnasium< vorallem als Wirkungsort des berühmten deutschen Orthographen Dr. Konrad Duden [1829-1911], dem Herausgeber des >akkuraten Orthographischen Wörterbuchs<, kurz: >des großen Dudens<, der von 1869 bis 1876 Rektor hier war.[112]

Allerheiligenkirche – Kalandshof – Schloßkapelle

Die **Allerheiligenkirche**, erstmals im Jahre 1387 erwähnt, befand sich ursprünglich oberhalb der Schloßgasse neben dem Amtshaus außerhalb der Schloßmauern. Mit dabei befand sich auch ein kleiner Gottesacker. In vorreformatorischer Zeit besaß sie zwei Altäre, die den Heiligen Bartolomäus sowie Petrus und Paulus geweiht waren und von zwei Vikaren versorgt wurden.

Die Kalandsbruderschaft, eine androgyne Laiengemeinschaft zum Beten für verstorbene Mitglieder u.a., kam hier zusammen und hielt daselbst ihre Versammlungen ab. Nahe des Schlosses besaßen die Kalandsbrüder eine Niederlassung, den **Kalandshof**, der nach der Auflösung der Gemeinschaft im Jahre 1583 aus dem Stadtbild verschwunden ist. Die Allerheiligenkirche selbst scheint im 30-jährigen Krieg wüst geworden zu sein, weshalb ab 1664 der Hofgottesdienst ins Schloß verlegt werden mußte, wo 1671 eine neue Kapelle, die **Schloßkapelle** gebaut wurde.[113] Nach dem großen Brand von Schleiz im Jahre 1837, dem auch das Schloß zum Opfer fiel, erstand sie im neogotischen >Zuckergußstil< mit zwei filigranen Türmchen neu. Zusammen mit dem Schloß ist sie aber dann am 8. April 1945 durch Bomben endgültig in Schutt und Asche gesunken.

St. Nikolai

Die Nikolaikirche, von der älteren Forschung für die 1232 erwähnte Schleizer Pfarrkirche gehalten, stand im Garten des Hauses Nikolaiplatz Nr. 5 und war ein kleines kapellenartiges Gebäude mit Stützpfeilern an der geraden Ostwand, niedrigen Fenstern und einen mittigen Dachreiter. Neben dem Heiligen Nikolaus war das Haus auch dem Heiligen Jakob geweiht. Ansonsten erscheint die Kirche in der urkundlichen Überlieferung als solche erst spät. Zwar habe an einer Wand ihres früheren Gebäudes die Inschrift gestanden: >1379 das tach reparirt<, doch verweist dieser Sprachstil eher auf das 15. oder 16. Jahrhundert. Nachweislich 1397 stifteten der Bürgermeister, der Rat und die Gemeinde der Altstadt hier eine ewige Messe. 1640 war die Kirche dem Einsturz nahe, wurde aber noch einmal instandgesetzt. 1754 hat man den Turm bis auf den Glockenstuhl abgetragen und in seiner früherer Gestalt als Dachreiter wiederhergestellt. 1856 brannte die Kirche mitsamt der Nikolaigasse nieder und wurde nicht wieder aufgebaut.[114]

Rätselhaft ist die ältere Geschichte der Wolfgangskapelle, einer kleinen, schlichten, turmlosen Kapelle am Fuße des Liebfrauenberges am sogenannten ›Grad‹ [d. i. Berg]. »Über dem Altar, auf welchem die Statuten der beiden Marien und der Salome mit dem Salbenbüchsen stehen, ist die Zahl ›MCV 1105‹ eingegraben, wonach die Kapelle nur wenige Jahre jünger ist als die Bergkirche.«[115] Baugeschichtlich nachweisen läßt sich das freilich nicht. Die ältesten Teile der Kapelle gehen auf die Spätgotik, Ende des 15 Jahrhunderts, zurück. Urkundliche Erwähnung findet das Haus ohnehin nicht vor dem Jahr 1680, als sie grundlegend erneuert und umgebaut wurde. Die Innenmalereien, inzwischen sehr verwischt, stammen zum Teil noch aus dem 15. Jahrhundert.

Die Darstellung des Schweißtuchs der Heiligen Veronika deutet darauf hin, daß die Wolfgangskapelle in vorreformatorischer Zeit die Veronika-Station eines nach der Bergkirche führenden Wallfahrtsweges gewesen ist, wo die Pilger die einzelnen Etappen des Leidensweges Christi nachempfinden konnten und an diesen Stationen innehielten und beteten. Dieses System, zu Anfang des 15. Jahrhunderts in Deutschland eingeführt, hat seine bekannteste Darstellung in Nürnberg gefunden. Indem die Veronika-Station die vierte Station des Leidensweges Christi war, entsteht die Frage, wo die anderen Stationen des Pilgerweges sich befanden und inwieweit in der Wolfgangskapelle nicht mehrere dieser Stationen vereinigt waren. Darauf deutet insbesondere der an der Ostseite der Kapelle aufgemauerte Altar hin, der als Reliquien-Altar bzw. als Heiliges Grab gedacht gewesen sein mag.

Die infrastrukturelle Verbindung mit der Bergkirche spiegelt sich auch in der Sage wider, wonach ein **unterirdischer Gang** von der Kapelle zur Bergkirche hinauf führe. Neben der Station an der Wolfgangskapelle vermutet der Kunsthistoriker Paul Lehfeld die Existenz einer weiteren längst eingegangenen Kapelle, einer ›Mariahilf‹-Kapelle, da die umliegende Flur noch um 1900 den Namen ›Zum Gehilf‹ getragen hat. Merkwürdig ist auch das Patrozynium des Heiligen Wolfgang, welches für eine Station des Leidensweges Christi höchst ungewöhnlich ist. Zwar berichtet die Sage, daß der Heilige Wolfgang in der Gegend um Schleiz zuerst das Christentum gepredigt und darum am Wolfsgalgen bei Oberoschitz den Märtyrertod erlitten habe, doch müßte man vermuten, »daß hier schon früher eine dem Heiligen Wolfgang geweihte Kapelle bestanden und sein Name und Altar auch in der Stationskapelle bewahrt wurde oder daß im 18. Jahrhundert, wo die Kenntnis von dem früheren Heiligen überall in diesen Gegenden erstaunlich gering war, diese Kapelle mit einer etwa in der Nähe gewesenen verschwundenen Wolfgangskapelle verwechselt wurde.«[116] Dem würden auch die Forschungen von Gerhard Jahreis entsprechen, der überzeugend nachgewiesen hat, daß auch Schleiz im 10. und 11. Jahrhundert auf der Missionsroute der Mönche von St. Emmeran bei Regensburg, dem

Stammkloster des Heiligen Wolfgang, gelegen hat, wobei von den Mönchen, der alten Landstraße nach Norden folgend, am Ende einer jeden Tagestour eine kleine Wolfgangskapelle angelegt wurde, damit die Reisenden dort rasten und ihre Andacht verrichten konnten. Beim Wolfsgalgen von Oberoschitz werden wir darauf zurückkommen.[117]

St. Marien

Die Bergkirche zu St. Marien, im Nordwesten der Stadt auf dem hohen gegen Süden ziemlich stark abfallenden Rand der Oettersdorfer Hochebene, wurde im Jahre 1359 erstmals urkundlich erwähnt. Obwohl im Schlußstein der Sakristeitür außer dem Monogramm Christi die Jahreszahl **MCI** [1101] steht, ist die Frühgeschichte des Hauses nachwievor ungeklärt. Während die einen annehmen, die Kirche sei aus der Annenkapelle heraus entstanden, glauben andere, die Wolfgangskapelle habe sich ursprünglich anstelle der späteren Bergkirche befunden und sei erst später ins Tal gekommen. Das romanische Portal an der Westseite der Bergkirche zeigt an, das bereits in der 2. Hälfte des 12. Jahrhunderts an dieser Stelle ein größerer Steinbau gestanden hat.

Der Vorläufer des späteren Hochchors mit seinem Marien- und Laurentius-altar soll nach Brückner bereits im Jahre 1206 entstanden sein. Vermutlich zwischen 1350 und 1385 erfolgte der Bau des einschiffigen Langhauses. Ihre heutige Gestalt als rechteckige Wandpfeilerkirche mit Hochgewölben, langem eingezogenen Chor mit $5/8$ Schluß, Turm und südlich zwischen Chor und Annenkaplle errichteter Sakristei verdankt die Kirche weitgehend einer Umge-staltung zwischen 1484 und 1507. Ab dem Jahre 1622 wurde das Kirchenschiff noch einmal verändert, das Langhaus erhöht, die Emporen errichtet und die Netzgewölbe eingezogen. Seit 1630 erfolgte die prächtige Ausgestaltung des Schiff- und Chorraumes zur landesherrschaftlich-reußischen Grabstätte.

Im Verlauf der kommenden 60 Jahre entstand jene prachtvolle, mit ba-rocker Formenvielfalt überzogene, zuweilen ein wenig schaurig anmutende Raumdekoration, die in der Ausmalung von 1899, welche sich frei an die Reste der gotischen Fassung anlehnte, ihre Fortsetzung fand. Zwischen 1979 und 1983 erfolgte umfassend die Restaurierung der Kirche.[118] Der quadratische Nordturm am Übergang des Langhauses zum Chor mit seinem hohen Schaft, dem angebauten Wendelstein und dem spitzen Helm war in alter Zeit verru-fen. Es hieß, daß es den Küster dort nicht leide, wenn dieser die Turmuhr aufziehen wolle, weswegen die Uhr stets unrichtig gehe.

Überliefert ist auch die Geschichte eines Chorknaben, der am Turm ein Dohlennest ausnehmen wollte, dabei abstürzte, durch seinen Chormantel aber, der sich dabei wie ein Fallschirm ausbreitete, unverletzt zur Erde kam.[119]

In vorreformatorischer Zeit soll der Liebfrauenberg mit der Bergkirche, der

– wie Lehfeld meint, infolge des gegen Süden steil abfallenden Abhangs, den unverkennbaren Charakter eines Kalvarienberges besitzt – ein für die Region bedeutender Wallfahrtsort und in die sakrale Topographie des Oberlandes an markanter und zentraler Stelle eingebunden gewesen sein. Darauf deutet sowohl die Überlieferung hin, wonach von der Bergkirche **unterirdische Gänge** nach der Wolfgangskapelle und zum Höfle, einem angeblichen Kloster bei Oettersdorf führten, als auch der Umstand, daß sich auf der einen Seite die Bergkirche, die Kirche zu Möschlitz und die Schloßkapelle zu Burgk sowie auf der anderen Seite die Schleizer Stadtkirche, die Bergkirche, die Neundorfer Kirche [allerdings leicht abweichend] und die Buchaer Kirche in schnurgerader Linie miteinander verbinden lassen. Auf eine etwaige vorchristliche Bedeutung des Berges als Verehrungsort einer heidnischen Göttin deutet die alte oberländische Sage hin, wonach alle neugeborenen Jungen aus dem Zipfelteich, die Mädchen dagegen aus dem Brunnenhäuschen bei der Bergkirche oder aus dem unterhalb des Heinrichsbusches am Kleinen Schweinsberg liegenden Brunnen kämen.[120]

St. Annen- und Kospothkapelle

Ein auf demselben Höhenzug nur einen Kilometer nördlich der Bergkirche entdecktes slawisches Gräberfeld nimmt die spätere Bedeutung des Hauses als Friedhofskirche und Grablege bedeutender Geschlechter in gewisser Weise schon vonweg. In diese Richtung deutet auch das Patrozynium der Annenkapelle. In der Heiligen Anna, der Großmutter Jesu, findet sich gewissermaßen der dunkle Aspekt der heidnischen Erdenmutter [bei den Kelten ›Borbeth‹, bei den Germanen ›Hel‹ genannt] verchristlicht, an deren Stelle sie im Zuge der Missionierung vielerorts getreten ist. Nach dem Glauben der Altvordern war es diese dunkle Erdenmutter, die das Leben am Ende wieder in ihren Schoß zurücknahm und in deren Obhut, die Seelen der Menschen, der Tiere und auch der Pflanzen bis zu ihrer Wiederverkörperung in einer Art Unterwelt ruhten. Es wundert daher nicht, daß die Kapellen der Bergleute in unserer Region ausschließlich der Heiligen Anna oder der Heiligen Barbara [Borbeth] geweiht waren. Auch spätere Grabeskirchen erhielten häufig das Patrozynium der Heiligen Anna.[121]

Bekanntlich war die Bergkirche zwischen 1500 und 1913 nicht nur Grablege der Herren von Gera, der Burggrafen von Meißen [unter dem Altar], der Herren aus der Reußischen Linie zu Burgk [gegen Ende des 16. Jahrhunderts unter dem Turm angelegt und 1639 hinter dem Turm erweitert] und der Regenten des Hauses Schleiz [in dem zwischen Turm und Chor befindlichen Anbau], sondern auch die von örtlichen Adelsfamilien, wie denen von Kospoth [in der Annenkapelle] sowie von vornehmen Bürgern und bedeutenden Geistlichen. So ist die Kirche voller bemerkenswerter Grabmäler, welche aber zum Teil ihren ursprünglichen Standort gewechselt haben. In den herrschaftlichen

Grüften finden sich die Särge und Überresten von 82 Personen jeden Alters. Zudem werden mehrere unterirdische Grüfte erwähnt, die meist nicht mehr zugänglich sind. »Die Gruft des 1500 verstorbenen Herrn Heinrichs des Mittleren von Gera, die sich unter seinem Sarkophage im Turmgeschosse befindet, wurde schon wiederholt geöffnet. 1785 wurden dabei außer menschlichen Gebeinen noch Schuhwerk und Sporen sowie ein Schwert mit silbernem gold-eingelegtem Knaufe gefunden und in der Kirche aufgehängt. Diese Stücke sollen aber in der Franzosenzeit verloren gegangen sein. ... Vor dem Altare haben wir die Gruft der Burggrafen von Meißen aus dem Hause Plauen. 1896 wurde die Gruft untersucht und dabei die Zinnsärge zum Teil eröffnet gefunden. ... Die Eingänge dieser Grüfte sind 1897 durch Steine mit Inschriften bezeichnet worden. Unter der Sakristei liegt die Gruft Heinrichs IX. Sein schöner Kupfersarg ist 1823 in die fürstliche Gruft überführt worden. Die Schleizer Chronik weiß zu berichten, daß bei der Erbauung dieses Begräbnisses ›viele und sehr starke dicke Röhren von Körpern, wie auch solche Hirnschädel gefunden, woraus zu schließen war, daß ehemals starke und dicke feiste Pfaffen dahin vergraben gewesen.‹«[122] Im Jahre 1691 wollten zwei Jungen gesehen haben, wie in der gräflichen Gruft ein Sargdeckel sich hob. Das soll den 1692 eingetretenen Tod des Grafen Heinrich I. angezeigt haben.[123]

»Unter dem Turme, und zwar um das Grab Heinrichs des Mittleren herumgebaut, haben wir die sogenannte ›ältere Burgksche Gruft‹. ... Schon 1864 hat man die beiden Burgkschen Grüfte einmal geöffnet und zuletzt beim Renovationsbaue von 1896, wobei in den Särgen noch einige wohlerhaltene Leichname gefunden wurden.«[124]

Das Epitaph Heinrichs II. von Reuß-Burgk [†1639], auf dem er mit seiner Gemahlin nebst 4 Söhnen und 5 Töchtern kniend unter einem sich darüber wölbenden Barockhimmel abgebildet ist, zählt zu den aufwändigsten Stücken der Kirche. Als schönster Grabstein nicht nur der Kirche, sondern weit und breit gilt die spätgotische Sandsteintumba Heinrichs des Mittleren in der Mitte des Turmerdgeschosses mit der Darstellung des Verstorbenen in voller Rüstung.[125]

»Unmittelbar an die Annenkapelle angebaut, also jedenfalls jünger als diese, war die **Kospothkapelle**. Sie diente als Gruftkapelle für die in der Herrschaft Schleiz einst reich begüterte Familie von Kospoth. Diese hatte hier wohl schon im 14., spätestens im 15. Jahrhundert eine tägliche Seelenmesse gestiftet und dafür von der Komturei des Hauses Schleiz das Recht erhalten, daß die von Kospoth, wenn einmal die Messe nicht gehalten würde, einen Ochsen oder das beste Rind des Komturhofs pfänden und schlachten dürften. Um 1504 wurde dem Erhard von Kospoth, wohl weil das Erbbegräbnis voll war, auch die Annenkapelle dazu überlassen,«[126] welche im Jahre 1823 abgebrochen wurde.

»Im Turm der Bergkirche zu Schleiz befindet sich der Grabstein für einen 1575 verstorbenen Hans von Kospoth, der von der Legende den Beinamen ›**Pestmann**‹ erhalten hat. Als dieser Kospoth im genannten Jahre von einem Kriegszug aus Ungarn zurückkehrte, erkrankte er kurz darauf und starb eines schnellen Todes.«[127] Seine Diener indes wußten nicht, daß er an der Pest verstorben und überführten den Leichnam ihres Herrn nach Schleiz, damit er in der Grabkapelle seiner Väter beigesetzt werde.[128] »Wie nun der Sargdeckel nach alter Sitte bei der Beerdigung gehoben ward, daß jedermann noch einmal das Antlitz des Toten sehe, da zog die Pest in Form eines blauen Räuchleins aus dem Sarge und verbreitete sich. Zuerst erfaßte sie die Schüler und die beim Begräbnis Anwesenden. Einmal eingeschleppt, griff sie weiter um sich und wütete schrecklich.«[129] Allein in Schleiz sollen mehr als 700 Menschen an der Seuche gestorben sein. Der Grabstein des Pestmanns stand ursprünglich links, später an zweiter Stelle rechts vom Altar der Annenkapelle. Die Umschrift daran lautet:

> *›Anno 1575 den 25 IVLII am Tage Iacobi starb [der]*
> *edle vnd erenvheste hans von Kospodt de Got genad.*[130] *‹*

»1903 wurde sein Grab geöffnet, aber außer einigen verfaulten Sargbrettern und Moder nur noch ein mit Noten bedrucktes Stück Seidenzeug darin gefunden.«[131]

Die **Annenkapelle** befindet sich an der Südseite des Chors der Bergkirche gegenüber dem Grabmal Heinrichs des Mittleren und ist durch einen schmalen Gang unter dem barocken geschlossenen Fürstenstand zu erreichen. Sie hat dieselbe Grundrißform wie der Chor, einen Polygonalabschluß, ein Zellengewölbe und an der Südseite einen Eingangsbereich mit Spitzboden und Giebel. In spätgotischer Zeit wurde die Kapelle neu ausgeführt, doch sind ihre Entstehungshintergründe umstritten. Nach Berthold Schmidt sei die Annenkapelle im Jahre 1359 von den Herren von Gera errichtet worden, weil der Deutsche Orden ihnen das Patronat über die Bergkirche nicht habe gewähren wollen. Vor dem Bau mußten die Landesherren dem Komtur versprechen, die Kapelle nicht eingehen zu lassen und mit gewissen Einkünften auszustatten.

Später habe sich der Orden dann beeilt, die Annenkapelle mit der Bergkirche baulich zu vereinigen, wovon der Zwischenbau im Grundriß noch deutlich erkennbar ist. Robert Eisel hingegen greift eine örtliche Überlieferung auf, wonach die Annenkapelle ursprünglich zwischen der Bergkirche und der Wolfgangskapelle gestanden habe, während Paul Lehfeld sie für den ältesten Gebäudeteil des Emsemble hält, der nicht erst im 14. Jahrhundert entstand.[132]

Der im 16. Jahrhundert angelegte Friedhof der Bergkirche birgt noch zahlreiche handwerklich bedeutsame Grabsteine aus der Barockzeit.

Einige Baulichkeiten an der Südseite des Kirchhofs zeigen noch Reste aus älterer Zeit. Das Torhaus und die Kirchnerei wurde im Jahre 1680 errichtet. Als weiteres Altertum galt eine am Weg nach der Stadt stehende etwa 500-jährige Ulme, die als Erinnerungsort an Napoleon galt.[133]

Mehrere Überlieferungen haben sich von der Bergkirche und ihrem Friedhof erhalten, von denen die beiden nachfolgenden die bedeutendsten sind: »Eine Frau in Schleiz ist einmal nachts 11 Uhr in der Meinung, es sei Zeit zur Frühmetten, zur Gottesackerkirche gegangen, hat sich aber nicht wenig verwundert, als sie da einen ihr wohlbekannten, aber längst verstorbenen Geistlichen hat predigen hören. Im Umschauen nun bemerkt sie weiter, daß auch rings um sie herum nur Personen Platz genommen hatten, die zum Teil längst vermodert sein mußten. Da raunte ihr eine ehemalige Freundin, die dicht neben ihr saß, zu: sie solle machen, daß sie davonkäme und wenn sie es ungefährdet tun wolle, etwas zurücklassen von ihrem Anzuge. Das tat jene, hat aber lange Zeit hernach krank gelegen. Das Mäntelchen aber, was sie zurückgelassen, hat man am anderen Morgen in tausend Stücke zerrissen gefunden.«[134] Andere wissen, daß die von den Geistern verfolgte Frau ihr Umschlagetuch in der zuschlagenden Kirchtüre eingeklemmt und von diesem am anderen Morgen ein Stückchen auf jedem Grabe gelegen habe. Ähnliche Sagen von solchen Geisterkirchen sind auch von Elsterberg, Hof und zahlreichen anderen Orten überliefert. Es spiegelt sich darin wohl der Aberglaube, daß auch die Verstorbenen bis zu ihrer Wiederauferstehung am jüngsten Tag zuzeiten hin und wieder Gottesdienste besuchen müßten.[135]

Weniger eine Sage, als eine tatsächlich sich ereignete Tragödie ist die Geschichte von der Mutprobe auf dem Bergkirchenfriedhof: Ein paar Schüler vom Schleizer Seminar gingen einmal um Mitternacht auf den Friedhof, wo einer von ihnen seinen Mut beweisen und das Grab seiner kürzlich verstorbenen Mutter aufsuchen sollte. Als Zeichen, daß er tatsächlich dort gewesen, wollte er – während die anderen vor dem Tor blieben – einen Stock in die Erde schlagen. Eine Zeit lang warteten die Kommilitonen. Dann ertönte auf einmal ein entsetzlicher Schrei. Anstatt hinzuzueilen und ihrem Kameraden zu helfen, ergriff die Schüler Entsetzen und sie entflohen den Gratweg nach der Stadt zu. Am anderen Morgen machte der Totengräber auf dem Friedhof eine grausige Entdeckung. An einem Grab sah er einen toten Jungen liegen. Der Zipfel von dessen Mantel war von einem Pfahl durchbohrt. Eine nachfolgende Untersuchung ergab, daß der Schüler einen Herzschlag erlegen sein mußte. Wahrscheinlich hatte er geglaubt, nicht der Pflock, sondern die Hand seiner toten Mutter halte ihn fest, um ihn für seinen Frevel zu bestrafen.[136]

Das Deutsche Haus

Von besonderer Bedeutung für die Entwicklung des christlichen Lebens in Stadt und Region war der Deutsche Ritterorden. Im Jahre 1284 erteilte der Landesherr Otto IV. von Lobdeburg-Arnshaugk dem Orden den Auftrag, den christlichen Glauben im Wisentaland zu festigen, an manchen Stellen auch zu begründen. Nach ihrem Einzug in Schleiz 1284, nach anderer Ansicht schon um 1217/1240 begannen die Deutschritter damit, in dem neuangelegten Stadtteil eine eigene Kirche, eine Schule und eine Komturei zu errichten. Der Schleizer Komturhof, ein burgartig befestigtes Gebäude mit einem ziemlichen starken Turm, stand an der Nordwestecke der Stadtbefestigung.

Von hier aus gründeten die Ordensritter systematisch Kirchen und sorgten für ihre geistliche Betreuung, so in Oberböhmsdorf, Grochwitz, Löhma, Möschlitz, wahrscheinlich auch in Plothen und Pörmitz sowie an einer Reihe von anderen Orten.

Die kleine von den Lobdeburgern übernommene Bergkapelle auf dem Liebfrauenberg erhoben sie für die Orte Görkwitz und Mönchgrün zur Pfarrkirche. Weitere Tochterkirchen des Ordens sind urkundlich nachzuweisen in Oschitz [1333] und in Neundorf [1377] mit dem Filial Pahnstangen, dessen Namen nach Köhler [1867] nicht von einer gelegten Stangenbahn über den Sumpf, sondern von dem Slawischem Synonym ›Pohanistanje‹ [Heidenstrich] abgeleitet sei. Zudem besaßen die Ordensritter das Pfarrlehen von Kirschkau mit den Filialen Lössau und Löhma, das von Mielesdorf und das von Seubtendorf mit den Fillialen Künsdorf und Langgrün. Neben Christianisierung und Seelsorge betrieb der Orden auch die Erschließung bisher unbebauter Landstriche. Das geht nichtzuletzt aus einer Urkunde aus dem Jahr 1303 hervor, wonach dem Orden das Dorf Wettera [bei Saalburg] und die Neuländer zwischen dem Wald und einer anderen, schon begonnenen Rodung, genannt ›Techsrot‹ [bei Raila] verliehen wurden. Berthold Schmidt schreibt darüber: »Überall, wo das Deutsche Haus später Güter besaß, werden seine Brüder auch als Missionare gewirkt haben. Grundbesitz hatte es in Langgrün, Künsdorf, Ober- und Unterkoskau, Willersdorf, Mühltroff, Langenbach, Mielesdorf, Löhma, Oettersdorf, Oschitz, Mönchgrün, Neundorf, Görkwitz und Oberböhmsdorf,«[137] wobei anzumerken ist, das der Besitz in diesen Orten nicht ausschließlich der Mission des Ordens, sondern ebenso späteren Schenkungen frommer Stifter entstammen kann. Jedenfalls war der Landbesitz, den der Orden bis zum Ausgang des Mittelalters in der Region angehäuft hatte, beträchtlich.

Für die Schleizer Bürger scheinen die wirtschaftlichen Unternehmungen des privilegierten und faktisch steuerbefreiten Ordens eine Form von Konkurrenz dargestellt zu haben. Diese konnte sich allein schon darin äußern, daß – sobald die Ackerbürger bei den auswärtigen Händlern für ihr weniges Korn einmal einen guten Preis ausgehandelt hatten – schon die Kornwagen des Komturhofes oder eines der ebenfalls extrem steuerbegünstigten Rittergüter, die – ohne etwa dafür zu tun – den Zehnten bzw. die Zinsleistungen ihrer Untertanen oft in Korn bekamen, auf den Markt rollten und die Schleizer dann zu einem schlechteren Preis verkaufen mußten. Ansonsten ist es schwer zu verstehen, warum die Schleizer Bergknappen, Handwerksgesellen und Bürgersöhne die Wirren der Reformation zum Anlaß nahmen, um 1522 den Komturhof zu erstürmen, auszuplündern und in Brand zu stecken. Wiederaufgebaut ging die Komturei mitsamt ihren Besitzungen, Lehngütern und Gerechtsamen nach der Einführung der Reformation [1533] an den Rat der Stadt über. Nach dem Brand von 1637 wiedererrichtet, ging der Hof später in Privatbesitz über und fiel mit dem Brand von 1837 endgültig in Schutt und Asche. Einzig die alten geräumigen Keller unter dem Gebäude Bahnhofstraße 27 sind von ihm noch übrig geblieben.[138]

Das Residenzschloß

Der Name des Schleizer Schloßberges, ›Alter Berg‹, kann gleich der Altenburg bei Pößneck, der Altenburg bei Neunhofen und der Stadt Altenburg von einer alteuropäischen Wurzel abgeleitet werden. Sie findet sich wieder in dem Lateinischen ›altus‹ oder dem Keltischen ›alto‹ für ›hoch‹, aber auch für ›hochheilig‹ und ›erhaben‹.[139]

Auch die Sage vom Otterkönig, der sich hinter dem Schloß am Ausgang eines alten Stollens aufzuhalten pflegte, weißt auf ein altes Heiligtum hin.

In diesem Sinne ist es also zweifelhaft, ob der felsige Bergkegel, wie der fränkische Landeschronist Longolius glaubte, im Jahre 869 eine sorbische Burg getragen hat oder stattdessen vielmehr ein sorbisches Kult- und Versammlungszentrum war. Wäre er tatsächlich in so früher Zeit schon eine Feste gewesen, müßte in den Gärten der Hinteren Schütt, nach dem Neumarkt zu, mehr slawische Keramik zu finden sein, wie es zum Beispiel in den Gärten am Südhang des Göschitzer Kirchberges der Fall ist.

In frühdeutscher Zeit, spätestens zur Zeit der Lobdeburger um 1200, entstand auf dem Alten Berg eine Burg. Unklar bleibt, ob diese von den lobdeburgischen Zentren Saalburg oder Berga/Burgau aus kontrolliert wurde.[140] Aus dieser frühen Zeit stammte ein hoher Wartturm, der ›Hausturm‹, der sich als angebliche Sorbenwarte bis nach 1689 zum Teil erhalten hat. »Als Stadt und Burg dann 1318 in den Besitz der Vögte von Gera übergingen, erscheint die Feste schon als ›castrum‹, also als ein Schloß.«[141] Als ›Haus zu Schleiz‹ wird es jedoch erst 1367 erwähnt. 1475 fiel es dem großen Stadtbrand zum Opfer, wurde aber 1482 von Heinrich XII. an gleicher Stelle wiederaufgebaut. Der obere Teil des Wartturms wurde dabei in Fachwerk mit vier schönen Erkern ausgeführt, ähnlich wie sie sich bis heute am Turm der Kirchen zu Weira und zu Oberoppurg erhalten haben, doch schon 1511 wurde der Turm vom Blitz getroffen. Im Jahre 1509 teilen die beiden Söhne Heinrichs des Mittleren von Gera das Schloß in einen rechten Oberteil und einen linken Unterteil, wobei auch Stadt und Herrschaft eine unvorteilhafte, das wirtschaftliche Leben behindernde Teilung erfuhren.

Als nach dem Aussterben der Herren von Gera im Jahre 1550 Stadt und Schloß an die burggräflich-meißnische Linie der Herren von Plauen übergingen, nahm Heinrich VI. dort seine Residenz, weswegen das Schloß noch lange Zeit ›burggräfliches Schloß‹ genannt wurde, auch nachdem es 1616 längst in die Hände der jüngeren reußischen Linie gelangt war. Ab dem Jahr 1647 residierten hier das 1673 in den Reichsgrafenstand erhobene und ab dem Jahr 1806 gefürstete Reußische Haus Schleiz. Nachdem dieses 1848 zum alleinregierenden Zweig der jüngeren Reußischen Linie avanciert war und seine Residenz nach Gera verlegt hatte, diente das Schloß – wie wir schon hörten – bis 1918 als Sommerresidenz und Nebensitz. Gleichzeitig befand sich hier der Verwaltungsmittelpunkt des Oberländischen Bezirks.

Insgesamt ist das Schloß viermal zerstört und dreimal wieder aufgebaut worden. Die 1482 von den Herren von Gera errichtete Anlage brannte 1689 mitsamt der Stadt nieder. Beim Wiederbau trug man die Reste des Wartturms sowie die alten Befestigungswerke – die in etwa der heute auf Schloß Burgk noch erhaltenen nördlichen Schildmauer ähnelten – ab. Es sollte Platz für die Verschönerung und Vergrößerung des Hofes sowie für den Ausbau zu einem Barockschloß geschaffen werden. Ganz im Gegensatz zu der verspielten Formenvielfalt des süddeutschen Barock erhielt dieses einen streng nüchternen Charakter. Nachdem bis zum Jahre 1708 ein dreigeschossiger Ostflügel mit viergeschossigem Mittelrisalit mit rechtwinklig anstoßenden dreigeschossigen Nordflügel nebst Schloßkirche und Glockenturm erbaut sowie ein obligatorischer französischer Garten angelegt war, erfolgte ein Baustopp. Erst 1752/53 wurde dem Schloß ein dritter Flügel sowie ein zweiter Eckturm angefügt und das Ensemble damit fertiggestellt. Bei der späteren Überformung einiger Innenräume im zeitgenössischen Zopfstils im [1786] wurde gleichzeitig im dritten Obergeschoß die hofseitige Galerie geschlossen. Zudem entstand auf dem Schloßplateau nach dem Vorwerk zu die noch heute erhaltene Parkerweiterung im englischen Stil.[142] Erst nachdem das Schloß 1837 mit verbrannt war, errichtete man jenen in drei Fronten ausgedehnten, drei Etagen fassenden Bau, der am 08. April 1945 im Bombenhagel unterging und von dem die beiden heute noch als Ruinen stehenden Rundtürme stammen.

Der mit der Zerstörung des Schlosses auch für die Geschichte der Region entstandene Schaden kann nicht hoch genug eingeschätzt werden. Neben dem Fürstlich Reußischen Heimatmuseum, für das im Vorfeld, faktisch jedes kulturhistorisch bedeutsame Artefakt aus teils weitem Umkreis zusammengetragen worden war, ist vorallem die Vernichtung des Reußischen Hausarchivs mit dem historischen Urkundenbestand und der weit über 50.000 Bände fassenden Schloßbibliothek zu beklagen, wo so gut wie alles verwahrt war, was je an Werken und Einzelschriften über die Reußischen Länder erschienen ist.

Im Jahre 1950 wurden die Ruinen des Schlosses dann abgetragen. Auch die beiden Turmruinen sollten verschwinden, mußten aber aufgrund des Engagements einiger Schleizer Bürger dann doch stehengelassen werden.

Erhalten geblieben sind auch weite Teile der Kelleranlagen des Schlosses, welche den immer wieder entflammenden Theorien von dort verlaufenden **unterirdischen Gängen** Nahrung geben, wobei diese Gänge jedoch größtenteils dem im Mittelalter dort erfolgten und im Jahre 1525 kurzzeitig wieder aufgenommenen Silberbergbau entstammen.[143]

Der Wunsch vieler Schleizer, den exponierten Platz überhalb ihrer Stadt nicht länger mehr der Öffentlichkeit zu entziehen und eine neue ›Akropolis‹ zu errichten, wird regelmäßig auf die lokalpolitische Agenda gehoben und den Wiederaufbau des ›Schlosses‹ – freilich im kaum zu vermeidenden modernen Stil – werden wir eines Tages vielleicht noch erleben können.

Residenzstadt Schleiz

Dreimal war Schleiz Hauptsitz einer Landesherrschaft: Zwischen 1563 und 1572 regierte von hier aus Heinrich VI., der letzte Burggraf aus dem älteren Plauenschen Hause, die Überreste des von seinem Vater Heinrich IV. [†1554] geschaffenen ›Burggrafenstaates‹, der abgesehen vom Amt Weida und den osterländischen, oberfränkischen und egerländischen Gebieten beinahe das gesamte ursprüngliche Vogtland umfaßt und von Wurzbach im Westen bis Adorf im Osten gereicht hatte. Danach, von 1596 bis 1616, hielt Heinrich XVIII. aus der mittleren reußischen Linie in Schleiz Hof. Durch den Tod seines älteren Bruders Heinrich XVII. erbte er 1607 zu seiner Herrschaft Schleiz noch die restlichen Gebiete der 1564 entstandenen Herrschaft Reuß-Obergreiz in Gestalt der halben Herrschaft Greiz und der Stadt Zeulenroda.

Das **Landtagsgebäude**, wo die Reußen vor 1848 ihre Stände versammelten, stand an der Stelle des späteren Magnetkaufhauses. Wie der Stadtchronist Jürgen K. Klimpke schreibt, hat allen voran aber die 271-jährige Epoche [1647-1848] als Hauptresidenz der jüngeren Reußischen Linie zu Schleiz der Stadt zahlreiche Vorteile gebracht, die bis heute spürbar sind. »Nichtzuletzt war der in Schleiz ansässige Hof der größte Arbeitgeber der Region. Doch nicht nur die dort beschäftigten Schleizer verdienten daran, auch zahlreiche ortsansässige Handwerker und Händler.«[144] Nicht allein die Mitglieder des Hofes vermittelten Aufträge, sondern auch die zahlreichen staatlichen Einrichtungen, die in der Residenzstadt ihren Sitz hatten. Selbst als Schleiz nach 1848 nur noch ›Reußische Nebenresidenz‹ war, gab es in der Stadt u.a. folgende Institutionen und deren Gebäude bzw. Niederlassungen: »Fürstl. Schloß; Fürstl. Ministerium; Fürstl. Marstall; Fürstl. Hof- und Küchengarten; Fürstl. Bibliothek; Fürstl. Amtsgericht; Fürstl. Landratsamt; Fürstl. Justizamt; Fürstl. Zollamt; Fürstl. Bezirkssteuereinnahme; Fürstl. Steueramt; Fürstl. Obersteuercontrolle; Fürstl. Landesbauinspektion; Fürstl. Sparkasse; Inspektion der Fürstlichen Waisenanstalt; Fürstl. Friedensrichteramt; Fürstl. Standesamt [bei der Stadtverwaltung].«[145]

Dazu kamen noch die geistlichen Behörden [außer dem zu Gera angesiedelten Konsistorium] sowie die staatlichen Bildungs- und Fürsorgeeinrichtungen, wie das Fürstl. Waisenhaus in Kirschkau [1763-1816] und in Schleiz die Fürstl. Taubstummenanstalt [1847]; das im Status eines Gymnasiums stehende Fürstl. Ruthenium [1656]; vorallem aber das Fürstliche Landesseminar [1820] zur Ausbildung von Lehrern u.a.[146]

Um loyale Erfüllungsgehilfen zu gewinnen bzw. zu erhalten, verliehen die Reußen gern Titel, Orden und Prädikate. Während Orden zumeist an Staatsbeamte gingen, vergab man Prädikate meist auf Vorschlag einer Institution, z.B. des Amtes. Als Anerkennung für besondere Leistungen im Schuldienst wurden manche Lehrer des Rutheniums und des Seminars zu Professoren ernannt. »Das Prädikat des Hoflieferanten wurde auf Antrag des betreffenden Händlers oder Handwerkers vergeben. Meist war die Vergabe des Prädikats mit der Zahlung eines bestimmten Betrages an die Staatskasse verbunden. Um 1900 betrug diese Summe 100 Mark. ... Doch nicht immer wurde ein beantragtes Prädikat auch wirklich erteilt. Für die nach 1902 ernannte ›Hof-Conditorei Ried´l‹ stellte Carl Ried´l bereits 1861 einen Antrag auf Erteilung dieses Prädikates. Es wurde seinerzeit vom Fürstl.-Reuß. Ministerium wegen der Tatsache, daß hier auch ›Schnapstrinker aus den niedrigsten Klassen der Bevölkerung‹ verkehrten, nicht befürwortet und der Antrag abfällig beschieden.[147]

Die herrschaftlichen Vorwerke

Um die im Mittelalter zum Schutz des Schlosses aufgebotenen Burgmannen zu entlohnen, wurde ihnen zeitweise der Ertrag von mit dem Schloß besitzrechtlich verbundenen Burggütern und Vorwerken überlassen, während sich der Landesherr mehr oder mindergroße Areale wie den Herrengarten, die Küchenteiche oder die Herrenmühle sowie überhaupt die fruchtbarsten Ackerflächen seines Landes zur eigenen Nutzung über seine Hof- und späteren Kammergüter vorbehielt. Solche Burggüter waren der Viehhof direkt am Schloß, das spätere **Timmichhaus**, das Höfle nördlich der Bergkirche, der Dürrenhof bei Oberböhmsdorf, der Kalte Hof in Oschitz sowie ein Vorwerk in Langenwolschendorf.

Der im Jahre 1477 erwähnte **Viehof** stand oberhalb des Schlosses anstelle der heutigen Parkanlagen. Hinter ihm wurde 1708 vom Grafen Heinrich XI. ein neuer Garten angelegt und Grundstücke dafür von verschiedenen Bürgern angekauft. Das in ihm befindliche Lusthaus, der sogenannte ›**Pavillon**‹ wurde nach einer Inschrift im Jahre 1795 von Heinrich XIII. erbaut. Das Vorwerk hinter dem Schloß brannte 1837 mit ab und wurde dann in das sogenannte ›**Neue Vorwerk**‹ verlegt. Nachdem 1861 auch dieses durch Brand zerstört war, wurde an seiner Stelle das spätere als Gebäudekomplex noch heute vorhandene **Kammergut** errichtet. Die Felder, die es bewirtschaftete, gehörten aufgrund ihres hohen Feinerde- und Humusgehalts zu den besten der Umgebung. Nach dem Ersten Weltkrieg im Zuge der Fürstenabfindung ging das knapp 180 ha große Gut in Staatsbesitz über und wurde verpachtet. Bei der Bodenreform 1945/46 kam ein Teil der Liegenschaften zur Aufteilung an Neu- und Kleinbauern, während die Gutsgebäude mit den verbleibenden knapp 100 ha Fläche, um enteignete bzw. von Schleizer Bauern eingebrachte Flächen erweitert, zu einem Volksgut [VEG] umfunktioniert wurden. Im Zuge der aufkommenden LPGisierung wurden die Felder desselben von den umliegenden Kooperativen übernommen, während die Stallanlagen des VEGs, um einige Gebäude erweitert, erst als Schweinestall, ab 1960 dann als Bullenverwahrstation dienten.[148]

Ein weiteres Schleizer Burggut war das Vorwerk **Dürrenhof**, auch ›Dürrerhof‹ genannt.»Dieses lag am Buchhübel und bereits auf Oberböhmsdorfer Flur. Nach 1480 wurde es zur Schäferei und hieß seitdem die ›Dürre Schäferei‹. Bis zu 600 Nößer wurden hier gehalten, wobei der herrschaftliche Schafmeister neben den Fluren von Oberböhmsdorf und Schleiz auch die von Görkwitz, Mönchgrün, Raila, Wernsdorf und Zollgrün zu bestimmten Zeiten mitbehüten durfte.[149] Nach der Ablösung der alten Triftgerechtigkeit im Zuge der ›Bauernbefreiung‹ von 1848 lohnte sich der Schafhof nicht mehr.»1849 wurde der Betrieb nach Oberböhmsdorf verlegt und die Gebäude am Buchhübel abgerissen.«[150] Die Nähe des Dürrenhofs zum Hain und zu den Hainteichen wirft die Frage auf, inwieweit der Name ›Dürrenhof‹ nicht eine ähnliche Bedeutung besaß, wie die für das Dürrental westlich von Oschitz angenommen. Doch siehe ebenda.

Ein drittes Vorwerk, das sogenannte ›**Höfle**‹ lag nördlich der Bergkirche am Ölsbach und damit schon auf Oettersdorfer Flur. Der Höflerteich [1477] hat seinen Namen davon. Das Höfle entstand wohl in den Jahren 1444/45, als die von Kospoth die Güter ihrer fron- und zinspflichtigen Bauern in Oettersdorf an die Landesherrschaft verkauften, wonach diese die Bauerngüter zum Teil einzog und deren Flächen dem Vorwerk einverleibte. Im Jahre 1501 wird das Höfle noch einmal erwähnt, dann nimmer mehr. Noch in den 1850er-Jahren sollen Umrisse von Gebäuden im Boden zu erkennen gewesen sein. Die Sage siedelt hier den Standort eines **Klosters** an, zu dem von der Bergkirche aus ein unterirdischer Gang geführt habe.[151]

Markt

Eingangsportal zum Schloß

Nikolaikirche

Marstall

Residenzschloß

Bürgerschule

Superintendur – Archediakonat – Gymnasium

Heinrichsruh

Die Münze

Das älteste Gebäude im Stadtbereich von Schleiz ist die auf dem Neumarkt stehende Alte Münze. Sowohl die Stadtbrände von 1689 und 1837, als auch die Bomben von 1945 hat es wohl überstanden. Das noch aus dem 16. Jahrhundert stammende, ursprünglich einem Färber gehörende Haus mit Schweifkuppelbekröntem Treppenturm und Eck-Erker diente zwischen 1678 und 1681 als reußische Münzstätte. Hier wirkte der Vater des Miterfinders des europäischen Porzellans, Johann Friedrich Böttger, geboren 1682 in Schleiz, aufgewachsen in Magdeburg und gestorben 1719 in Dresden, als Münzwart. Die Geschichte von Schleiz als Münzprägestätte ist jedoch um einiges älter.

Silberne Hohlpfennige, sogenannte ›Brakteaten‹, aus dem 13. Jahrhundert weisen darauf hin, daß schon die Lobdeburger in Schleiz eine Münze betrieben haben. Schon sehr früh [1297] ist für die Stadt ein Münzmeister beurkundet. Den Hintergrund dafür bildeten bedeutende in und um Schleiz herum abgebaute Silbervorkommen, wobei der Silberbergbau für das Stadtgebiet selbst erst im Jahre 1318 urkundlich bezeugt ist.[152]

Das Gericht

Zwar gehörten die Obergerichte über die Stadt stets dem Landesherrn, die Niedere Gerichtsbarkeit aber wurde, abgesehen von den drei Freihäusern am Alten Berg und in der Schloßgasse, bis 1851 vom Rat ausgeübt.[153]
Neben dem am alten Rathaus früher aufgestellten Pranger gab es drei Richtstätten in der Stadt, der **Markt**, das ›Gericht‹ auch ›Galgen‹, an der Stelle, wo der Weg nach Oettersdorf einen leichten Knick macht sowie der **Nürnberger Gerichtslindenbaum**, der allerdings eher ein Gerichtsort fahrender Kaufleute gewesen ist. Diese Freigerichtsstätte befand sich in der südlichen Stadtflur am Kohl- oder Culmbach, unfern vom Kirschbühl zwischen Schleiz und Heinrichsruh und war eine einzeln mitten im Felde stehende mit nur wenig Gebüsch umgebene Linde.[154]

Der Weg zum Galgen auf dem ›**Gericht**‹ führte stadtauswärts über die Rote Brücke Richtung Oettersdorf. Gleich hinter der Brücke befand sich die im Jahre 1869 niedergebrannte und nicht wieder aufgebaute **Meisterei** [Abdeckerei], wo bis 1827 der Scharfrichter seinen Sitz hatte, bevor er nach Wüstendittersdorf verzog. Vor etwa 400 Jahren hieß einer von ihnen mit Namen ›Schwanhardt‹. Die Scharfrichterei galt zu dieser Zeit als ›nicht ehrbar‹. Wenn bei ihm ein Kind getauft wurde, so standen nicht Einheimische Gevatter, sondern Angehörige der Scharfrichterfamilien aus Zeulenroda oder aus Greiz, aus Weida oder Ronneburg hoben die Kinder aus der Taufe. Ebenso heirateten seine Kinder später wieder in Familien des gleichen Berufs.[155] Gleich den anderen Gewerben jener Zeit, ging auch die Scharfrichterei vom Vater auf den Sohn über. Es gab Zeiten, wo die persönliche Ehre in Gefahr war, wenn jemand einen Scharfrichter, etwa im Wirtshaus, auch nur unabsichtlich berührte. Sie besaßen daher eine besondere Tracht und waren schon von weitem erkennbar. Das Volk mied sie ehrfürchtig, suchte aber in magischen Dingen oftmals ihren Rat.[156] Indem die Scharfrichter damals auftragsweise bezahlt wurden und Hinrichtungen recht selten anstanden, war der Henkerslohn vergleichsweise hoch. Während der Geraer Scharfrichter zuzeiten mehrere Knechte beschäftigte und insbesondere mit der Abdeckerei ›gutes Geld‹ verdiente, scheinen in Schleiz zumindest im 18. Jahrhundert insgesamt nicht mehr als zwölf Personen hingerichtet worden zu sein. 1768 machte in der Herrschaft Schleiz eine Einbrecher- und Mordbrennerbande von sich Reden, die sich auf abgelegene Einzelgehöfte spezialisiert hatte. Nachdem sie in verschiedenen Mühlen, darunter in der Schmidten- und in der Burkhardtsmühle geraubt und anschließend Feuer angelegt hatten, wurden vier Banditen am 2. September 1768 in Schleiz hingerichtet. Einer wurde geköpft, die drei anderen gehenkt. »Am Tage vorher hatte man zwei, die einige Jahre vorher (nach der Chronik 1764) gehenkt worden waren, um den neuen Delinquenten Platz zu machen, vom Galgen abgenommen und eingescharrt. Es waren bei der Hinrichtung einige Tausend Menschen zugegen und wurde von den Bürgern ein Kreis um die Gerichtsstätte geschlossen.«[157] Weitere Hinrichtungen sind für die Jahre 1701, 1727, 1746, 1775 und 1779 bezeugt. In kleinen Gerichtsbezirken wie etwa Burgk galt es fallweise sogar nur alle 20 bis 50 Jahre eine Todesstrafe zu vollziehen, sehr zum Leidwesen der ortsansässigen Scharfrichter, die sich in der Zwischenzeit, neben der Abdeckerei, mit dem Vertrieb magischer Utensilien oder – wie in Ronneburg, Weida und Crimmitschau – mit Gespensteraustreibungen ›über Wasser‹ halten mußten.[158] Über die Geschäfte mancher Scharfrichter mit dem Aberglauben schreibt Carly Seyfarth: »Besondere Heil- und Zauberkräfte haben die toten Körper von Hingerichteten. Ihre Haut wurde früher zu Riemen verarbeitet. Um die Geburt zu erleichtern, legte man sie den Kreißenden um den bloßen Leib. Riemen aus Menschenhaut finden sich in den Apotheken von Leipzig [1669] und Dresden [1652]. Sie waren teuer und kosteten das Stück in Leipzig 3 Taler. Wahrscheinlich wurden sie öfter und billiger unmittelbar vom Scharfrichter bezogen. ... ›Armensünderfett‹ hatte ebenfalls unschätzbaren Wert. 1761 war in der offiziellen Dresdner Medizinaltaxe Menschenfett, Wolfsleber, Fuchslunge und gebrannter Maulwurf zu finden. ... Der Wunsch derartige außerordentlich heilkräftige Teile von Hingerichteten zu erlangen, gab noch im 19. Jahrhundert Anlaß zu mannigfachen Leichenschändungen. ... Beinahe allem, was mit der Hinrichtung zusammenhing, wurde übernatürliche Wirkung zugeschrieben.«[159] Als 1843 der Giftmörder Oswald auf dem hiesigen Schleizer Markt [vor der Hofapotheke] hingerichtet wurde, tauchten abergläubische Men-schen Tücher in das Blut oder auch die Finger und leckten sie ab. Das Blut der Gerichteten sollte gegen mancherlei Krankheit helfen.[160] »Krankheiten durch das Trinken des

noch warmen Blutes Hingerichteter zu heilen, war schon den Römern bekannt.
... So berichtet Busch [in: Deutscher Volksglaube 1877], daß er selbst bei
Dresden wiederholt davon Zeuge war, wie das Blut von der sich zum Schaffott
drängenden Volksmenge begierig mit Löffeln in Töpfe aufgeschöpft und mit
Tüchern aufgetunkt wurde, da es die fallende Sucht heilte, wenn der an dieser
Leidende es trank und dann solange fortlief, als er Kraft und Atem hatte.«[161]

Im alten Sachsen und Thüringen nicht minderverbreitet war der geradezu
ekelerregende Brauch, daß sich Wirtsleute die Finger von am Galgen hängen-
den Dieben zu beschaffen suchten, die ins Bier gehängt, den Durst der Gäste
und damit den Umsatz steigern sollten. »In einem Orte bei Schleiz hat sichs
Anno 1516 zugetragen, daß ein Weib morgens früh hinausgegangen, einen
Dieb, so vor kurzem gehängt worden, zu verschneiden. Selbige Materie hat sie
ins Bier hangen wollen, damit die Leute sehr zulaufen möchten. Der Allmäch-
tige hat aber ihr Fürnehmen sichtlich gestrafet, denn da sie hinaufgestiegen,
ist ihr der tote Körper mit den Füßen um den Hals gefallen und hat sie so
festgehalten, daß sie ums Leben kommen wäre, wenn nicht Leute ihr Winseln
gehört und zugelaufen wären. Nur mit großer Gewalt, Mühe und Arbeit sind
des Toten Füße voneinander zu biegen gewesen, das man die Frau ledig
machen können.«[162]

Bierhöhler, merkwürdige Keller und sonstige unterirdische Anlagen

Die Entstehung der Höhler war eng mit der Entwicklung des Brauwesens
verbunden. Indem die Hauskeller der brauberechtigten Bürgerhäuser selten
die nötigen Bedingungen für die Bierreife und -lagerung aufwiesen, wurden
teils unter den eigentlichen Wirtschaftskellern, teils andernorts Tiefenkeller,
sogenannte ›Höhler‹ eingerichtet. Solche befinden sich im Schloßberg, in der
Brunnen- und Gartengasse, in der Teichstraße, unter der Helbigsmühle
[Eiskeller], angeblich zwischen der Wolfgangskapelle und der Bergkirche,
zwischen Geraer Straße und Braugasse sowie entlang der Hofer Straße.
Hier fanden sich im Bereich der POST ein etwa 65 m langer unterirdischer
Gang zum Fleischkeller des Gasthofs ›Blauer Engel‹ [später Intershop] sowie
im oberen Bereich beim Gymnasium 5 Gänge zwischen 30 und 50 m. Das
Höhlensystem nahe der ehemaligen Arnsburg mit seinen zahlreichen Ab-
zweigungen dürfte vormaligem Bergbau zu verdanken sein. Von dem unter
dem einstigen Seminar verlaufenden Höhler – ebenfalls mit etlichen Ab-
zweigungen nach links und rechts – heißt es, er würde bis nach Oschitz
führen, um an der Verbreiterung des Hohlweges nach der Eremitage zu
enden. Ein weitere Y-förmiger Höhler liegt im Bereich der Bahnhofstraße. Er
ist über 30 m lang, die Achsen je 10 m. Der Eingangsbereich mündet in
einem Gewölbe. Seine Erbauer waren, wie eine Inschrift ebenda verrät,
›Heinrich und August Oegel 1850‹.

Über ehemalige Bergwerke im Stadtgebiet war andernorts bereits die Rede. Verbleibt noch die Rubrik merkwürdige Kelleranlagen und unterirdische Fluchtwege, seien sie real existierend, von der Fama überhöht oder gar vollkommen sagenhaft: Rätselhafte Kelleranlagen finden sich im Schloßberg, unter dem Hotel ›Drei Schwanen‹, in der Brunnengasse [jeweils mehrstöckig] und unter dem Pflegeheim. Zudem geht die Unterkellerung des heutigen Rathauses über dessen Grundmauern hinaus. Ehemalige Luftschutzbunker befanden sich u.a. im Bereich der Schmiedestraße 7 [mit vermauerten Durchbrüchen zu Nachbarkellern], nahe der Wolfgangskapelle, unter dem heutigen Atriumhaus, nördlich der Oschitzer Straße NW des Supermarktes sowie [allerdings sagenhaft] nahe der Glücksmühle. Unterirdische Gänge – meistenteils legendär – verlaufen vom Schloß nach [1] dem Haus am Markt 15, [2] dem Apothekergäßchen [Eingang noch sichtbar] bzw. den Kellern der Böttcherapotheke, [3] dem Pulverturm, [4] der Brunnengasse, [5] dem ehemaligen Schießhaus, [6] dem Gymnasium, aber auch [7] nach Oschitz, [8] nach der Bergkirche sowie [9] von der Bergkirche NW nach dem Höfle, [10] von der Bahnhofstraße [ehemalige Luisenburg] nach Pörmitz, [11] vom Grünen Baum nach dem Oschitzer Kulm, [12] vom Autohaus Kästner/ Pflegeheim nach der Wisentapromenade sowie [13] vom Agnesfeld über den Geiersbühl.[163]

Wüstungen

In der sich nach Osten hin weit erstreckenden Flur von Schleiz, wo sich eine Wegspinne mit Überresten von Hohlwegen findet, wird eine **Wüstung** vermutet.[164] Der schon auf Oettersdorfer Flur gelegene **Porsts Hof**, ein nach einem vormaligen Besitzer benannter stattlicher Bauernhof, scheint auf der Stelle eines wüsten Dorfes errichtet worden sein. Auch hier deuten eine Wegspinne, die Überreste eines Hohlweges sowie die Flurausweitung von Oettersdorf nach Südosten darauf hin.[165]

Sagen aus dem alten Schleiz

»Im September 1654 hat nach der Schleizer Chronik im Hause des Schuhmachers Frank am Markte ein **Poltergeist,** ›Rumpele‹ genannt, ein Vierteljahr lang bunt gewirtschaftet.«[166] Dieser sei, wie man sagt, in die Stube gehext worden und habe alle Abende von 6 bis 9 Uhr sein Spiel gehabt und mit möglichen Dingen nach den Kindern und nach dem Gesinde geworfen. »Und wenn die Magd nach dem Abendessen in der Stube hat aufgewaschen, hat es den nassen Hader aus der Scheuerstürzen über den Ofen gezogen und stracks einen ins Angesicht geworfen. Weilen es nun was seltsames gewesen, sind alle Abende Nachbarn und andere Leute dorthin gekommen, solchen Abenteuer zuzusehen, auf welche es tapfer geworfen, also daß sie ein andermal nicht wiederkommen. Es hat bei Tag Messer und Löffel versteckt, also, daß – wenn die Leute im Hause haben essen wollen – sie weder Messer noch Löffel gehabt; da hat denn des Schusters Tochter, welche das Gespenst ›Rumpele‹ geheißen, angefangen: ›Rumpele, bring mir doch mein Messer und Löffel wieder!‹, wo es die Messer bei hellem Tage auf den Tisch geworfen, daß sie in die Höhe gesprungen. Und als der Schuster einstens ein Speckschwein hat schlachten lassen und die Würste aufs Stroh gelegt, hat es eine Schweißwurst genommen und den Fleischhacker gleich wie eine Krause um den Hals gelegt, auch über dem Essen eine handvoll junger Zwiebeln in die Suppe geworfen und alle um den Tisch bespritzt. Dem Schuster hat es auch das Geld aus den Hosen gezogen und hernach, wenn die Kinder Milch gegessen, selbiges darein geworfen.

Einstmals da die Kinder abends allein zu Hause miteinander spielen, lässet sich das Gespenst in Gestalt eines kleinen Kindleins mit einem weißen Hemde und offenem Herzen, so ganz blutig, sehen, so auf einer Stangen herumgelaufen. Da es das eine Mägdelein gesehen, hat es zu schreien angefangen, da denn die Kinder voneinander gelaufen, eins hin, das andere her, zu den Nachbarn und die Eltern zu suchen. Als diese nun kommen und auch andere Leute nebst ihnen, haben sie das Mägdelein, so das Rumpele jederzeit gerufen, alleine in die Stube geschickt, welche es auch hinter dem Ofen stehend befunden. Und als sie gesaget: ›Was willst Du Kindlein?‹, hat es geantwortet: ›Du kannst mir doch nicht helfen!‹

Daß aber das Mägdelein auf Geheiß einer Frauen, so vor der Stubentür gestanden, eines und anderes fragen müssen, hat das Gespenst allezeit geantwortet. Endlich hat das Mägdelein gesagt: ›Geh hin, Kindlein, in deine Ruh, und komm nicht wieder!‹, so ist es darauf aus der Stuben gewichen. Alleine es hat sich noch eine ziemliche Zeit im Hause aufgehalten, da es die Kinder, wenn sie abends zu Bette gangen, geklitscht, geraufet, bei der Nasen genommen, ja bisweilen auch Maulschellen ausgeteilet, vor des Schusters Bett kommen, das kleine Kind in der Wiege so stark gewieget, daß die Wiege hinten und vorn aufgesprungen, die Schlüssel vom Gesperr abgezogen, die Bratwürste genommen, auf den Rost gelegt und solche im Ofen gebraten, hernach fein abgeschälet und gefressen und die Schalen im Ofenloch liegen lassen. Wenn der Schuster zu Markte gehen wollte, hat es ihm die Schuhe von der Stangen genommen und hin und wieder versteckt, auch etliche Male ganze Pfund Häute zusehends hinweggeschleift.

Letztendlich so ist es in den Kuhstall geraten, da es etliche Male die Treppe, so vom Heuboden hinab in den Stall gangen, abgehoben und vor die Stalltür gelegt, hernach die Kühe abgelöset, selbige im Stalle herumgejagt, daß der Gischt auf den Kühen gestanden. Da es aber ein paar mal darüber ist verstört worden, ist es endlich gar ausgewichen. Es hat sich aber hernach in andere Häuser etwas vermerken lassen, da es großen Schaden getan. Einem Tuchmacher hat es eine Weste, so er trocknen wollen, etliche Male entzwei geschnitten, item, an einem Orte Kühekot in die Milch geworfen, auch die Viehmagd mit Steinen aus dem Stalle geworfen und gejaget.«[167] – »Ein paar Pfarrherren der Stadt erklärten endlich den Spuk, der nichts anderes nach ihrer Meinung war, als ein ›Ludibria Satanae‹, ein ›Spiel des Teufels‹, der sich in Gestalt unschuldiger Kinder verstellet, bei den Menschen Unglück anzurichten und sie in höchste Gefahr zu stürzen, so sie nicht gottesfürchtig seien.«[168]

Feuer und Drachen

Die gesamte ältere Stadtarchitektur von Schleiz in ihrer schlichten und einfachen Bauweise, hier und da von einigen Gründerzeithäusern belebt, entstammt durchweg dem 19. Jahrhundert. Das hat seinen Grund darin, daß besonders in den Jahren 1475, 1517, 1637, 1689, 1837 und 1856 Stadtbrände in Schleiz so entsetzlich gewütet haben, daß außer der Alten Münze, der Wolfgangskapelle und der Bergkirche kein älteres Gebäude im Stadtgebiet mehr vorhanden ist. Schon bei dem großen Brand von 1475 war die ganze Stadt nebst Kirche, Schloß und Komturhof in Schutt und Asche gesunken. Keine zwei Generationen später, im Jahre 1517, brannte in nur drei Stunden wiederum die ganze Stadt nieder. Daneben gab es immer wieder Brände, von denen 1, 3, 11, 30 oder 40 Häuser bzw. Scheunen betroffen waren. Genannt sei hierbei das Feuer von 1637, dem neben der Kirche, der Schule, den geistlichen Häusern und dem Komturhof 44 Bürgerhäuser zum Opfer fielen.

Weit verheerender war der große Brand von 1689. Ein Lehrjunge, der schlaftrunken ein Licht verwahrlost hatte, habe ihn verursacht. Da es sehr windig war, legte das Feuer in vier Stunden das Schloß, die Stadtkirche, das Rathaus, 252 Bürgerhäuser und damit den größten Teil der Stadt nieder.

Auch im 19. Jahrhundert blieb Schleiz von Großfeuern nicht verschont. So kam 1837 in einem Hinterhaus an der oberen Marktseite, wo die Böhmische Gasse einmündete, Feuer aus, dem neben dem Schloß und dem Rathaus 35 fürstliche und öffentliche Gebäuden sowie 223 Bürgerhäuser zum Opfer fielen. Mehr als 2.000 Menschen wurden damals obdachlos. Doch kaum hatte man die Katastrophe überwunden, verbrannte im Jahre 1856 der Westteil der Stadt. 168 Häuser samt Nebengebäuden sowie 50 Scheunen wurden ein Raub der Flammen, 300 Familien verloren ihre Wohnungen.[169]

Von den zahlreichen Bränden, die im Laufe der Jahrhunderte die Stadt heimgesucht hatten, ist ausgerechnet das 1637 bei dem Bürger Balthasar Ludwig in der Kirchgasse ausgekommene Feuer, dem der Ostteil der Stadt zum Opfer fiel, in die Sagenwelt eingegangen.

»Dabei erstickten in einem Keller die Witwe des Pfarrers Wendler aus Leitlitz mit zwei Töchtern und einer Magd. Noch 1789 war auf dem Gottesacker der Bergkirche ein eisernes Kreuz mit halbverlöschten Schriftzeichen zu ihrem

Gedenken vorhanden. Gegen den genannten Ludwig und sein Weib wurde damals Klage wegen Brandstiftung und gegen letztere auch noch wegen ›berüchtigter Hurerei‹ erhoben. Sein Haus, das nicht wieder aufgebaut werden durfte, soll in der heutigen Lücke der Kirchgasse [zwischen Nr. 4 und 8] gestanden haben.«[170]

Das Feuer selbst sei im Vorfeld durch das ›kauderwelsche Schlagen‹ der Rathaus- und Schloßturmuhren angezeigt worden. Gezündet aber habe den Brand ein Drache, ein elbischer Feuergeist, der als feuriger Schweif oder in Gestalt eines Feuerballs mit einem Schwanz wie ein Besen durch die Luft sauste und durch die Feueressen bei seinen Wirten einzukehren pflegte. Diese hatten zuvor mit ihm eine Art faustischen Pakt geschlossen, wogegen er diesen gegen ein Schüsselchen Milch Geld, Butter, Getreide, aber auch Mistjauche zutrug, was er zuvor zumeist aus den Häusern der Nachbarn genommen hatte. Erst wenn es mit dem Wirt zu Ende ging, zeigte der dienstbare Geist seine Kehrseite. Er verhinderte dessen Tod und bereitete ihm so ein langes Siechtum. Ähnlich der Sage von dem Geist in der Flasche mußte der Drache daher schon zu Lebzeiten an eine andere, jüngere Person weitergegeben werden, was zumeist innerhalb der Familie geschah.

Der Schleizer Stadtbrand von 1637 aber soll dadurch zustande gekommen sein, daß von zwei Frauen, die jede einen Drachen besaß, die eine die andere bestohlen habe. Ihre beiden Drachen lieferten sich daraufhin einen harten Kampf. Nachdem der Drachen der Diebin bezwungen war, fuhr der Sieger durch die Feueresse in der Diebin Haus ein und steckte dieses in Brand. Der Drachenbrunnen auf dem Altmarkt mit der Skulptur zweier kämpfender Drachen erinnert an die Sage.[171]

Auch aus dem verwandten Gebiet des Aberglaubens läßt sich manches in Schleizer Chroniken finden: Im 17. und 18. Jahrhundert wurde das Einfallen von Rebhühnern in die Stadt als Vorzeichen von Unglück und Feuersbrünsten gedeutet. Trappen verkündeten ein Landsterben, viele Krähen zeigten baldigen Tod an. Das Erscheinen vieler Raupen auf frischgefallenen Schnee bei Zollgrün und bei Ebersdorf ließ 1783 Krieg und die Einwanderung fremder Völker befürchten. Bei Wetterleuchten sollte der Teufel mit einer Jungfrau neben der Bergkirche tanzen.[172]

Mitternacht am Kreuzwege

Vorallem Wegkreuzungen waren in der magischen Vorstellungswelt der Altvorderen so bedeutsam, daß man sie besonderen Schutzgöttern den Irmin oder Herme weihte. In der Volksphantasie spielen bis weit ins 19. Jahrhundert hinein mitternächtliche Geister, Irrlichter, feurige Hunde, Menschen ohne Kopf und gespenstische Schimmelreiter an Kreuzwegen eine Rolle.

Hier konnte man mittels Zauberei Krankheiten ›vertun‹, Prophetie betreiben und in der Silvesternacht ›horchen‹.[173] Eine Anekdote berichtet von einem solchen Geisterbanner, der auf dem die Handelsstraße schneidenden Weg nahe der Schleizer Bergkirche dem Geisterspuk begegnen wollte, damit er zum Lohne dafür einen Sack mit Gold erhielte. Mitten auf der Kreuzung zog er einen magischen Kreis. Sodann mußte er sich ganz still verhalten und durfte sich auf keinen Fall aus dem Kreis rühren, gleich welcher Spuk ihn daraus vertreiben wolle. »Nach einer Zeit, die ihm eine Ewigkeit dünkte, hörte der Geisterbanner auf einmal ein Quitschen, Knarren und Stampfen, und er vermeinte nichts anderes, als daß der Leibhaftige nun gar selbst käme. Dann schob sich auf der Straße um die Friedhofsmauer ein Gespann, das sich ihm in der rabenschwarzen Nacht immer drohender näherte. Ihm war, als wolle sein Herz stille stehen, und es war wohl vorallem der Schreck, der ihm in alle Glieder gefahren war, von dem er sich nicht von der Stelle zu rühren vermochte. Als nun noch eine barsche Stimme rief: ›Geh aus dem Weg Bursche!‹, da wähnte er sich vom Teufel auf Tod und Leben versucht.

Aber eingedenk des reichen Lohnes nahm er seinen letzten Mut zusammen und wich nicht vom Weg. Noch einmal rief es drohend: ›Geh auf die Seite Kerl!‹ Doch er blieb wie festgenagelt auf der Straßenkreuzung stehen.

Da schritt nun eine Gestalt auf ihn zu, und ehe er sichs versah, bekam er eine kräftige Ohrfeige verpaßt. Dann packte ihn eine harte Faust im Genick und schob ihn von der Straße über die Böschung in den Seitengraben. ... Als er ebenso verschreckt wie erbost, aus dem Graben auf die Straße zurückkehrte, sah er im verschwommenen Dunkel nur noch, wie sich das gespenstische Gefährt auf dem Wege in Richtung Görkwitz entfernte. Da aber der Kutscher der mitternächtlichen Fuhre den Geisterbanner sehr wohl erkannt hatte, ... machte die Geschichte bald in der ganzen Stadt ihre Runde und wird an Silvesterabenden immer mal wieder erzählt.«[174]

Seltsame Lichterscheinungen

Im Raum Schleiz, besonders in den Wäldern zwischen Schleiz und Langenbuch, ist immer wieder von geheimnisvollen Lichterscheinungen berichtet worden, die man je nach dem wissenschaftlichen Stand ihrer Beobachtungszeit zunächst als Drachen und Vorzeichen später als Nordlichter und Kugelblitze und schließlich als unbekannte Flugobjekte [UFOs] zu erklären versucht hat.

Bevor im Jahre 1575 die Stadt Schleiz und mit ihr das halbe Oberland von der Pest heimgesucht wurde, will man am Himmel merkwürdige Feuerzeichen und hin- und herfliegende Kugeln gesehen haben.[175]

Am Abend des 02. November 1730 gegen 9 Uhr erstrahlte in unserer Gegend am Himmel ein entsetzliches Feuerzeichen, das sich ganz allmählich von Osten gegen Westen verschob. Seine Farbe lag zwischen leuchtendem Rot und hellem Gelb. Zunächst dachte man sich in Stadt und Dorf, es handele sich um den Widerschein eines Feuers in der Nachbarschaft. Aber bald erwies sich das als Irrtum. Man sah darin die Vorzeichen eines bald über Europa hereinbrechenden neuen Türkenkrieges, zumal über den Balkan Nachrichten von Aufständen und Palastrevolutionen in Istanbul nach Europa gelangt waren.[176]

»Eine eigentümliche Lichterscheinung wurde im Herbst 1814 bei Schleiz am Fußwege nach Löhma beobachtet. Es war ein großes, helles Licht, welches jedoch nicht immer an derselben Stelle blieb, sondern sich mitunter nach den Wehrteichen zu bewegte und von da über den Wiesengrund auf der entgegengesetzten Seite bis in die Nähe des Heinrichsbuschs ging und von da wieder zurück nach der Löhmaer Höhe, jedoch nicht immer in derselben Bahn, sondern in größeren und kleineren Abweichungen von derselben. Manche wollten gesehen haben, wie es ganz in ihrer Nähe schnell vorüberflog; Andere behaupten sogar, es sei gerade auf sie zugekommen und blitzschnell ihnen zwischen den Beinen durchgeflogen. Der Direktor Göll in Schleiz beobachtete es als Schüler und fand es sehr groß. Es schien ihm bei 40 bis 50 Schritt Entfernung, als sähe er ein 1½ Ellen langes Scheit Holz in seiner ganzen Ausdehnung brennen, am hellsten jedoch an beiden Enden; dabei bewegte es sich in ›ungeheurer Schnelligkeit‹ und er hörte ein eigentümliches Knacken und sah zugleich ein Funkensprühen.«[177]

Im Jahre 1870 beschreibt Brückner in seiner Landeskunde, ein ihm noch ungelöstes Naturereignis, wonach vor mehreren Jahrzehnten bei Löhma mehrere Nächte hindurch eine strahlende Feuersäule gesehen worden sei. Ähnliches geschah in den 1830er-Jahren in Görkwitz, wo an der Kreuzleite eine Strahlen werfende Feuersäule erschien, welche von den Dorfbewohnern, die hinzugelaufen kamen, lange und ausgiebig betrachtet werden konnte.[178] Zudem vermerkt Eisel 1871, daß im Trilloch bei Schleiz früher Irrlichter in Mengen zusammengekommen seien.[179] Auch in der Zeit nach der Jahrtausendwende sind von Langenbuch aus über den Wäldern nach Schleiz zu sich bewegende mitunter gleißende Lichter gesehen worden, einmal sogar von zwei Personen, von verschiedenen Richtungen aus gleichzeitig. Von einem dieser Lichter sei einmal etwas wie ein Suchscheinwerferstrahl ausgegangen. Zum Schluß habe sich das Licht geräuschlos in die Höhe erhoben und sei in den Wolken verschwunden.

Das Kloster auf dem Großen Schweinsberg

»Auf dem Schweinsberge [531m] kennt man den Otternkönig mit seinem goldenen Krönlein, welches dem Besitzer Glück und Reichtum bringt. Wenn man ihn mit Käse oder Quark füttert, ist er zu bewegen, seine Krone auf ein ausgebreitetes weißes Tuch zu legen, aber nur am Johannistage ist ihm beizukommen. Ebenda zeigt man eine Vertiefung, in die ein dem Heiligen Bonifatius geweihtes Kloster versunken sein soll. Alljährlich in der Johannisnacht zieht ein langer Zug Mönche vom großen nach dem kleinen Schweinsberge [bis nahe an das Schießhaus] und wieder zurück.«[180] Das Kloster aber soll im Jahre 1280 auf der Höhe, die dazugehörige Kapelle am Fuß des Berges errichtet worden sein. Der Wüstungsforscher Barth vermutet dort einen wüsten Einzelhof, möglicherweise ein Vorwerk. Der Bezug auf Johanni und damit auf die Sommersonnenwende, die Überlieferung von ehemaligen Goldseifen ebenda, die Sage von dem dort nur zu Johanni beizukommenden Otternkönig sowie die Überlieferung von dort erscheinenden Holzweibeln weisen den Großen Schweinsberg als heidnischen Sonnenverehrungsort aus.[181]

Auch deuten die Namen des benachbarten Sauberges [540m] sowie des westlich davon gelegenen Hains mit den Hainteichen auf einen an dieser Stelle oder in der Nähe gewesenen Kultplatz hin. Die Synonyme ›Schwein‹ und ›Sau‹ haben nicht unbedingt mit dem gleichnamigen Borstentier oder mit einer Schlammsuhle zu tun, sondern können auf das althochdeutsche Wort ›Suona‹, das gotische ›Saun‹, das altnordische ›Sôn‹ für ›Gericht, Sonne‹ bezogen werden. ›Die Sonne bringt es an den Tag!‹, heißt es noch heute. Notker sagt in der Einleitung des Boethius: ›unandon des suonetagen – den Gerichtstag erwarten‹.

Bischof Ulfilas, der Übersetzer der bekannten Gotenbibel, übersetzt den Römerbrief 12,1 mit: ›saud quiswaner, weihana → lebendiges, heiliges Opfer‹ und Markus 12,33 mit: ›allaim thaim alabrustim jah saudim → ist mehr als Brandopfer und Opfer‹.[182] Mit dem Wort ›Sau‹ werden in Mitteldeutschland zahlreiche Flurnamen gebildet. Schon die Sagen, die sich an die ›Sau‹-Fluren knüpfen, machen diese als besondere Örtlichkeiten kenntlich. In der ›Saulche‹ [Zwenkauer Harth] bei den Hügelgräbern spukt es, ebenso wie am Geraer Saugraben. Der Löbnitzer Sauanger birgt einen Schatz und ist der Aufenthaltsort eines Reiters ohne Kopf. Am Haubitzer Sauteich erscheint eine weiße Gestalt. Auf dem Rochlitzer Sauberg geistert ein Kalb ohne Kopf umher. Von einer spukenden Sau aber ist nur in einem einzigen Fall die Rede, nämlich bei der Sauwiese nahe Heinrichshall [Köstritz]. Flurnamen mit ›Sau‹ können also durchaus volkstümliche Umdeutungen der Namen alter Stätten sein.

Schleiz um 1832

Die Wisenta-Aue

»An der Wiesenthal bei Schleiz machten es sich zwei Zwerge zum Vergnügen, die kaum errichteten Heuschober wieder einzureißen, weshalb endlich eine Magd den einen von ihnen einen tüchtigen Hieb mit dem Rechenstil versetzte. Jetzt liefen beide mit lautem Geschrei davon nach einer Gegend, wo ihrer ein ganzes Heer lagerte; der Geschlagene rief dabei immer ›Seltethan, Seltethan!‹. Seine Genossen dachten anfangs, er selber habe es getan, fielen über ihn her und schlugen ihn; bis endlich auch der zweite herzukam und ihnen die Sache erklärte. Da gings denn über die Magd her und viel hätte nicht gefehlt, so wäre sie von ihnen in Stücke gerissen worden.«[183]

Neben der Orla gilt die Wisenta [1071 Wisinta] als bedeutendster Nebenlauf der Saale in unserem Raum und hat dem Land, das sie durchfließt den Namen ›Wisentaland‹ [1280 terra dicta Wisenta] gegeben. Ihre beiden Hauptquellarme vereinigen sich oberhalb der Ottenmühle bei Willersdorf. Es sind der Zeidelbrunn, eine große Quelle auf einer Wiese südlich von Willersdorf, und ein vom ›Fötschen Winkel‹, einem moorigen Wiesenkomplex zwischen Rothenacker, Mißlareuth und Haidefeld ausgehendes Rieselgewässer. Von der Ottenmühle fließt die Wisenta an Ober- und Unterkoskau vorbei, über Mühltroff und Langenbuch nach Norden und Nordwesten, wendet sich bei der Lössaumühle nach Westen und strebt über Schleiz, Möschlitz, Grochwitz in großen Windungen der Saale zu, die sie bei Walsburg endlich erreicht.

Die längste Zeit über fließt die Wisenta in einem breiten Grund in großen Windungen in einem sogenannten reifen Tal. »Dieses Tal hat sich der Fluß erst ausgegraben, als er in die Kulmmulde oberhalb von Schleiz eintrat. ... Wenn wir aber in dem Stück bis zur Beyersmühle auf die Wisentatalhänge achtgeben, dann kann man auf beiden Hängen abwechselnd rechts und links frühere Flußläufe in Form von Terrassen studieren. ... Sonst sind diese hier in 15-25 Meter über dem heutigen Flußbett liegenden Terrassenspuren, die an der Mündung 60-70 Meter hoch über dem Flusse liegen, nur an der flächenhaften, sich von dem normalen Hang absetzenden Form zu erkennen.«[184]

Ab Möschlitz senkt sich der Talgrund immer mehr und tritt hinter Grochwitz in ein immer tiefer werdendes Erosionstal ein. »Diese starke Abbiegung der Erosionskurve der Wisenta ist auffällig. Sie hat sie mit der Wettera, Friesau, Lemnitz, Selbitz gemein. Im sogenannten ›Boden‹ bei Walsburg finden sich Schotter, von denen Brönner annimmt, sie stammen von der Wisenta her, die über den ›Boden‹ geflossen sein soll nach dem noch sehr deutlichen, jetzt bewaldeten Prallhang nördlich Walsburg.«[185] Gespeist von mehr als 30 Nebenbächen ist die Wisenta wasserreich und vor dem Verschwinden zahlreicher alter Wassertriebwerke auch ziemlich mühlenreich gewesen.

Zu den Wisentamühlen zählten neben der Bucklitsch- und der Ottenmühle bei Willersdorf, die Ober- und Mittelmühle bei Oberkoskau, die Schlagmühle bei

Unterkoskau, die Ober- und Lippoldsmühle bei Mühltroff, die Besser-, Dorf- und Hammermühle bei Langenbach, die Obere und Untere Lößmühle und die Schmittenmühle bei Lössau, die Burkhardts-, die Holz-, die Pfeffer-, die Graupen-, die Glücks-, die Thomas- und die Beyersmühle bei Schleiz, die Dorfmühle in Möschlitz, die Stöckichtsmühle sowie die Wolframsmühle bei Grochwitz, die Pulvermühle unterhalb von Dörflas und schließlich die Brettmühle gegenüber von Walsburg an der Einmündung in die Saale. Inwieweit die Wisenta nun nach dem Wisent, dem Wappentier von Schleiz, benannt ist, bleibt letztlich ungeklärt, ebenso die Frage, ob das Flüßchen eines der zahlreichen, ehedem in Mitteleuropa vorkommenden Weißwässer [kelt.: uid, uindo] gewesen sein kann und damit in heidnischer Zeit ein geweihtes, sprich: heiliges Gewässer war, wie wir es auch schon bei der Etymologie des Namens Saale haben anklingen lassen. Ihr lange Zeit verwendeter Name ›Wiesenthal‹, wobei Fluß und Tal eine Einheit bilden, läßt eher an morphologische Bezüge denken.[186]

Das Gebiet südlich von Schleiz

Wüstendittersdorf

Als wiederbesiedelte Wüstung bzw. als Scheinwüstung gilt der Schleizer Ortsteil Wüstendittersdorf [1302 Dytherichsdorf] an der Wisenta, wo der Böhmsdorfer Bach, der aus dem Neuen Teich bei Oberböhmsdorf kommt, in diese einmündet. Die Identifizierung der Streusiedlung mit dem in der Urkunde von 1232 erwähnten Kapellenort ›Dytherichesdorf‹ hat die Heimatgeschichtsforschung inzwischen verworfen. Zwar gibt es in der Flur ein ›**Kirchfeld**‹, auf dem 1232 jene Kapelle gestanden haben kann und der Sage nach auch gestanden hat, doch kann dieser Name ebenso auf ehemaligem Kirchenbesitz ebenda verweisen. Robert Hänsel sieht in dem Lehnsherrn Dietrich Schütz, der um das Jahr 1300 in Dreba lebte, den Namensgeber des Ortes. Daß dieses Dittersdorf im Hochmittelalter tatsächlich ein Dorf gewesen sein mag, beweist nicht nur jene von Eisel erwähnte, noch schön gewölbte Fassung des angeblich schon im Jahre 1280 gegrabenen **Erlbrunnens**, sondern der Umstand, daß in den Jahren 1297 und 1302 der Deutsche Orden einmal ½, ein andermal 2 Hufengüter in ›Dieterichesdorf‹ bzw. in ›Dytherichsdorf‹ angekauft hat. Während die Erwähnung von 1297 ebenso auf den Orte Dittersdorf an der Neustädter Landstraße sowie auf die Wüstung Dietrichsdorf bei Tanna bezogen werden kann, ist die Nennung von 1302, wo der Ort ›als nahe bei der Stadt Schleiz‹ liegend, bezeichnet wird, mehr als eindeutig.

Der Sage nach soll das alte Dittersdorf, von Eisel ›Wüstung Trilloch‹ genannt, im Erdboden versunken und dadurch wüst geworden sein. Als ›Wüstendittersdorf‹ erscheint der Ort erstmals im Jahre 1402, als die Ansiedlung in den Besitz der Stadt Schleiz überging. Als der Rat dann 1563 den Entschluß faßte, ›auf den Stadtfeldern und Beunden, Wüstendittersdorf genannt‹, ein Vorwerk, das spätere Ratsvorwerk, zu errichten, kann das als Neubeginn der Besiedlung gedeutet werden, auch wenn Günther Wachter die berechtigte Frage aufwirft, inwieweit Wüstendittersdorf überhaupt jemals wüst war oder ob die Bezeichnung nicht eher von ›wüst‹ im Sinne von wüsten, nämlich kargen Boden abgeleitet worden ist und der Unterscheidung von anderen Orten mit nahezu dem gleichen Namen gedient hat.[187]

Auch die Bezeichnung von Wüstenditterdorf als ›**Trîloch**‹ und deren Bewohner noch 1870 als ›Trillöcher‹ führt in diesem Punkt nicht weiter. Der einen Überlieferung nach habe der Pächter eines Gutes dort ›Triller‹ geheißen, wonach bald der ganze Ort bezeichnet worden sei. Nach anderen sei der Name ›Trilloch‹ wegen eines um das Jahr 1280 hier lebenden Mannes entstanden, der einer gewissen Schuld halber erstaunlich oft gedrillt wurde und sich, wenn die Gläubiger kamen, in einem Loch dort versteckte. Wieder andere leiten den Namen von dem hier in die Wisenta einmündenden Bächlein **Trillbach** ab, das jedoch den Anwohnern nur als Böhmersdorfer Wasser bekannt ist. Überhaupt wurde der Name ›Trilloch‹ urkundlich erst 1546 erwähnt und nach 1602 nicht wieder.[188] Das **Ratsvorwerk** wurde 1684 von der Stadt, allerdings nicht zu ihrem Vorteil, verkauft. Es entstanden daraus zwei größere Landgüter, das Gut Heller an den Dorfwiesen und südöstlich davon das Gut Knoch. Im Jahre 1870 bestand der Ort neben diesen beiden Anwesen nur noch aus einer Försterei, einer Abdecker- und Scharfrichterei und der mit ansehnlichen Landbesitz versehenen Burkhardtsmühle, die nach dem Königsberg [Künsberg, Kinsberg], der sich neben ihr erhebt, auch ›Kühnsmühle‹ genannt wurde.[189]

Die **Teufelskanzel** neben der Kühnsmühle war eine isolierte Felspartie aus Grünstein, die sich, etwa ein Stockwerk hoch, auf einer Fläche von 3-4 m² erstreckte. Oben besaß sie eine Vertiefung, zu der angeblich drei künstlich ausgehauene Stufen führten. Durch Steinbrucharbeiten wurde sie im Jahr 1879 zum größten Teil weggesprengt, doch ist sie dem Passanten als solche noch grob erkenntlich.[190]

In der Sagenwelt hat die Kanzel einige Bedeutung: »Hier predigte der Teufel in der Walpurgisnacht vor seinen Hexen. Er hatte einst mit dem Kühnmüller um dessen Seele gewettet, die Kanzel bis zum ersten Hahnschrei fertig zu bauen. Als ihm das aber durch die List des Müllers, der den Hahn nachahmte, doch nicht gelang, schleuderte er vor Ärger einen großen Stein nach der Mühle. Dort liegt dieser noch heute im Hofe und die Eindrücke der fünf Teufelskrallen sind daran deutlich wahrzunehmen.«[191] Wahrscheinlich waren die Krallenabdrücke künstlich ausgearbeitete Näpfchen und der Stein somit ein alter Kultstein, der zu Fruchtbarkeits- oder Erntedankriten verwendet worden ist.

Das Umfeld der Teufelskanzel wird in den Sagen als ›ungeheuer‹ bezeichnet. Ob hier ein heidnische Kultstätte gewesen ist, läßt sich nicht sagen.[192] Ein Brandsignalplatz kann die Kanzel aufgrund ihrer Tallage nicht gewesen sein. In Köhlers Sagenbuch von 1867 heißt es über solche Orte:»Wahrscheinlich bezeichnen viele Teufelskanzeln, Teufelssteine, welche umwoben von der Sage noch heute als Zeugen grauen Heidentums erhalten sind, solche Plätze, an denen den finstren Gottheiten der Slawen Opfer gebracht wurden. ... Denn da die christlichen Bekehrer den Glauben an die alten Götter nicht mit einem Male verdrängen konnten, so schoben sie den Vorstellungen von ihnen Eigenschaften unter, durch welche jene Gottheiten zu Schreckgebilden wurden und nach und nach mit dem im Christentume mehr sich festsetzenden Begriffe von dem Teufel in Eins verschmolzen.«[193] Ebenfalls von vorchristlicher Bedeutung scheint der **Königsberg** zwischen Wüstendittersdorf und der Talsperre Lössau gewesen zu sein. Soweit sein Name nicht auf die frühdeutsche Zeit zurückgeht, wo ein sogenannter ›König‹, als Beauftragter des Kolonisators, die Siedlerzüge in die neue Heimat geleitete, könnte der ursprüngliche Name des Berges, ›Kins- oder Kühnsberg‹ durchaus alteuropäischen Ursprungs sein. Viele der in Ostthüringen geläufigen ›Kien-, Kuh-, Kuk- und Küh‹-Orte lassen sich von einem keltischen Begriff ableiten, der im Irischen später zu ›Cianan‹ wurde und soviel wie ›Kirchenburg‹ oder ›von Steinen umgebener Ort‹ bedeutet. Im Gegenzug treten ›Kien‹ und ›Kuh‹ auch als Verschleifung von ›Kyf-, Käf- und Kob‹ auf, die auf die indogermanische Wortwurzel ›Keu‹ zurückgehen, welche im Griechischen noch als ›gype‹ erhalten ist und soviel wie ›bedecken, bergen‹, in weiterer Sinne aber auch ›Grab, unterirdischer Hohlraum, unterirdische Wohnung‹ bedeutet. Man denke hierbei an den Kyffhäuser, den bekannten Gebirgsstock im Harzvorland, dessen Sagenwelt ebenfalls mit einer unterirdischen Wohnung verknüpft ist, wo – wie wir alle wissen – der alte Kaiser Barbarossa auf bessere Tage wartet. Auch in Flurnamen wie ›Kienberg, Kuckucksfelsen, Käfernburg [bei Arnstadt], Kuchenberg, Kuhtanz oder Kobersfelsen‹ tritt diese alte Beziehung zutage. Der ›Kuhtanz‹ bei Gera war früher einer der unheimlichsten Orte im ganzen Elstertal. In der Sage vom Kobersfelsen zwischen Burgk und Gräfenwarth, wo ein Ritter bei einem Sprung über die Saale ums Leben gekommen sei, verbirgt sich eine alte Opfererinnerung. Im oberdeutschen Raum ist der ›Kobering‹ der alte Gräberberg und ›Kobel‹ hieß die hölzerne Totenhütte unter dem Grabhügel. Nicht nur in Flurnamen pflanzt sich diese Erinnerung fort, sondern auch in Ortssagen von gespenstischen Kühen oder von Kobolden. Bekanntlich haben sich unsere heidnischen Vorfahren die Natur und alles darin, so alle Bäume, Berge, Flüsse und sogar Steine, als ›beseelt‹ vorgestellt. An diesen ursprünglich als Grabstätten dienenden ›Kien-, Kob- oder Kuh‹-Orten mögen spätere Generationen, welchen die ursprünglichen Zusammenhänge nicht mehr geläufig waren, dann die unterirdische Wohnstatt einer mächtigen alten Wesenheit gesehen haben.[194]

Vom höchsten Punktes des Königsberges [548m] führt südöstlich ein Weg zum sogenannten ›**Sachsdenkmal**‹, einem etwa 1½ Meter hohen Granitblock in der Waldabteilung 25. Darauf steht die Inschrift:

> *»Hier fiel am 29. Dezember 1888 in Ausübung seines Berufes durch Wilderers Hand der Fürstliche Waldwärter Chr. Gottlieb Sachse.«*[195]

Wüstungen im Schleiz-Oberböhmsdorfer Wald

Dem Wüstungsforscher Helmut Barth zufolge befanden sich im Schleizer Forst jenen großen, ehemals fürstlichen Waldungen südlich und östlich von Schleiz und Oberböhmsdorf mehrere wohl während der Kolonisationsphase der Lobdeburger bzw. des Deutschen Ordens entstandene kleine Dörfer, so am Roten Wege, an der Alten Klaus, in der Zeitera, in der Spernera, am Saubachweg und in der Modera. Sie müssen jedoch bald wieder aufgegeben worden sind. Nicht einmal die Namen sind von ihnen geblieben.

Ein Ort mit Geschichte ist die **Alte Klause** zwischen der Pechhütte bei Oberböhmsdorf und der Bundesstraße Schleiz-Plauen [B282]. Auf einer vom kleinen Geiersbächlein durchflossenen Wiese lag hier in alten Tagen eine Kapelle und darauf eine Einsiedelei. »Einzelne Steintrümmer bezeichnen den Ort, wo einst ein Gebäude stand, das aber schon lange zerfallen ist. Dieses Gebäude war eine Kapelle, die im Jahre 1399 von der ersten Gemahlin Heinrichs VII. von Gera, Elisabeth, zu Ehren Johannes des Täufers und des Bartholomäus gestiftet und erbaut worden war.«[196] Drei bis vier Priester und ebensoviele Laienbrüder sollen dort gelebt haben, zu deren Unterhalt Zinsen von Wolframsdorf und Zeulenroda sowie Brennholz und Feld am Ort selbst angewiesen wurden. Zudem sollten sich die Brüder von den Almosen der Gläubigen ernähren, wobei die Meßopfer der Kapelle nur zur Hälfte den Eremiten zustanden. Der andere Teil ging an den Schleizer Pfarrer, das Opfer bei den Mirakeln sogar an den Bischof von Naumburg. Nach der Einführung der Reformation wurde die Klause zerstört und ihre Steine angeblich zum Bau der Oberböhmsdorfer Kirche verwandt. »Angeregt durch das Jagdschlößchen ›Jägersruh‹ bei Lobenstein, erbaute Graf Heinrich XII. von Reuß-Schleiz, dessen Herz bekanntlich in der Jesuskirche in Kirschkau bestattet liegt, in den Jahren 1758-1760 ein Jagdschlößchen im Schleizer Walde, in welchem er sich des Sommers öfters aufhielt. In Erinnerung an die ›Alte Klause‹ nannte er sie ›Neue Klause‹.«[197] Auf den Überresten der Alten Klause, der kleinen Wüstungskirche, ließ er sich eine Sommerkapelle errichten, in welcher er sich bei Bedarf sonntags vom Mielesdorfer Pfarrer Predigt halten ließ. An die Stätte der gräflichen Som-

Oberböhmsdorf

Oschitz

Möschlitz

Mönchgrün

79

merklause kam später eine von alten Buchen umfriedete Einsiedlerhütte. Anfang der 1840er-Jahre brannte jedoch alles nieder. Nur der von der Bundesstraße abgehende Klausenweg und der Klausenhügel erinnern noch daran.

Waldeinsam gelegen war auch das **Waldhaus**, ein im 19. Jahrhundert errichtetes Chausseehaus zur Einnahme der Straßenmaut, nördlich von Mielesdorf an der Straße nach Plauen.[198] An der **Zeitera** [südlich des Zeitrahügels] und in der **Spernera** lassen sich Spuren von Siedlungen feststellen, die sich jeweils durch Siedlungslücken, Wegeführung und Waldfreiland noch ausmachen lassen. Im Bereich des **Roten Weges** findet sich eine durch Abstand, Wegspinne und Waldfreiland erkenntliche Siedlungslücke, wobei der Flurname möglicherweise als Rodungsname interpretiert werden kann. Am Saubachweg im Tal des **Saubachs** läßt sich anhand von Abstand, Wegeführung und Waldfreiland eine weitere Siedlung ausmachen, ebenso in der **Modera**, welche sich nichtzuletzt in einer Flurausstülpung von Oschitz nach Süden und einer Flurverzahnung durch Oschitz und Schleiz auszeichnet.[199]

Oberböhmsdorf

Oberböhmsdorf [1333 Bemsdorf] ist dicht am Schleizer Forst an der Straße nach Plauen gelegen. Das doppelzeilige Platzdorf besteht aus drei Teilen. Zunächst ist da der alte Ortskern am Anfang eines zur Wisenta abfallenden Hochtals längs der aufsteigenden Dorfstraße um zwei Terrassenteiche herumgebaut, mit 5 abgehenden Seitengäßchen. Dann sind noch jene ab dem 18. Jahrhundert entlang der Plauener Straße und auf der Höhe des Bergrückens am Anfang der Seng entstandenen Anwesen und schließlich, einige Kilometer östlich vom Ort nahe Langenbuch, die Waldhäuser.

Einer Sage zufolge soll Oberböhmsdorf ursprünglich von um ihres Glaubens Willen vertriebenen Böhmen erbaut worden sein. Dem widerspricht jedoch schon die relativ frühe urkundliche Erwähnung des Ortes. Man glaubt deshalb, der Familienname des im Auftrag des Lehnsherrn den Ort begründenden Siedelmeisters, Böhme [Mann aus Böhmen], sei für den Ortsnamen ausschlaggebend gewesen.

Die Baugeschichte der **Kirche** ist komplex. Schon im Mittelalter soll ein offenbar vom Deutschen Orden begründetes Kirchlein, allerdings ohne Tauf-, Trau- und Begräbnisrecht im Ort gestanden haben. Der spätgotischen Bauphase von 1481 entstammt das Kreuzgratgewölbe im Turm. Das Langhaus entstand 1665 nach einem Brand vollkommen neu, doch erst 1705 wurde der östlich sich anschließende Turm wiederaufgerichtet. Neben einer Kirchstube und einer Gruft erhielt die Kirche 1754 einen neuen Chor.

Das ehemalige **Kammergut** neben der alten Schule auf der Nordterrasse des Hauptdorfes war erst 1819 begründet worden. Davor war es ein Rittergut.

Zwischen 1394 bis um 1500 gehörte es der ursprünglich bürgerlichen, nach dem Kauf des Gutes aber adlig gewordenen Familie von Plauen aus Schleiz, dann wohl seit 1537 der mitbelehnten Famile von Rußwurm, 1594 denen von Kaufung, 1693 denen von Oelsnitz, 1752 denen von Metzsch, 1797 der Famile Porst, die auch die Herrnmühle in Mühltroff besaß, bis dann die Landesherrschaft den Besitz erwarb, das Herrenhaus zu einer Scheune umfunktionierte und die Wirtschaftsgebäude mit dem Pächterhaus neu ausführte, nichtzuletzt um Platz für die nach 1849 vom Dürrenhof hierherverlegte Schäferei zu schaffen. Nachdem das Kammergut nach 1919 in Staatsbesitz übergegangen war, wurde es dem Staatsgut Schleiz zugeschlagen, welches im Zuge der LPGisierung bekanntlich aufgelöst wurde.[200]

Noch im Jahre 1870 besaßen von den über 100 Oberböhmsdorfer Familien nur 28 Bauerngüter, während sich die anderen als Handwerker und Handarbeiter durchs Leben schlugen. Nicht wenige fanden im **Bergbau** ein Auskommen, der im Ort Tradition besaß. So ging der Stollen der Eisengrube ›Luise‹ im Dorf selbst aus. Das von 1660 bis 1665 in der Nähe errichtete Alaun- und Vitriolwerk bestand nicht lange, dafür aber der Antimonbergbau zuletzt in den drei Gruben ›Spitzgrube‹ südlich des Buchhübels, ›Heinrichsfreude‹ in der Nähe des Wolfsgalgen bei Oberoschitz und ›Halber Mond‹ hinter dem Waldschlößchen, welches bekanntlich aus den ehemaligen Schachtgebäuden ebenda hervorgegangen ist.

Mit dem **Hain** und den **Hainteichen** weitet sich die Oberböhmsdorfer Flur ein wenig nach Schleiz hin aus, weswegen die Wüstungsforschung dort aufgelassene Siedlungen vermutet. Eine von ihnen befand sich nahe des **Senghübels**, an der Flurecke von Oschitz, Schleiz und Oberböhmsdorf, wo sich die Schleizer Flur nach Süden ausstülpt.

In diesem Zusammenhang von Bedeutung ist der Flurteil ›**Hain**‹, dessen Name auf jeden Fall auf einen umgrenzten Sonderbereich hinweist. Er befindet sich zwischen der Straße von Schleiz nach dem Buchhübel und dem Täschnerweg von Schleiz nach Oberböhmsdorf. Dort an der Hagerschen Sandgrube fanden sich um 1880 im Abraum angeblich Menschenknochen und mehrere kleine Hufeisen.[201]

Sakraltopographisch bedeutsam mag in alter Zeit der **Weinhübel**, jener südwestlich an den Buchhübel sich anschließende Höhenzug nach der Seng [Senke] zu, gewesen sein. Daß er als eine der höchsten ›Wein‹-Fluren Thüringens [500m] seinen Namen dem Weinbau verdankt, ist eher unwahrscheinlich. Vielmehr mag er in heidnischer Zeit, ein ›Weih‹-Berg‹, sprich ein ›geweihter‹ Berg, gewesen sein, ebenso die beiden Weinberge bei Burgk und bei Gräfenwarth. ›Wein‹ mag mit der Zeit aus ›Weih‹ [kelt.: vindo → weiß, hell, glücklich, Priester, aber auch: Gestirnslauf und (Sonnen)Weg] verschliffen worden sein.[202] »Im Heliland steht ›Wîh‹ noch im Sinne von Heiligtum: ›at them wîha

81

waldandes geld – Dienst im Weihtum Gottes‹. Die Genesis hat ›enna wîhsteti → Tempelstätte‹. Die Glosse setzt ›wîh nemus → heiligen Hain‹.«[203]

HEINRICHSRUH

Oberoschitz mit Heinrichsruh liegt auf dem Grauen Berg, einer vom Oschitzer Waldplateau vorgeschobenen fernsichtigen Terrasse. Der im Jahre 1712 von Heinrich XI. als Sommersitz mit Park begründete Ort hatte ursprünglich neben dem Forsthaus, dem Fürstlichen Palais, dem gotischen Haus, dem Schweizer Haus und deren Nebengelässen nur 5 Wohnhäuser, darunter das spätere Gasthaus **Luginsland**. »Das ist so genannt, weil man von Heinrichsruh aus bis in die Gegenden, die jenseits der Saale liegen, schauen kann, ja bis auf die Ausläufer des Thüringer Waldes im Gebiete der Sormitz und der Loquitz sowie auf die Höhen vor Pößneck, hinter denen der gesegnete Orlagau liegt.«[204]

Der ehemalige Freizeit- bzw. Themenpark »Heinrichsruh ist die Schöpfung zweier naturliebender Fürsten. Heinrich XI. rief sie hervor, Heinrich XLII. erweiterte und verschönerte dieselbe. ... Die herrschaftlichen Gebäude sind ein an der Südseite des Parks im italienischen Stile erbautes **Landhaus** mit herrlicher Aussicht über die Wellen und Mulden des Landes.«[205] Heinrichsruh, ursprünglich ›Heinrichshain‹ genannt, entstand in mehreren Etappen. 1704 wurde zunächst das Grafenhaus errichtet. Seit 1777 erfolgte die Anlage eines Landschaftsparks. Das sogenannte ›**Gotische Haus**‹ wurde 1805, das besagte Palais an der Landstraße 1808 errichtet. Zudem gab es noch das **Schweizerhaus**, ein Fachwerkgebäude mit weit überhängendem Dach, welches aber bald wieder abgebrochen wurde. Die Zeit zwischen 1750, dem Jahr, wo das erste Vogelschießen in Heinrichsruh stattfand, und 1818, als Fürst Heinrich XLII. starb, war die Glanzzeit von Heinrichsruh, zumal der Park mit seinen schönen Anlagen von Anfang an für Besucher geöffnet und allgemein zugänglich war. Nach der Abdankung des Reußischen Fürstenhauses 1918 blieben Heinrichsruh und der teils riesige Grundbesitz im Schleizer Wald im Besitz der Familie. Als Folge davon wurde das Palais zum Sitz der reußischen Forstverwaltung. Nach der Enteignung des Hauses Reuß im Jahre 1945 fiel das Gebäude dem staatlichen Forstwirtschaftsbetrieb und anderen DDR-Betrieben als Verwaltungssitz anheim, bis im Jahre 1981 die Bausubstanz so marode war, daß man schon den Abriß plante. Aufgrund zahlreicher Stimmen, die zum Erhalt des Gebäudes aufriefen, wurde es nach 1984 zum Wohnhaus mit 4 WE umgebaut.[206]

Von den Überresten jenes Buchenwaldes, der einstmals ganz Schleiz umgeben haben soll, sei der **Kirschbühl** am Wege von Schleiz nach Heinrichsruh der Schönste gewesen sein. Der Sage nach soll der rings von Feldern umgebene Platz seinen Namen einem Kirschspiel verdanken, welches seit uralten Zeiten jedesmal um die Kirschenzeit herum dort abgehalten wurde. Der Tag dieses Volksfestes war der Tag des Heinrichsmarkts, nämlich der erste Montag nach dem Tag Heinrich, an welchem Tag außerdem noch die sogenannte ›Kirchweih‹ der gleichnamigen Schleizer Vorstadt gefeiert wurde. Kirschbäume kamen auf dem erwähnten Platz nie vor, aus dem Volksfest aber hat man später jenen Jahrmarkt und aus Kirschspiel den Kirschbühl gemacht.[207]

Südlich von Heinrichsruh, jenseits der großen Kreuzung, wo sich die Hofer Straße [B2] nach der Wettera hinabzusenken beginnt, fand sich ehedem eine große, von alten Eichen umsäumte Wiese, der sogenannte ›**Wolfsgalgen**‹. Die einen lassen an dieser Stelle den letzten Wolf der Region erlegt worden sein.[208] Nach anderen erinnere der Flurname an den Heiligen Wolfgang, der als erster hier in diesen Gegenden das Christentum gepredigt und auf jenem Grundstück den Märtyrertod erlitten habe. »Er soll nämlich dort mit einem Beile enthauptet worden sein, aus ›Wolfgangsgalgen‹ sei dann ›Wolfsgalgen‹ geworden. Endlich erinnert an ihn noch die ihm zu Ehren getaufte Wolfgangskapelle nahe der Bergkirche.«[209]

Obwohl der Heilige Wolfgang, der sich im Jahre 979 nachweislich im Heerlager Kaiser Ottos II. in Saalfeld aufgehalten hat, tatsächlich nicht in Oberoschitz, sondern 994 im oberösterreichischen Pupping bei Eferding gestorben ist, mag sich hier in der Tat ein Hinweis auf das Wirken von Mönchen der Regensburger Missionsschule, welche der Heilige initiiert hatte, ergeben, zumal auch in Hof, in Gefell, bei Tanna [?], in Röppisch, in Schleiz und in Gera Wolfgangskapellen und -altäre nachzuweisen sind. Das Charakteristische der zahlreichen in Mitteleuropa verteilten Wolfgangskirchen, Wolfgangssteinen, Wolfgangseichen Wolfgangsbrunnen, Gangolfskapellen und Wolfsgalgen ist − den Forschungen der Keltologin Inge Resch-Rauter zufolge − der Umstand, daß sie häufig heidnische Kultplätze markieren und in topographischer Beziehung zueinander stehen. Scheinbar haben sie nur den Namen nach mit dem Heiligen Wolfgang zutun. Die zahlreichen Teufelssagen, die sich um die ›Wolfgangs‹-Orte ranken, wo der Heilige den Teufel hereingelegt oder Dellen, Finger- und Fußabdrücke in Steinen hinterlassen haben soll, deuten darauf hin, daß diese Orte schon lange vor ihrer Inbesitznahme durch den Heiligen Wolfgang bzw. seiner Missionsschule als ›Valp, Volp, Vulk, Ulc bzw. Gangl, Gagl, Galgl‹-Orte bekannt waren und vom Volk verehrt wurden. Die etymologische Herkunft des Namens ›Wolfgang‹ ist trotz seiner offensichtlichen Beziehungen zu ›Wulfa‹ für das ›schleppende, ziehende und reißende‹ Wildtier umstritten. In den Mythologien verschiedener europäischer Völker galt der Wolf, wie im auch alten Irland, als ›olcc → böse‹ und war das Tier des Unterweltgottes, welches sich von den Gefallenen der Schlachtfelder ernährte. Andererseits verkörpert ›Wolf‹ inform von ›Vulva‹ auch Leben und Licht. Das Tier des griechischen Lichtgottes Apollon war ein Wolf. Romulus und Remus, die Gründer Roms, sowie andere mythische Helden, wurden als Kinder von Wölfinnen gesäugt und erzogen. Dieses zwiespältige Wesen des Wolfs, das Geben und Nehmen von Leben, wird treffend in der germanischen Mythologie ausgedrückt, wo der Fenriswolf die Sonne verschlingt und anschließend wieder ausspeit. Die letzte Silbe von ›Wolfgang‹ oder ›Wolfsgalgen‹ erinnert an das Synonym ›Kangus‹. In der Bedeutung von ›verdreht springen‹ findet sich hier ein Ausdruck der Lebensfreude. Daß die Geraer Wolfgangskapelle gleichzeitig der Heiligen Walburga geweiht war, an deren Festtag, dem 30. April, der heidnische Sommerbeginn einst orgiastisch und mit Springtänzen gefeiert wurde, läßt sich ohne weiteres in den allgemeinen Befund einreihen, wonach viele ›Wolfgangs‹-Orte, energetisch höchst aufladende Stätten markieren, welche die Mönche aus St. Emmeran auf ihren Missionen gezielt aufsuchten, um sich dort von den Strapazen ihrer langen Reisen besser regenerieren zu können.[210]

Ebenso dürfte auch der Name des ›**Grauen Berges**‹ in die Frühzeit hineinreichen. Die als vermeintliche Eigenschaftswörter auftretenden Synonyme ›Grün‹ und ›Grau‹ werden in Flurnamenbüchern zumeist auf die Farben Grün bzw. Grau bezogen. Die slawische Ortsnamensforschung stellt ›grün‹ und ›grau‹ interessanterweise zu dem Slawischen ›Krim → Berg‹ und in der Tat sind die meisten Grauen Berge, so auch jener bei Heinrichsruh, fernsichtige Höhen, ebenso der Grünberg [528m] bei Mielesdorf, der Grünberg [464m] bei Kirschkau und der Gruneberg nördlich von Pößneck.

Nach Max Leichsenring hingegen ist ›Grün‹ und seine Verschleifung zu ›Grau‹ ein alter Begriff für ›Gericht‹. Der Tag an dem Christus gerichtet ward von Pontius Pilatus wird noch heute der ›Gründonnerstag‹ genannt, wobei darunter der ›Tuomstag‹, der Gerichtstag des Herrn, zu verstehen sei.[211]

DAS GEBIET WESTLICH VON SCHLEIZ

OSCHITZ

Oschitz [1333 Oschicz] liegt dicht am Fuße des Kulm in einer vom Lohmen [506m], vom Fitzig [513m], vom Rittersbühl [510m], vom Riesenbühl, vom Silberberg [488m], vom Tollscher und von der Hohen Warte [506m] umschlossenen Talbucht. Das Angerdorf wird von dem aus Culmbach und Liebsch vereinten Bach durchflossen, der unterhalb des Ortes ›Gummelsbach‹ heißt und, vom Dürrentalsbach verstärkt, als Lohmabach in die Wisenta mündet. Oschitz war Station an der alten Heerstraße von Lobenstein, die hier eine Nebenstraße, den Weg von Burgk, aufnahm. Zum Ort gehörten neben Oberoschitz und dem Kaltenhof auch zwei Mühlen an der Wisenta, nämlich die Thomas- und die Beyersmühle.[212]

Im Jahre 1333 erhielt Oschitz durch den örtlichen Gutsherrn Purgold von Kospoth eine Kapelle. Davor war der Ort in die Bergkirche eingepfarrt gewesen. Auf dem Kirchweg nach dorthin stand vormals ein großer Sandstein, ein Näpfchenstein, mit einem oben eingehauenen Schüsselchen. Beim Straßenbau im 19. Jahrhundert wurde er halb zerschlagen und ist mit der Zeit ganz verschwunden. Seinen Namen ›**Weihkessel**‹ soll er davon haben, daß hier einst gottesdienstähnliche Handlungen vollzogen wurden. Wahrscheinlich haben sich die Gläubigen auf dem Weg zur Bergkirche oder von Schleiz nach Oschitz, denn auch Oschitz soll der Sage nach im Mittelalter ein Wallfahrtsort gewesen sein, hier mit dem vom Himmel aufgefangenen Weihwasser besprengt. Die anstoßenden Felder nannte man des Steines wegen auch ›Weihkesselfelder‹.[213] Neben dem Weihkessel dürfte auch der Oschitzer **Kulm** – man denke an seinen berühmten Pendanten, dem Colmberg bei Oschatz – auf eine Bedeutung als vorchristliche Kultstätte zurückblicken.

Sein nahe der Kirche liegender Gipfel fällt nach drei Seiten hin steil ab. Die vierte Seite, an hohe Felder grenzend, soll noch 1840 durch einen von Hang zu Hang reichenden, etwa 100 Schritt langen Erdwall künstlich geschützt gewesen und Schwedenschanze [Svevenschanze] genannt worden sein. Heute finden sich hier nur Haufen und Löcher, die diese Stelle einnehmen, wobei es fraglich ist, ob wir es hierbei mit Bergbauschürfungen oder mit Hinterlassenschaften wilder Schatzgräbereien zutun haben.[214] **Unterirdische Gänge** sollen von hier zum Grünen Baum nach Schleiz sowie nach den Oschitzer Kammergutsscheunen geführt haben.[215] Zudem habe man im Jahre 1848 auf dem Kulm Urnen ausgegraben. Einen Hinweis auf einen, aus der Asche zahlloser vorzeitlicher Leichenverbrennungen entstandenen Hügel, im Volksmund ›Kummel‹ genannt, liefert der Name der Anhöhe ›**Gummel**‹ unterhalb des Dorfes am Gummelsbach, wo zu Kammergutszeiten ein herrschaftlicher Garten war. Indem bei Völkern wie den frühen Sorben die Totenasche noch nicht der Urne anvertraut, sondern am Ort der Verbrennung verbleibend mehr oder weniger große Erhebungen bildete, hinterließen diese Bestattungen kaum verwertbare Spuren. Frühere Forscher glaubten daher, daß Land sei in diesen Zeiten unbesiedelt gewesen. Demnach ergibt sich neben der allgemeinen Deutung des Ortsnamens ›Oschitz‹ [1368 Osschicze] als ursprüngliche Rodesiedlung [slaw. Oséč → Aushau] eine weitere, in alteuropäische Zeit zurückreichende, die den Ort als [heiligen] Stein [illyr.: As → Stein] bzw. als Brandopfer- bzw. Brandbestattungsplatz [alt-lat.: Asa → Altar, ahd.: Asca → heiß, Feuer, Asche] darstellt, wobei der Name später von den Sorben rein phoenetisch übernommen worden sein mag.[216] In Bezug zum Gummel steht das sogenannte ›**Schnecken- oder Schreckgeräumde**‹, das – wegen eines gespenstischen Mannes ohne Kopf und eines schwarzen Hundes – früher verrufen war. Sagen von Schwarzen Hunden erinnern an slawische Glaubensvorstellungen und sind in Ostthüringen oftmals an einen in der Nähe liegenden altsorbischen Friedhof geknüpft.[217]

Die Bedeutung des Kulm als sorbischen Kultpunkt mag der Grund dafür gewesen sein, weshalb auch das Christentum seine **Kirche** nahe an den Hang des Berges heranbaute, weswegen sie sogar nach Norden ausgerichtet werden mußte, und nur an der hangabgewandten Seite Strebepfeiler hat.

Der Sage nach wurde das Gotteshaus auf einer **Heilquelle** erbaut, deren Rauschen unter dem Altar hoch zu hören sei.

Die gegenwärtige Kirche ist ein dem Apostel Markus geweihter spätgotischer Saalbau aus dem 15. Jahrhundert mit dreiseitig geschlossenen $^5/_8$ Chor und einen Dachturm mit Tabernakelaufsatz und Schweifkuppel. Im 16. Jahrhundert, vorallem aber im Jahre 1614, wurde die Kirche baulich verändert.

Im Inneren befindet sich eine ehedem fürstliche Kapelle und eine Gruft der vordem im Ort reichbegüterten Familie von Kospoth. An der inneren Mauer zur Seite des Altars hin befindet sich das hölzerne Epitaph des hier 1628 verstorbenen Langenwolschendorfer Gutsherrn Caspar von Kospoth mit einem wertvollen, von dem bedeutendsten Barockmaler der Region Paul Keil [1573-1646] geschaffenen Kreuzigungsbild. Zudem befanden sich hinter dem Altar zwei gelbseidene Fahnen, angebliche Schwedenfahnen, aus der Zeit des 30-jährigen Krieges.[218] »Nach Angabe einer Schleizer Chronik soll, wie der Pfarrer Schilling im Kirchenbuche bemerkt hat, neben der Kirche ein im Jahre 1206 dem Nepomuk geweihtes **Kloster** gestanden haben. Man hält eine zum Kammergut gehörige Scheune – die früher ein burgähnliches, mit Schlitzfenstern und einem runden Turm versehenes Gebäude war – für das ehemalige Kloster. Indes ein Kloster gab es hier niemals und selbst im Heiligen Nepomuk [der Jahrhunderte später gelebt hat] liegt ein Anachronismus. Wahrscheinlicher ist, daß die erste Ortskapelle hier ihre Stelle gefunden hat.«[219]

Die Oschitzer Herrenhöfe

Oschitz war Hauptsitz der in der Region ehemals reichbegüterten Familie von Kospoth, deren Wurzeln in Kospoda bei Neustadt/Orla zu suchen sind und die zwischen dem 15. und 17. Jahrhundert ihr Erbbegräbnis in der Bergkirche hatte. Neben den beiden Edelhöfen in Oschitz [1333 erstmals erwähnt] besaßen die Kospoth das Rittergut in Frankendorf, das in Schilbach, das in Seubtendorf, das in Langenwetzendorf, das in Langenwolschendorf und zum Viertel das in Kirschkau. Zudem saßen sie zeitweise auf den Rittergütern Dittersdorf, Löhma, Pottiga, Blankenberg, Mühltroff und Zollgrün. Ferner verfügten die verschiedenen Linien der Kospoth über Zinsnahmen und Fronleistungen von etwa 200 Lehnbauernhöfen in 29 Orten, so in Dittersdorf, Frankendorf, Görkwitz, Gräfenwarth, Künsdorf, Leitlitz, Mielesdorf, Neundorf, Oettersdorf, Oschitz, Pahnstangen, Plothen, Pörmitz, Raila, Schilbach, Schleiz, Seubtendorf, Spielmes, Stelzen, Tanna, Tegau, Wernsdorf und Zollgrün, wobei ihr Besitz zu Beginn 15. Jahrhundert, bevor sie zahlreiche Besitztitel an den Landesherrn veräußerten, noch weit höher gewesen sein muß. In der zweiten Hälfte des 18. Jahrhunderts finden wir die Kospoths im Niedergang begriffen. Zahlreiche ihnen noch verbliebene Güter und Gerechtsame wechselten zu dieser Zeit den Besitzer. Danach verschwindet zumindest der vogtländische Zweig des Geschlechts fast vollständig aus den Geschichtsannalen und dem Behördendienst. Im Jahre 1892 besitzt es in der Region nur noch das Rittergut Leubnitz bei Plauen.

Ursprünglich gab es in Oschitz ein seit jeher landesherrschaftliches und ein Kospothsches Rittergut, angeblich aus dem 12. Jahrhundert.

Das Kospothsche Gut wurde später in zwei Rittergüter, das obere und das untere Gut geteilt, wobei dem oberen $^1/_3$, dem unteren $^2/_3$ der Flächen des ursprünglichen einigen Gutes zufielen. Das **obere Gut**, dessen Herrenhaus im sogenannten ›**alten Loch**‹ stand, hat man nach der Einäscherung seiner Gebäude durch die Kroaten im Jahre 1633 mit dem **unteren Gut** wieder vereinigt. Das **Herrenhaus** des unteren Gutes war der heute noch erhaltene Edelhof aus dem Jahre 1704 mit dem Kospothschen Wappen an der Vorderseite. Dahinter lag ein schöner Garten, der ehemalige Herrengarten, mit dem sogenannten ›**Kaffeeschlößchen**‹. Im Jahre 1798 wurde dieses Gut vom Landesherrn angekauft, der es nach der Aufhebung seiner Patrimonialgerichte [1841], denen ein Teil der Gemeinde untertan war, mit dem **Kammergut** verband. Im Edelhof, wo nach dem großen Brand von Schleiz 1837 die Fürstinmutter Caroline einige Jahre ihren Sitz hatte, erscheint hin und wieder eine gespenstische weiße Frau.[220] Abgesehen von seinem Wirtschaftshof im Verbund mit dem Rittersitz besaß das Rittergut noch zwei abseits gelegene Wirtschaftshöfe [Vorwerke]. Das war zum einem die **Kalte Schäferei** [Kaltenhof] und zum anderen – wie es scheint – ein heute wüster Einzelhof im Flurteil ›**Forbig**‹ [Forbig → Forberg → Vorwerk?], der wohl auch eine Schäferei war.[221]

Tod eines Gespensts

Die auf den Dörfern früher zwischen November und Februar abgehaltenen Spinn- oder Rockenstuben wurden in Oschitz ›Hutzenstuben‹ genannt. Bis weit ins 20. Jahrhundert hinein versammelten sich an drei bis vier Abenden in der Woche reihum die jungen Mädchen mit ihren Spinnrädern, spannen und erzählten sich dabei allerhand Geschichten. An einigen Abenden kamen auch die jungen Burschen hinzu, spielten Karten, neckten und ärgerten die Mädchen aber auch zuweilen, indem sie das Licht löschten, den ›Leiermann‹ vom Spinnrad entwendeten und andere derbe Späße trieben. An manchen Abenden waren auch Schauergeschichten das Thema und die Burschen freuten sich, wenn die Mädchen sich fürchteten oder gar laut zusammenschraken. So auch an einem Abend in Oschitz. Mit in der Runde saß ein Mädchen, das am Ende des Dorfes nach dem Rittersbühl zu wohnte und, so sehr sich die Burschen auch anstrengten, durch nichts und niemanden zu erschrecken war. Ohne Furcht nahm sie ihren Weg zur Hutzenstube durch den Friedhof. Und genau da wollte einer der Burschen sie auf ihrem Heimweg abpassen und ihr tüchtig Angst einjagen. Am nächsten Abend also verließ der besagte Bursche die Gesellschaft ein wenig früher, holte von Hause schnell ein weißes Bettlaken und lauerte mit übergeworfenem Tuche hinten einem hohen Grabstein auf das bald vorbeikommende Mädchen. Nichtsahnend kam diese auch den gewohnten Weg entlang. In der einen Hand trug sie ihr Spinnrad, in der anderen eine Steingutflasche mit einem warmen Wintergetränk. Als sich nun an einem Grabstein eine weiße Gestalt erhob, auf sie zukam und sie zu umfassen suchte, gebot das Mädchen dem Geist barsch von ihr abzulassen und sich auf der Stelle fortzuscheren. Als das nichts half und der Geist weiter auf das Mädchen eindrang, schlug sie mit der Flasche zu, worauf die Gestalt mit einem stöhnenden Schrei zu Boden sank und sich nicht mehr rührte. Das Mädchen aber eilte schnell nach Hause, berichtete dort von dem Geschehen und als die Eltern zusammen mit einigen Nachbarn auf den Friedhof eintrafen, fanden sie einen toten Burschen dort liegen. Die Flasche hatte ihn so unglücklich am Kopf getroffen, das er seinen üblen Scherz am Ende mit dem Leben bezahlte.[222]

Die Eremitage am Lohmen

Einer der idyllischsten Ausflugsorte der näheren Umgebung war bis zum Autobahnbau die Eremitage. Schon der Weg von Oschitz nach dorthin gewährt einen Blick auf das linkssaalische Liebengrün in seiner ganzen Länge. Auch heute noch bieten einige an der Eremitage verlaufende Waldwege und weit ins Tal schauende Aussichtspunkte, wie der Armorfelsen, Erholung und Zerstreuung. Entstanden ist die Eremitage [Einsiedelei] im Jahre 1784, als sich der naturliebende Landesherr Heinrich XLII. am beholzten Südwestabhang des Lohmen eine Rindenhütte errichten ließ, deren eine Seite nach dem Wisentatal hin offen stand. Zudem ließ er in der Nähe Wege und Ruheplätze anlegen, so daß am Lohmen inmitten des Waldes bald eine parkähnliche Anlage entstand. Indem sich der Graf selbst, der ›Einsiedler am Lohmen‹ nannte, entstand bald darauf der Name ›Eremitage‹. Das heutige Gasthaus geht auf die Jahre 1842/ 1868 zurück.[223] Unmittelbar dabei gibt es in Gestalt des Eremitagenbrunnens eine vorzügliche Trinkwasserquelle. Während für die einen das Wasser als ›heilsam‹ galt, wonach es weit und breit kein besseres gebe, erzeuge es nach anderen nichts als Ausschlag und Krätze.[224] Von der Eremitage empfiehlt sich, der guten Aussicht wegen, ein Abstecher nach dem **Lohmen**. Beinahe das ganze Oberland mit Ausnahme der Tannaer und Hirschberger Gegend ist von hier zu überschauen. »Siebzehn Orte lassen sich mit bloßem Auge zählen, einige davon wie Möschlitz und Oschitz bieten wunderbare fast greifbare Bilder. Das eigentümliche des Landes tritt vom Lohmen aus in buntem Wechsel hervor: bewaldete Berge, Täler und Hügelland über Berge führende Straßen mit alten Alleen, dazwischen die Fluren freundlicher Ortschaften, deren weißen Wände sich von den blauen und roten Dächern abheben und deren Kirchtürme nach oben weisen, Wälder, die sich unendlich hinziehen und sich in blauer Ferne im Franken- und Thüringer Wald verlieren.«[225] Der Name ›Lohmen‹ verweist einerseits auf einen Brandsignal- oder Brandopferplatz [Lohe], andererseits aber auch auf einen [heiligen] Hain [bret.: loc → heilig, kelt.: leinos, lat.: lucus, germ.: Loh → Hain], wobei ›heilig‹ und ›Hain‹, gleichsam wie ›Wasser‹ und ›heilig‹ in alter Zeit eine etymologische Begriffseinheit gebildet zu haben scheinen. Verschleifungen in mittelalterlicher Zeit taten mögen dann ein übriges dazu getan haben: So war der Ort Gudenslau 1559 noch ein Godensloh, Haselau 1721 ein Haselohede, Lindlau im 13. Jahrhundert ein Lindloch, Hundslau ein Huntsloch, Lauenkamp ein Lohenkamp und dergleichen.[226]

Hohe Warte und Dürrental

Eine ähnliche Funktion wie der Lohmen besaß wahrscheinlich auch die Hohe Warte, wo der Sage nach ehdem ein Wartturm gestanden haben und im 30-jährigen Krieg eine Schwedenschanze gewesen sein soll. Der Beiname ›hoch‹ ist nicht ausschließlich als ›hoch‹ im Sinne von ›Höhe‹ zu verstehen, sondern kann, ähnlich dem unseren Großeltern noch bekannten Begriff ›Hohes Neujahr‹, auch als ›hoch‹ im Sinne von ›hoch-heilig‹ verstanden werden.[227]

Die Nähe der Hohen Warte zum Dürrental wirft die Frage auf, inwieweit die ›Dürr‹-Fluren ihre Namen nicht von kargem, trockenem Land erhalten haben, sondern von dem mittelhochdeutschen Wort ›Turn → Dornbusch, Dornholz‹. Zudem mag ›Dürr‹ auf eine einst dort gewesene Siedlung oder Befestigung [umhegter Raum] hinweisen, da ›Dorn‹ im Germanischen als Synonym für ›Turm‹ [Warte] gilt, während die Kelten ihre befestigten Siedlungen, aber auch ihre Zäune [Dornenhecken?] ›Dun oder Dunum‹ nannten. Das englische Wort ›Town‹ hat dort seinen Ursprung.[228]

Interessanterweise hat die Siedlungsforschung am Dürrenbach, wo sich die Oschitzer Flur nach Südwesten ausweitet, anhand von Abstandsmessungen, alter Wegeführung und Hohlwegspuren eine Siedlungslücke ausgemacht, wo ein frühdeutsches, im Laufe des Mittelalters aber wieder eingegangenes Dorf vermutet wird.[229]

Hexen auf dem Rittersbühl

Auf dem Rittersbühl zwischen Oschitz und Heinrichsruh gibt es eine Fläche von 40 ar Größe, die mit alten Buchen bestanden und etwas höher als die umgebenden Felder gelegen ist. Noch um 1800 will man dort die Mauern einer alten Befestigungsanlage gesehen haben. Auch die besondere Lage des Bühls an der ehemaligen Handelsstraße macht die vormalige Existenz, sei es nun eines Ritterschlosses oder einer einfachen Schanze zur Wegkontrolle, der Sage nach einer Schwedenschanze, wahrscheinlich.[230]

Der Rittersbühl war der ›Brocken des Oberlandes‹ und diente als Haupttummelplatz beim früheren Hexenausklatschen. Dabei zog die Jugend der umliegenden Orte zu Walpurgis unter Jauchzen, Schießen und Peitschenknallen und unter dem Schwenken brennender Besen in der Luft auf die Höhe und veranstaltete da Lärm aller Art. Noch um das Jahr 1820, als man in Schleiz einer alten Frau, der sogenannten ›Ziegenricke‹ nachsagte, sie sei eine Hexe, zogen die Gasenbuben zu Walpurgis vor ihr Haus, schimpften sie ›Hexe‹ und knallten dazu mit ihren Peitschen. Berthold Schmidt schreibt, daß in unserer Region an Hexen früher zwar viel geglaubt wurde, von Hexenprozessen selbst jedoch nichts berichtet wird.[231] Auch der Historiker Ronald Füssel resümiert, daß – obwohl in Thüringen innerhalb von 250 Jahren mindestens 1.500 Menschen den Hexenprozessen zum Opfer gefallen sind – in Ostthüringen nur wenig davon berichtet werde. Selbst in Kursachsen lassen sich für den Zeitraum von 1540-1669 insgesamt ›nur‹ 166 Prozesse nachweisen, davon lediglich 2 im Amt Arnshaugk [die mit Freisprüchen endeten], 1 im Amt Weida, 0 im Amt Ziegenrück, allerdings 16 im Raum Plauen. Auch eine Frau aus Hohenleuben wurde als Hexe angeklagt, ohne das je herausgebracht werden konnte, wer sie denunziert hatte. Man konnte ihr nichts nachweisen. Zweimal ertrug sie tapfer die Tortur. Als sie bald darauf an den Folgen starb, nahm man ihrem Sohn, der Gerichtskosten wegen, das Häuschen weg.[232] Weitere Prozesse gegen Hexen und Zauberer finden sich im Saalfeldischen, besonders während der langen Schlechtwetterperioden des 17. Jahrhunderts, so 1629 in Pößneck und 1631 in Saalfeld, wo eine ›beschriene Zauberin‹ verhaftet und peinlich verhört wurde. Weil sie aber den 12. April im Gefängnis starb, wurde sie durch den Scharfrichter auf dem Schindanger eingescharrt. Im Jahr 1675 fand eine Hexenverbrennung auf dem Saalfelder Markt statt. 1679 starb der Weischwitzer Hufschmied Andreas Enders auf dem Scheiterhaufen. Die bis um das Jahr 1840 noch vorhandene Hexensäule in der Nähe von Obernitz erinnert an den 1677 erfolgten Feuertod der ortsansässigen Bäuerin, Webers Käthe.

Die Hinrichtung eines Mannes am 12. Juli 1709 in [Stadt]Roda wegen eines angeblichen Teufelsbündnisses ist der letzte in Ostthüringen dokumentierte Fall. Zum letzten Mal in Deutschland hat man im Jahre 1775 [in Kempten] die Hinrichtung einer Hexe vollzogen.

Der Glaube über das Wirken zauberischer und schädlicher Menschen aber lebte im Volk unvermindert weiter und ist zum Beispiel in den Sagenbüchern von August Köhler [1867] und Robert Eisel [1871] fast wortwörtlich noch genauso beschrieben, wie in den Gerichtsprotokollen des 17. Jahrhunderts oder den Darstellungen des ›Enthüllungsjournalisten‹ Johann Prätorius in den 1670er-Jahren.[233] So wundert es nicht, wenn noch in den späten 1950er-Jahren in einem abgelegenen Ort in der Oberpfalz verängstige Dörfler eine alte Frau, die sie für eine Hexe hielten, in ihr Haus einsperrten und dieses anzündeten und noch gegen Ende der 1980er-Jahre in den Dörfern des Kreises Schleiz alte Leute beängstigend genau anzugeben wußten, über welchen Häusern in ihrem Ort, das schwere Erbe einstiger Teufels-, Drachen- oder Koboldbündnisse noch immer lasten würde und – man höre – welcher Sohn oder welche Schwiegertochter dieses hätte übernehmen müssen.[234]

Nach Robert Eisel waren die Hexen besonders zu Walpurgis, doch auch am Thomasabend, am Johannestag, am Heiligabend, sowie an Montagen gefürchtet. »Sie kommen dann ins Haus des Nachbarn und suchen etwas zu borgen oder wenigstens etwas mit fortzunehmen. Keinen Holzspan aber, keinen Mistzinken darf man sie mitfortnehmen lassen, sonst ziehen sie zum Nachteil des Nachbarn Nutzen daraus. Der Ritt, den die Hexen am Johannestage und zu Walpurgis unternehmen, geschieht auf Ofengabeln oder auf den Rührscheiben der Butterfässer. Sie müssen das Jahr noch sterben, wenn sie dabei angerufen werden. Dem Unfuge, den die Hexen durch Beschreien und Behexen des Viehes anrichten, sucht man auf allerlei Art entgegenzuwirken. An obigen Tagen werden deshalb drei Kreuze an die Stalltüren gemacht oder man verwahrt sie durch Aufhängen von Johanneskraut und Dosten.«[235]

Funde in der Ortsflur

An der **Beyersmühle**, an der Stelle, wo Muschelmarmor bricht, lieferte ein Hügelchen 1837 einen eisernen Schlüssel, der allerdings nicht vorgeschichtlichen Ursprungs war, sondern wohl mit einem Aberglauben zusammengehangen hat. Bei weiteren Grabungen in Oschitz fand man einen silbernen Teller und ein Kreuz aus Elfenbein, die – wenn nicht als Diebesbeute dann – ebenfalls zu magischen Zwecken in den Boden versenkt worden waren.

Zu den spektakulärsten in Ostthüringen gemachten Funden dieser Art zählt eine im Jahre 1873 in der sagenumwobenen Tesse bei Harpersdorf gefundene viereckige Messingplatte mit astronomisch astrologischen Zeichen. Eine Analyse durch die Sternwarte Leipzig ergab, daß sie eine Sternenkonstellation abbildet, wie sie zu Anfang des 17. Jahrhunderts ungefähr über Ostthüringen zu sehen gewesen war.[236]

Das Oschitzer Chausseehaus

Unweit des Oschitzer Chausseehauses stand der sogenannte ›**Drei-Herren-Stein**‹. An dieser Stelle stießen ehedem die beiden reußischen Ämter der jüngeren Linie Schleiz und Saalburg mit dem Amt Burgk der älteren Linie zusammen. Der Stein trug an der Schleiz zugekehrten Seite die Inschrift: ›AS‹ [Amt Schleiz], an der Saalburger stand: ›A Sb 1824‹ und an der Burgker: ›A. B. 1864.‹, wobei ältere Inschriften übermeißelt worden sind.[237]

Im Bereich des ehemaligen Straßenwirtshauses selbst, wo sich die Flur von Oschitz mit der von Gräfenwarth verzahnt, will man durch Abstand, Wegspinne und Flurecke eine **Siedlungslücke** und damit eine eingegangene Siedlung ausgemacht haben.[238]

Rechts der Straße von Schleiz nach Saalburg, gleich hinter dem heutigen Industriegebiet liegt der ›**Franzosenstein**‹, ein mächtiger Quarzitklotz von durchschnittlich 2 Metern Länge, 1 Meter Breite und $^3/_5$ Meter Stärke. Unter ihm sollen im Jahre 1806 gefallene französische Soldaten begraben liegen.[239]

MÖNCHGRÜN

Der Sage nach soll das Angerdorf Mönchgrün [1285 Grune] Mönche als Gründer gehabt oder von ihnen seinen Namen erhalten haben. In einer Urkunde von 1285 verlieh Graf Otto IV. von Lobdeburg-Arnshaugk dem Deutschen Orden zu Schleiz das von diesem erkaufte Dorf Mönchgrün.[240]

Die Ortsnamensforschung sieht vorallem in den zahlreichen ›Grün‹-Orten des südlichen Vogtlandes Hinweise auf Rodungen fränkischer Siedler [fränk.: Grün → Rodungsinsel im Waldland]. Bei Liebengrün und Mönchgrün jedoch, die im Bezug auf die Ortsnamen ihrer Umgebung als ›Grün‹-Orte allein dastehen, können diese zumeist nur ›Grüne‹ genannten Dörfer, in frühdeutscher Zeit auch Gerichts- oder Versammlungsorte gewesen sein, wo die Bewohner der Umgegend unter freiem Himmel zusammenkamen und ihre Belange regelten. Beim Grauen Berg von Oberoschitz. Beim Drösweiner Kettenwald hatten wir bereits darüber berichtet.[241]

Die dem heiligen Maternus geweihte kleine **Saalkirche** mit westlichem Dachreiter geht in ihren Ursprüngen auf die gotische Zeit zurück und erhielt im 17. Jahrhundert ihre heutige Gestalt. Aus dieser Zeit stammen auch die Empore und der Kanzelaltar, während der Kircheninnenraum im Jahre 1903 in Jugendstilornamentik ausgemalt worden ist. Der rechteckige Gemeinderaum hat einen polygonalen Abschluß. Auf dem Dachboden fanden sich 1891 noch vorreformatorische Figuren aus der Zeit um 1500, so eine Figur der Maria mit dem Jesuskind, des Heiligen Veit und des Heiligen Maternus.[242]

Das Tälchen westlich von Mönchgrün wird vom **Floßbach** gebildet. Der Name deutet darauf hin, daß früher auch auf kleinen Waldbächen Holz geflößt werden konnte, wenn man ihnen aus Stauteichen Wassermassen zuführte.

»Mönchgrün hat einen **Barmacker**. Ein Mann soll in einer Hungersnot diesen Acker um einen Leib Brot verkauft haben. Den anderen hat die Not erbarmt; da soll der Name hergekommen sein.«[243]

Der Gigack in der Ranzenburg

Von abgelegenen Gehöften und Mühlen wie dem Eisgut oder der Wolframsmühle gibt es manche alten Anekdoten, wie sie von verschiedenen Orten im Vogtland in ähnlicher Weise erzählt werden. Eine davon geht so: An einem Sonntagmorgen, als alles in der Kirche war, kam einmal ein junger Handwerks-

bursche auf den Hof. Er nahm in der Küche Platz und bat die daheimge-
bliebene Bauersfrau um ein Glas kühles Wasser. Die jungverheiratete Bäuerin
holte das Wasser vom Brunnen im Garten und wollte, als sie zurückkam,
natürlich wissen, was es in der Welt neues gebe. Da erzählte der Bursche:
»Ach die Welt wird immer gefährlicher, denn der Gigack hat die ganze Ranzenburg eingenommen!« Von diesem Namen und über diese Burg hatte die
Frau, die ja sonst nicht viel neues erfuhr, natürlich noch nie gehört. Damals
gab es ja auch kein Radio und keine Zeitung. Und aus der Dorfschule war sie
auch schon längst entlassen. Und wie sie noch darüber nachsann, hatte es der
junge Mann plötzlich recht eilig. Er meinte, sich vor den Soldatenwerbern in
Sicherheit bringen zu müßen. Das klang einleuchtend, denn alle jungen Männer liefen damals Gefahr, unfreiwillig Soldaten zu werden. Als der Bursche gegangen war, schaute die junge Frau in den Ofen, wo sie den vorbereiteten
Hühnerbraten noch bräunen wollte. Jetzt merkte sie, daß sie einem Betrüger
auf dem Leim gegangen war. Mit dem ›Gigack‹ war der Hühnerbraten gemeint, den der Bursche in einem Ranzen, der ›Ranzenburg‹ verstaut hatte. Er
hatte das Weite gesucht und die Gastfreundschaft des Anwesens arg miß-
braucht.[244]

MÖSCHLITZ

Möschlitz [1333 Mouslitz] ist ein Straßenangerdorf an der linken Seite der
Wisenta, da wo dieselbe von Süd nach Nord sich wendet und mehrere kleine
Nebenbäche aufnimmt.[245] Auf dem Abhang nach Schloß Burgk zu, finden sich
noch die Spuren einer Befestigung durch einen Erdwall [**Schanze**], der noch
1837 vorhanden gewesen sein soll.[246]

Den besten Blick auf den Ort hat man von der ›**Schaufel**‹, dem linken
Wisentaufer, aus. Über den Ursprung von Möschlitz wissen weder Sagen noch
Urkunden etwas zu berichten. Weil das Amt Burgk keine Stadt besaß, wurde
Möschlitz zum Marktflecken erhoben und zum zentralen Ort der lediglich aus
einem dutzend Dörfern bestehenden Herrschaft gemacht. Während des 17.
Jahrhunderts, als das Schloß Burgk zweimal Hauptresidenz einer Reuß-Untergreizer Nebenlinie war, besaß Möschlitz eine Apotheke, eine Scharfrichterei,
das Mahlrecht und in den Jahren 1621/22 in der **Mühle** sogar eine Münzstätte
mit einem Hochofen und einem kleinen Hammerwerk. Dementsprechend
bestand auch die Gemeindeverwaltung neben dem Amtsschulzen aus vier
Gemeindevorstehern [Vierleuten] und zwei Kämmerern [Zögenvögten], wobei
die Vierleute aus dem Bauern und die Zögenvögte aus den Häuslern des Ortes
reihum jeweils für ein Jahr bestimmt wurden.[247]

Die frühe Geschichte der Kirche im Ort ist von der Sage verklärt. Obwohl
anzunehmen ist, daß Möschlitz im 13. Jahrhundert vom Deutschen Orden
betreut und zum Sprengel der Schleizer Bergkirche gehörte, hält sich in Wil-

lersdorf bei Tanna hartnäckig die Kunde, die dortige Kapelle sei in der Frühzeit des Christentums so bedeutet gewesen, daß sogar Orte wie Möschlitz in deren Sprengel eingepfarrt gewesen seien. Wie wir schon hörten, geht von einem alten, durch die Möschlitzer und Grochwitzer Flur dicht an der Saale entlangführenden Fußweg, dem ›**Pfaffensteig**‹, die Überlieferung, es sei der alte Filialweg zur Kirche nach Liebschütz gewesen, weswegen er auch ›Büten- oder Lothenweg‹ [Beuthen- und Lothraweg] genannt wurde. Obwohl dieser Weg quer durch die Felder verlief und kaum noch begangen wurde, durfte er bis weit ins 19. Jahrhundert hinein nicht beseitigt werden, weil die mit seiner Existenz ehedem verbundenen Rechte sonst erloschen wären, wie auch in der alten Stadt Triptis, das Gericht nur bestehen bleiben durfte, solange der Turm des alten Schlosses steht.[248] Noch im Jahre 1835 erhielt der Möschlitzer Pfarrer aus den Dörfern Göschitz, Dragensdorf und Burkersdorf Geld, Hühner, Flachs, Holz, Korn und Hafer, wobei zu bemerken ist, daß das Geld den einst gegebenen Mohnsamen ersetzte. Über den Ursprung dieser Gabe geht die Sage, »ein Herr von Göschitz habe diese Zinsen einst dem Pfarrer von Möschlitz aus Dankbarkeit angewiesen, weil derselbe zur Zeit der Pest, als der Pfarrer zu Göschitz und die benachbarten Geistlichen an derselben verstorben waren, einigemale nach Göschitz gekommen sei, um daselbst sein Amt zu halten.«[249]

Eine erste **Kirche** für Möschlitz ist ab dem Jahr 1333 urkundlich nachgewiesen. Nachdem der alte, dem Heiligen Severus geweihte Bau 1875 abgebrannt war, errichtete man 1877 die neogotische Saalkirche mit Strebepfeilern, dreiseitigen polygonal abgeschlossenem Chor und einem einfachen, in reduzierten Formen gestalteten Westturm, alles in allem so authentisch, man sie zweifellos für eine alte, aus dem Spätmittelalter herausgewachsene Kirche halten könnte. Als erster evangelischer Pfarrer des Kirchspiels Möschlitz [mit Grochwitz und Burgk] wirkte Paulus Meyst [1533]. Er war zuvor seiner ›papistischen Unschicklichkeit‹ halber aus der Ronneburger Gegend vertrieben worden und versprach auch hier, die Pfarre zu übergeben und zwar an Bartholomäus Schwerzer, dem 1534 verboten werden mußte, Bier auszuschenken.[250]

In der Möschlitzer Flur werden an drei Orten wüste Dörfer vermutet. Eines soll am **Chausseehaus**, wohin sich die Möschlitzer Flur nach Südwesten ausdehnt, gewesen sein. Hier stand später ein Vorwerk des Schlosses Burgk, die **Schäferei Sorga**. Eine zweite Siedlung wird am Fuß des **Steinbühls** vermutet. Eine Wegspinne mit Spuren alter Hohlwege sowie die Flurausdehnung von Möschlitz nach Osten kennzeichnen in etwa ihre Lage.[251] Der Steinbühl [551m] selbst bietet eine weite Aussicht auf die Saalewälder und nach Thüringen hinein. Im Gegenzug kann man von der Eliasbrunner Gegend aus den Steinbühl als beträchtliche Erhebung des Schleizer Waldes hervortreten sehen.

An der nordwestlichsten Flurgrenze, dort – wo sich die Crispendorfer Flur nach der Möschlitzer hin ausstülpt – soll das Dorf **Cristelbach** gelegen haben.

Hohlwegspuren und Wegeführung machen die Lage des Ortes noch kenntlich. Ein in einer Senke südlich von Crispendorf entspringendes, in die Wisenta einmündendes Fließgewässer führt noch heute diesen Namen.

Nördlich von Steinbühl und Hoher Warte verläuft der alte **Eisensteinweg**. Er beginnt beim letzten Oschitzer Haus, das nach Möschlitz zu liegt, ›beim Ulmer‹, und führt durch Felder mit roter Ackererde, welche deutlich den verwitterten Eisenstein erkennen lassen, nach dem Burgkhammer. Auf Fuhrwerken und Handkarren wurde in der Nähe abgebautes Erz dahin gebracht.[252]

Der 481 m hohe **Krähenhügel** [kelt.: Carnu → Bergsporn, slaw.: Krada → Scheiterhaufen, Feuerzeichen] zwischen Möschlitz und Burgk war der alte Vollstreckungsort der Herrschaft. 1786 fand hier die Hinrichtung der erst 17jährigen Brandstifterin Christiane Pasold, einer geistig verwirrten Verzweiflungstäterin, statt.[253]

CRISPENDORF

Das Zeilendorf Crispendorf [1533 Christendorff] liegt in der Mulde des 1,5 km südwestlich vom Ort in die Wisenta einmündenden Dorfbachs, der im Oberdorf ›Taubenbach‹ [mda.: Daumbach], im Unterdorf dagegen ›Aubach‹ genannt wird. Ortsbildend ist die Schleiz-Ziegenrücker Straße. Bis nach dem Ersten Weltkrieg hatten Ausländer am Chausseehaus Neundorf, also vor ihrem Grenzübertritt nach Reuß ä.L., noch Wegegeld zu bezahlen. Bis sie dann endlich nach dem preußischen Ziegenrück gelangten, mußte sie in Erkmannsdorf noch ca. 400 m sachsen-meiningisches Territorium durchqueren. Zusammen mit Volkmannsdorf, Erkmannsdorf und Neundorf gilt Crispendorf als deutsche Gründung.[254] Der **Ortsname** [mda.: Christendorf, 1401 Krispendorff] läßt sich aus einem vergessenen Patrozinium der Ortskirche erklären, die ehedem wenn nicht dem Heiligen Christophorus, so doch den beiden ›Handwerkerheiligen‹ St. Krispinus et Krispinianus [† um 287] geweiht gewesen sein mag. Erstere Deutung, die auch mit der Etymologie des Crispendorfer Gewässernamens ›Cristelbach‹ [als Verkleinerungsform von Christianus] korreliert, würde die Crispendorfer Kirche als ursprüngliche Wegkapelle charakterisieren. Doch das ist wenig glaubwürdig, weil in ihrem Umfeld sicher keine besonders gefährliche Etappenstrecke zu bewältigen war. Verbleibt also nur die Möglichkeit einer Deutung des Namens von dem Märtyrerpaar Krispin und Krispinus. Warum die beiden Schuster dann nicht von einer Handwerkergemeinde, sondern ausgerechnet von Bewohnern des flachen Landes zu ihren Schutzheiligen erkoren worden sein sollen, erscheint zunächst ebenso unschlüssig. Es sei denn, die Begründer des Ortes hätten diese beiden Heiligen aus ihrem nordwestdeutschen bzw. -europäischen Herkunftsraum mitgebracht, wo sie vielerorts – z.B. als Schutzheilige des Bistums Osnabrück – noch heute besondere Verehrung finden. Daß nicht allein Mainfranken, Thüringer und Slawen die ostdeutsche Kolonisation des Hochmittelalters mitgetragen haben, ist allgemein bekannt. So erfahren wir etwa aus der Geschichte des niedersächsischen Klosters Rastede aus der Zeit um 1265, daß die Vögte die Klostergüter immer wieder heimsuchten, weswegen die Bauern ihre Höfe verließen und sich mit all ihrer Habe gen Osten absetzten. Zudem läßt sich selbst flämische Siedlung in Thüringen nachweisen, so etwa in den Tälerdörfern. Selbst die Anlage des Plothen-Drebaer Teichgebietes soll – einer Untersuchung von Experten der Universität Utrecht zufolge – ehedem nach flämischem Plan erfolgt sein.[255]

Ohne nähere Erläuterung nimmt der Neundorfer Pfarrer und Urkundenforscher Richard Mendner [1917] an, die von Walsburg über Crispendorf bis nach Pahnstangen u.a. sich erstreckende **Grundherrschaft** habe schon vor der Kolonisation durch die Lobdeburger [ab 1204] bestanden. 1389 waren die Herren von Posseck im Besitz der Rittergüter Dörflas-Walsburg und Crispendorf. Gegen Ende des 15. Jahrhunderts traten die Herren von Watzdorf an ihre Stelle. Bis dahin fließen Nachrichten über die Geschichte von Crispendorf nur spärlich. Von dem umfangreichen Grundbesitz des hiesigen Rittergutes in Crispendorf, Neundorf, Pahnstangen, Rödersdorf, Dragensdorf und bis 1566 auch Dittersdorf war im Verlaufe und besonders gegen Ende des 16. Jahrhunderts ein Großteil an die Landesherrschaft übergegangen, welche im Jahre 1596 von den 20 Neundorfer Feuerstätten 9 und den 21 Pahnstanger 3 als Lehen besaß, während zur Watzdorfschen Grundherrschaft damals lediglich noch ein Bauer in Neundorf, drei in Grochwitz und 22 in Crispendorf gehörten. Im Folgejahr geriet das Rittergut selbst in den Besitz der Landesherrschaft [bis 1765]. Die Lehns- und Gerichtsakten des Rittergutes sind von 1600 an, die Kirchenbücher ab 1639 erhalten. In diesem schweren Jahr wurden nur 3 Kinder geboren, 14 Personen verstarben und 6 Paare heirateten. Um 1837 dagegen ereigneten sich unter den ca. 700 Crispendorfer Einwohnern 24 Geburten, 12-18 Todesfälle und 5-8 Trauungen.

Ein 1769 angefertigtes Erbregister über die Rittergutsuntertanen wirft ein bezeichnendes Licht auf die damaligen Besitzverhältnisse im Dorf: Demnach existierten zu dieser Zeit lediglich 14 ganze Höfe, 1 Dreiviertelhof, 18 halbe und 7 Drittelhöfe [darunter das Wirtshaus], 4 Häuser, 18 Häuslein, 1 Kleinhäuslein und ein Fronhäuslein allhier. Zudem besaßen 12 Auswärtige ledige Grundstücke in der Flur. Besondere Erwähnung finden zudem ein **Pfarrfrongut**, das der Kirche gehörte, sowie Zinsen für, an den Kirchenkasten verlehnte Rittergutsgrundstücke. Auch auswärtige Gewalten – wie der Adlige Christoph Friedr. Wilh. von Obernitz [mit 2-3 Häusern] und der Amtmann zu Burgk [mit 1 Haus im Ort] – mußten dem Grundherrn dafür Erbzins zahlen.

Im Jahre 1837 werden dann unter den 91 Crispendorfer Haushalten neben der Wohnung des Rittergutsbesitzers, des Pfarrers und des Schulmeisters 17

Bauerngüter, 26 zum Teil sehr schwache Kirchenspannhöfe sowie etliche, zum Rittergut gehörende Kleinhäusler erwähnt, die teils als Tagelöhner, teils – wie seit 1686 erstmals erwähnt – als Dorfhandwerker ihr Auskommen suchen mußten. Auch ist zu anderen Zeiten von einem **Freigut** und einer, 1769 schon abgerissenen und mit Häusleranwesen bebauten **Gutsschäferei** die Rede.[256]

Nachdem bereits im Jahre 1844 aufgebrachte Ortseinwohner das Schloß erstürmt und die Rückgabe ihrer zuvor beschlagnahmten Gemeindelade erzwungen hatten, veranstalteten darüberhinaus die Crispendorfer 1848 »ihre ›eigene Revolution‹, in der sie den Gerichtsverwalter des Feudalherrn zwangen, sein Amt niederzulegen. Die Lage spitzte sich so zu, daß der Schloßherr vom Fürsten in Greiz militärischen Schutz erbat, der dann aber nicht in Anspruch genommen wurde.«[257] Am Ende war dem Rittergutsbesitzer August von Geldern-Crispendorf seine Gerichtsherrschaft über den Ort verleidet und er trat sie an den Staat ab, was in den anderen Patrimonialgerichtsbezirken des Fürstentums erst 1868 erfolgte. Nichtzuletzt die große Überpräsens des Rittergutes gerade in der inneren Ortslage, besonders auf den Dorfplätzen, hatte zu jener großen Unzufriedenheit der Einwohner geführt. Bei erster Gelegenheit beantragte der Gutsherr 1868 daher die Exkommunalisierung des Rittergutes, dessen Bezirk aber 1919 wieder in die Ortsgemeinde integriert wurde. Zu dieser Zeit war die Vehemenz, mit der die Gutsherren als juristische Professionalisien dem Gemeinderat gegenübergetreten waren, längst erloschen.

Nach der sogenannten ›Bauernbefreiung‹ ging die Einwohnerzahl des Ortes stetig zurück und sank zwischen 1867 und 1933 von 659 auf 509 Personen [– 21%] trotz der Eingemeindung von Erkmannsdorf und Dörflas, worauf sich die Flurgröße von 921 auf 1.141 ha vergrößerte. Der Bestand an Wohnhäusern war bis 1910 auf 99 angewachsen. Interessante demographische Daten sind aus den 1920er-Jahren überliefert: Abgesehen von dem Vorwerk des Rittergutes [Pächterin Martha Eichler mit 278 ha LWN] und dem Anwesen der Witwe Julie von Geldern-Crispendorf [41 ha] existierten im Ort 41 Vollbauernhöfe, von denen die Anwesen von K. Adler [19 ha], M. Adler [22 ha], B. Bähr [21 ha], W. Fritz [18 ha], A. Göhring [25 ha], E. Heinz [20 ha], A. Herbst [17 ha], L. Körner [21 ha], A. Seidler u. B. Reißner [15 ha], R. Walther [23 ha], A. Wetzel [16 ha] und K. Wetzel [14 ha] die bedeutendsten waren. An weiteren Berufs- und Erwerbsgruppen sind für 1926 verzeichnet: 14 landwirtschaftliche Gehilfinnen und Gehilfen [in der Regel mitarbeitende Familienangehörige], 3 Landarbeiter, 10 Hilfsarbeiter, 1 Wirtschaftsführer, 1 Kalkulator, 1 Maschinist, 1 Fabrikarbeiter, 3 Arbeiter, 1 Müller, 3 Gastwirte, 3 Händler [allesamt Familie Auer], 3 Näherinnen, 1 Schmiedemeister, 1 Schneider, 2 Schuster, 2 Glaser, 3 Tischler, 2 Sattler, 1 Stellmachermeister, 1 Zimmermeister, 1 Restaurateur, 1 Maurermeister, 1 Fleischermeister [dazu nebenberuflich 1 Fleischbeschauer, 1 Hausschlachter], 22 Handwerksgesellen [16 Maurer, 3 Zimmerleute, 3 Schmiede], 7 Auszügler, 8 Rentner, 1 Witwe, 2 Privatiers, 1 Invalide und 1 Stütze-Empfängerin. Desweiteren: 1 Pfarrer, 2 Lehrer, 1 Gendarm [mit Wachlokal im Schloß], 1 Gemeindediener, 1 Straßenwärter, 2 Hebammen, 1 Leichenwärterin, 1 Forstaufseher, 1 Musikdirektor, 1 Musiker sowie an Gutsmitarbeitern: 1 Verwalter und 1 Gutsförster [im Jägerhaus]. Gesindeleute blieben unerwähnt. 566 Einwohner lebten zu dieser Zeit in Crispendorf. 11 Vereine waren aktiv, so ein Krieger- und Militärverein, ein Gesangsverein, ein Turnverein, ein Radfahrerverein, ein Fußballverein, ein Ziegen- und Kaninchenzüchterverein, ein Jugendverein sowie je eine Ortsgruppe des Junglandbundes, des land- und forstwirtschaftlichen Vereins sowie des Darlehnskassenvereins. Nach dem Zweiten Weltkrieg entstanden hier mehrere Neubauernhöfe sowie ab den 1960er-Jahren Eigenheime und Wochenendresidenzen. Zu den LPG-Anlagen am östlichen Ortsende gesellte sich vor etwa 20 Jahren ein größerer Zulieferbetrieb für die Solarindustrie hinzu. 1995 trat Crispendorf mit seinen Ortsteilen der Verwaltungsgemeinschaft Ranis-Oberland bei, zu der auch Ziegenrück, Schöndorf u.a. gehörten. 2019 wurde es Teil der Kreisstadt Schleiz. Trotz beträchtlicher Dorferneuerungsprogramme [1991 und 2008] und der Entstehung weiterer Eigenheime ging die Bevölkerung nach der Wende beständig zurück, bis im Jahre 2005 mit 452 Ortseinwohnern etwa der Stand von 1910 erreicht war. Nachdem 2017 mit lediglich 370 Angesessenen der Tiefpunkt überwunden werden konnte, stieg diese Zahl wieder leicht an. Bis dahin hatte die demographische Bewegung für den Zeitraum von 1939 bis 2017 mit einem Minus von mehr als 27% zu Buche geschlagen.[258]

Ortskirche und Pfarrei

Am Randes des Dorfes – gleich schräg hinterm ehemaligen Schloß – auf einer kleinen Anhöhe steht das Gotteshaus. Es geht auf eine gotische Saalkirche zurück, auf deren beträchtliche Größe ein erhalten gebliebener wuchtiger **Altarschrein** aus dem Spätmittelalter verweist. Inzwischen an einer Seite des Schiffs untergebracht, sind auf seinen Flügeln Anna Selbtritt und Johannes der Täufer dargestellt. In der Mitte finden sich die Muttergottes mit dem Christuskind, zwei Engel, die über ihr eine Krone halten und drei Bischöfe, von denen anhand kennzeichnender Atribute nur die Heiligen Nikolaus und Petrus [?] noch zu erkennen ist. Das hohe, einfach gearbeitete Kruzifix an der Südwand aus dem 16. Jahrhundert stammt ebenfalls noch aus der alten Kirche. Ein im vorletzten Jahrhundert noch erwähnter ›uralter Opferstock‹ sowie eine große, schwere, eisenbeschlagene, mit Schlössern versehene hölzerne **Einbaumtruhe** sind nicht mehr erhalten. Mit starker reformatorischer Einfärbung berichtet davon die Sage, es sei des Crispendorfer Pfarrers Ablaßkasten gewesen, der für 1.000 Taler an Geld jedermann für 99 Jahre Ablaß erteilt habe. Auch die Neundorfer Kirche soll so einen Kasten besessen haben, in dem der einen

Ansicht nach Vermächtnisse [Schätze] nach Meinung anderer aber Reliquien aufbewahrt worden seien. In Altenbeuthen, Laskau und Rödersdorf sind solche Einbaumtruhen jedenfalls noch erhalten und von letzterer geht die Legende, der berüchtigte Ablaßhändler Johann Tetzel habe sie einst zurückgelassen. Tatsächlich dienten diese Truhen zur Verwahrung des Kirchenschatzes. Sie bestanden meist aus eisenharten Eichenholz und waren derart gesichert, daß man sie kaum aufhauen konnte. Auch ihre Form war vielerorts so sperrig, daß sie nicht nach draußen getragen und etwa durch Feuer geöffnet werden konnten. Das sollte besonders im 30-jährigen Krieg zur Vernichtung einer ganzen Reihe Kirchen führen.

Im Jubeljahr 1717 sowie nochmals 1770 wurde die Crispendorfer Kirche dermaßen erneuert und umgebaut, daß sie mit der alten nicht mehr vergleichbar war. Sie erhielt ein lichtdurchflutetes Schiff mit jeweils zweireihig übereinanderliegenden Flachbogenfenstern und ein Walmdach mit westlichem Dachreiter in achteckiger Ausführung mit Schweifkuppel. »Der ziemlich lange Chor ist östlich in drei Seiten geschlossen, aussen sind an seine Langseiten zwei Vorbauten (der nördliche als Sacristei) angebaut, welche bis zum Anfang des etwas breiter als der Chor angelegten Langhauses reichen und östlich zweiseitig gebrochen sind. An der Westseite des Langhauses stößt, etwas schmaler als dieses, ein Vorbau, der an der Westseite in drei Seiten des Achtecks geschlossen ist. So entsteht namentlich in der Ostpartie ein ziemlich bewegter Aufbau.«[259] Bis 1770/71 stand an Wand hinter dem Altar die geschichtsträchtige Inschrift zu lesen:

»Dieses Gotteshaus, von dessen ersten Erbauung man // von wegen seines Alterthums keine eigentliche Nachricht // hat, ist nach Anmerkung der Vorfahren renovirt worden // den im Jahre Christi 1589 und hernach im andern // lutherischen Jubeljahr ao. 1717. Gott verleihe gnädiglich, // daß sein heiliges Wort und Sacramenta hierinnen bis // auf die späte Nachwelt rein und unverfälscht möge // erhalten werden // welches zu seiner Zeit gwünscht und // zum Andenken hierher verzeichnen lassen. M. Heinrich Rothe, derzeit Pfarrer in Cristendorff, Georg Gruner, Nicol Wezel d. Z. Kastenvorsteher.«[260] Aus dieser Epoche stammt auch jene mit Ornamentik reich verzierte Taufschale, die 1893 in einen, von den Einwohnern zur Erinnerung an ihren Schulmeister gestifteten Taufstein eingesetzt worden ist, welche die Inschrift trägt: *»Das Aug allein das Waßer sieht, wie Menschen Waßer gießen, der Glaub im Geist die Krafft versteht des Blutes Jesu Christi. Johann Roth, Burger zu Gera nebst seinem Weibe Dorothea des der Zeit hiesigen Pfarrers M. Heinr. Rothens leibl. Eltern haben dieses Tauff-Becken verfertigen laßen ANNO 1714«*[261]

Im Inneren der Kirche wird ein freistehender, großzügig angelegter **Kanzelaltar**, früh-klassizistisch und mit entsprechender Formgebung, von zwei hufeisenförmig angeordneten Emporen eingefaßt. Einen besonderen Akzent setzen zu beiden Seiten der Kanzel die schönen **Patronatslogen**, deren aus der Wand hervortretende Fenster gewissermaßen den Kopf der ›Emporkirchen‹ – wie man früher sagte – bilden.[262] Höchstwahrscheinlich entstammen sie der bis 1772 erfolgten Umbauphase, da nach einer alten Rechnung der Dörflaser Rittergutsbesitzer von Rettenbach 424 Ziegel sowie das Holz für den Neubau seiner ›gerichtsherrschaftlichen Kapelle‹ anliefern ließ. Die ›Emporkirche‹ des Crispendorfer Rittergutes, dem bis 1765 das Patronat über Pfarrei, Kirche und Schule zustand, wurde samt dem Rittergut in diesem Jahr an Johann Christian Rudolph verkauft, dem damit gestattet wurde, das dortige Erbbegräbnis wieder aufzubauen und auch ins Kirchengebet mit eingeschlossen zu werden. Sonstige Patronatsrechte behielt sich das Untergreizer Grafenhauses jedoch vor. Das Rittergütlein Erkmannsdorf besaß 1728 ebenfalls einen eigenen Kirchenstand allhier, der, wie es scheint, schon 1770 nicht mehr bestand. Bis zu seiner Eingemeindung nach Crispendorf im Jahre 1873 war Klein-Erkmannsdorf mit etwa 1% an den Kirchenbaulasten beteiligt. Nach einer Neufestsetzung der Beitragsquoten im Jahre 1888 verteilten sich diese auf die Gemeinde Crispendorf [80%], das Rittergut Crispendorf [10%], die Gemeinde Dörflas [4%] und das Rittergut Dörflas [6%].

Die Pfeiler der Doppelempore sind marmoriert. Die Brüstungsfelder zeigen biblische Szenen aus der Hand des Ziegenrücker Malers Gemeiner, der auch das interessante Altarbild mit den im See versinkenden Petrus, der von Jesus gehalten wird, geschaffen hat. Die Orgel [1889] erbaute Richard Kreuzbach aus Borna. Die älteste **Glocke** [Ø 83 cm] mit Arabeskenfriesen, DreifaltigkeitsDreiecken und dem Wappen des letzten Grafen von Reuß-Untergreiz, Heinrich III. [reg. 1733–1768], wurde 1736 von Meister Graulich in Schleiz gegossen. Die zweitälteste Glocke [1803] stammt ebenfalls aus Schleiz und zwar aus der Werkstatt Hellmuth. Die dritte und mittlere Glocke entstand 1861. Zwei der Glocken mußten später, wie Peter Weiss es treffend ausdrückt, mit in den Krieg ziehen und wurden 1954 durch zwei Stahlgußglocken ersetzt.[263]

Auf dem alten **Friedhof** um die Kirche befanden sich noch 1891 mehrere gußeiserne, warscheinlich im Burgkhammer hergestellte Grabkreuze mit Rankenwerk aus dem 18. Jahrhundert. 1843 mußte hier jede einzelne Grabstätte mit 11 Sgr. 5 Pf. bezahlt werden. Ärmere Einwohner wurden auf dem Unteren Gemeindefriedhof beigesetzt, wo die Begräbnisplätze frei waren.

Einige bevorrechtete Personen, wie der eine oder andere Pfarrer, dürften ihre letzte Ruhestätte in gemauerten Nischen unter dem Steinboden der Kirche gefunden haben, auch wenn kein besonderes Epitaph mehr an sie erinnert. Den Crispendorfer und Dörflaser Rittergutsherrschaften hingegen waren zwei Privatgrüfte unter ihrer jeweiligen Patronatsloge vorbehalten.[264] Aus einem Eintrag im Trauregister von 1811 erfahren wir jedoch eine traurige Begebenheit: »Bey Öffnung der Dörflaser Gruft wurde der Sarg des 1777 beigesetzten

Fräuleins Wilhelmine Sophie Erdmuthe von Rettenbach, von seinem Lager seitwärts abgefallen auf der Seite liegend, dessen Deckel aufgelehnt waren am Eingang der Gruft und rückwärts nach dem Zugloch hin, das Gerippe eines Kindes im Winkel gefunden, woraus wohl notwendig erhellt, daß dieses unglückliche Kind 6½ Jahre alt, als ein Scheintoter muß in die Gruft versenkt worden sein, weil seit jener Zeit die Gruft nicht geöffnet worden ist.«[265]

»Über die Gründung der **Pfarrei** berichtet die Sage, daß von der hiesigen Gerichtsherrschaft und zwei adeligen Familen zur Gründung der Pfarre mehreres geschenkt worden sei, von ersterer Grundstücke und ein Teich, von letzteren Frohnen und Zinsen. Die Pfarrwohnung ist sehr alt und soll der Sage nach in ihrer jetzigen Bauart schon vor der Reformation gestanden haben.«[266] Sie war ›unstreitig eine der ältesten im Bezirk‹. Auch die Wohnung des Kantors, sprich des Schulmeisters war ein älteres Gebäude, nämlich aus dem Jahre 1758. »In den Visitationsakten wird 1533 der Pfarrer von Crispendorf Johann Drachner als ein halsstarriger ungeschickter Papist geschildert. Das Predigtamt und alles Lästern wird ihm verboten. Von der Pfarre will er abstehen. Dieselbe warf große Einkünfte ab aus Äckern und Wiesen, Zinsen und Dezemabgaben. Sie hatte einen großen Obstgarten mit 38 guten Obstbäumen, unterhielt auch einen Kleinodsgarten für den schnellen Hausbedarf. Zum Inventar gehörten 7 junge und alte Kühe, 20 Schafe, 2 Schweine und 30 Hühner mit einem Hahn. Von Volkmannsdorf kam Johann Schüler als Pfarrer nach Crispendorf. Die vom Adel, Pfarrer und Pfarrleute waren 1534 richtig friedlich und freundlich. Der Pfarrer machte sich auch erbötig, die Zeremonien allenthalben der Visitation gemäß zu halten. 1558 wird in Crispendorf Sebald Flade als Pfarrer genannt. Er lieh einem Peter Fischer eine Summe Geldes, von der er wegen der ›großen Armut‹ des Schuldners schließlich einen Teil erließ. 1613 war bei der Schlichtung des Streites zwischen der Witwe des Möschlitzer Pfarrers Thaurus und M. Wolf der Crispendorfer Pfarrer Johannes Miletus [Militzer] Zeuge.«[267] Pfarrer M. Adam Wolf war dem Thaurus im Amte nachgefolgt und die Witwe lebte wohl noch mit auf dem Pfarrgute. Im Jahre 1837 werden – wie wir teils schon hörten – im Ort 26 Kirchspannhöfe und 33 dezemgebende Bauern erwähnt. Die Liegenschaften des Pfarreigehöfts waren noch im Jahre 1923 mit LWN von 30 ha ziemlich beträchtlich.[268]

Das Rittergut

Inwieweit der im Jahre 1389 erstmals erwähnte Rittersitz derer von Posseck zu Crispendorf eine Wasserburg war, ist nicht hinlänglich nachzuweisen. Der an dem späteren Herrenhaus anliegende große Teich liefert bislang das einzige Indiz, da sich hier [trotz des Fehlens mittlerweile wohl eingeebneter Wall- und Grabenreste] ein ähnlicher Befund ergibt wie im Falle von Gütterlitz oder Rauschengesees. Die Herren von Posseck – oder wie sie etwa 1487 geschrieben werden ›von Passeck‹ – haben in Wahrheit nichts mit dem Dorfe Paska [ehedem Passeck] zu tun, sondern sind ein altes sächsisch-thüringisches Adelsgeschlecht mit Stammsitz in dem gleichnamigen Ort bei Wittenberg. Ein vogtländischer Zweig saß auf Weischlitz und Rodersdorf im Amte Plauen und stellte 1428 den Amtmann ebenda. Ihrem oberländischen Zweig dürfte der 1318 als ›Burgmann‹ [auf der Wysburg?] erwähnte Conrad Poppo sowie der 1402 auf Weisbach angesessene Hans von Posseck entstammt haben. Nach 1729 ist der Stamm erloschen. Wie wir noch hören, übernahmen später die Herren von Watzdorf den Besitzkomplex und ließen sich bezüglich der Herrschaft Crispendorf am 11. März 1489 auf einen Gebietstausch mit den Herren von Gera ein. Stammsitz derer von Watzdorf ist der gleichnamige Brauerei-Ort bei Bad Blankenburg, wo sie 1137 als Burgmannen der nahen Veste Greifenstein fungierten. 1471 wurde ein Conrad von Watzdorf mit den Rittergütern Altengesees und Lothra belehnt, wo sich die Familie über lange Zeit hielt. Sein Sohn Heinrich [um 1470–1547] war schon frühzeitig ein Anhänger Martin Luthers und wurde 1533 von Heinrich dem Jüngeren von Gera mit der Kirchenvisitation in seinen oberländischen Herrschaften betraut. Conrads Vetter Vollrath von Watzdorf auf Dornburg hatte sich sogar unter jenen Getreuen befunden, die den Reformator 1521 zu seinem großen Auftritt vor dem Reichstag nach Worms begleiteten. Heinrichs jüngster Sohn [ebenfalls mit Namen Heinrich] soll die Güter Crispendorf und Dörflas-Walsburg besessen haben. Wenn überhaupt kann es sich dabei nur um Mitbesitz gehandelt haben. Denn in Crispendorf werden im 16. Jahrhundert erwähnt: Erhard 1500, †1512, Balthasar 1515–1544, Caspar Abraham 1554–1596 und Heinrich Balthasar von Watzdorf 1597, eingedenk jener 19 Söhne und Neffen des Erhard, die 1538 mit dessen Crispendorf-Dörflaser Erbe belehnt wurden.[269] Mit Heinrich Balthasars Tod fiel das Rittergut Crispendorf mangels geeigneter Lehnserben der Landesherrschaft anheim, die es daraufhin für mehr als 160 Jahre als Allodialbesitz hielt. Dabei wechselte es bei den einzelnen Erbteilungen innerhalb der Reuß-Untergreizer Linie mehrfach den Besitzer. Von 1608–1636 diente es als Witwensitz für Heinrichs II. Gemahlin Anna, einer geborenen Comtess von Mansfeld. Im 30-jährigen Krieg und zwar 1635 war es allen Anschein nach Operationsbasis der Landwehr unter dem Burgker Vasallen Christian von Könitz. Später suchte der auf seiner benachbarten Haupt- bzw. Sommerresidenz Burgk weilende Landesherr Crispendorf in der Regel nur zum Zwecke der Jagd oder für eine Trinkkur an einem nicht mehr bekannten **Bitterwasser-Brunnen** [Seltzer] auf, weswegen das Schloß mitunter faktisch leer gewesen sein muß, zumal im Vorfeld seiner Besuche – wie wir aus einer Aktennotiz von 1759 erfahren – immer erst die Möbel von Burgk herangeschafft werden mußten. Die Gutswirtschaft selbst war durchweg verpachtet. Im Jahre 1729 wird Nicol Müller als Pächter allhier erwähnt, als im Flurteil Rödern eine Streitigkeit bezüglich der Schafstrift mit dem Rittergutsbesitzer von Klein-Erkmannsdorf,

Joseph Adam Töpfer, beinahe mit Schußwaffen ausgetragen worden wäre. Ein Gutsjäger, der in einem besonderen **Jägerhaus** wohnte, besorgte die Forsten. Die Richtstätte der Crispendorfer Patrimonialherrschaft mag sich im Bereich des **Gerichtsteichs** befunden haben. Als Pranger fungierte die ›**Gerichtsweide**‹, eine sehr alte, hohle Weide, die noch 1929 vor dem Weidhaseschen Wirtshaus gestanden hat. Zwischen 1597 und 1765 wurde die Obergerichtsbarkeit vom Amte [mit Richtstätte auf dem Burgker Krähenhügel] ausgeübt, wobei fraglich ist, ob die Erbgerichte dann dem Gutspächter oblagen.

Wohl aufgrund von Liquiditätsproblemen nach dem Siebenjährigen Kriege [1756–1763] verkaufte Heinrich III. von Reuß-Untergreiz sein Allodial-Rittergut Crispendorf am 15. März 1765 an Johann Christian Rudolph aus Schleiz und zwar als landtagsfähiges Mann- und Weiberlehngut mit allem Zubehör an Wohn- und Hofgebäuden, Gärten, Wiesen, Feldern, Hölzern, Teichen, Fischereirechten in der Wisenta, Schäferei, Triften, Wonnen und Weiden, Ober- und Niedergerichtsbarkeit, Hoher und Niederer Jagd, nebst dem gesamten Gutsinventar, mit Lehen, Untertanen, Fronden [insbesondere der zu Crispendorf gehörenden Schnittfrone seitens der Kleinhäusler zu Neundorf, Pahnstangen und Plothen], ausschließlich aber des Kirchenpatronats.[270] Der Käufer war Ratsherr zu Schleiz [1761–1769] und Gräflich-Reuß-Plauenscher Bergmeister. Über seine Ehe mit Louise Henriette geb. Geldern gelangte auch die Advokaten- und Beamtenfamilie Geldern in den Mitbesitz von Crispendorf. Einen Vorfahren der Familie, den niedersächsischen Juristen Georg Geldern [1671–1710], war die Fürsorge für zwei am Braunschweigischen Hofe erzogene reußische Grafensöhne [Heinrich XIII. und XIV.] übertragen worden, denen er später in ihre Heimat folgte. Georgs Sohn Rudolph Heinrich Geldern [1692–1768] wurde 1730 Amtsmann zu Burgk, worauf diese Position mit einer kurzen Unterbrechung [1801/02] bis 1830 in der Familie ›vererbt‹ wurde. Sein ältester Sohn Heinrich August [1730–1801] war zunächst Amtmann von Burgk, 1776 wurde er Kommissionsrat und befand sich von 1778–1803 im Alleinbesitz des Burgkhammers. Sein Bruder Johann Wilhelm [*1766] brachte es gar zum österreichischen Major und Generaladjutanten des Greizer Fürsten Heinrich XIII. Reuß, der seinerzeit ein bekannter Heeresorganisator war. Nach seinem 1824 zu Burgk erfolgten Tode wurde er, seinem letzten Willen gemäß, auf einem seiner Lieblingsplätze, der Schwedenschanze, nach Soldatenart ohne Sarg und in ungelöschtem Kalk beigesetzt. Heinrich Augusts Sohn, der Hofpfalzgraf Dr. juris utriusque August Heinrich Theodor [1763–1836], heiratete 1787 seine Cousine Wilhelmina Johanne Rudolph, welche nach dem Tode ihres Vaters [1770] zusammen mit ihrer älteren Schwester Louise Henriette Christiane das Rittergut Crispendorf geerbt hatte. Sicher unter seine Ägide fällt der Umbau des Herrenhauses zum Schloß im Stil des späten Rokoko bzw. des Zeitalters der Empfindsamkeit. Es erstand als Dreiflügelanlage in Form eines zum Dorfe hin offenen Vierecks. Dabei erhoben sich über einer Art Hochparterre drei Stockwerke und darauf ein Walmdach mit Dachgauben. Zum nahen Schloßteich hin erstreckte sich ein ebenfalls im 18. Jahrhundert angelegter ›hübscher‹ Lustgarten mit mehreren, im Zopfstil ausgeführten Kinderfiguren und Vasen, die sich im Wasser spiegelten. Auch die beiden anderen Seiten waren von Gärten gesäumt. Weges einer Adelsanerkennung bzw. -erneuerung führten einige Mitglieder des Geschlechts ab 1816 den Titel ›von Geldern‹ und die auf Crispendorf sitzende Linie durfte ab 1846 den Namenszusatz ›von Geldern-Crispendorf‹ verwenden. Der Sohn von Heinrich Theodor und Wilhelmina, August von Geldern-Crispendorf [1791–1875], war Regierungs- und Konsistorial-Advokat zunächst bei der Regierung in Greiz, später in Burgk. Sein Sohn Bruno [1827–1894] wurde als Diplomat in die Auseinandersetzung zwischen seinem Bundesfürsten Heinrich XXII., der ein renitenter Gegner Preußens und allen Großmachtsbestrebungen Deutschlands war, mit dem Reichskanzler Otto von Bismarck hineingezogen. Er ging in die Geschichte ein, als er im Auftrag des Greizer Reußen 1878 im Bundesrat die Annahme der Sozialistengesetze verhinderte, obwohl diese Partei in Greiz und Zeulenroda umso schärfer verfolgt wurde. Daraufhin kam es gar zum Abbruch der diplomatischen Beziehungen zwischen Preußen und Reuß ä. L. Diese Krise dauerte bis 1892 an. In der Zwischenzeit verhinderte Bruno im Bundesrat eine Gesetzesvorlage um die andere, soweit dieselbe nur von Preußen initiiert war oder im Verdacht stand, die Souveränität der Bundesstaaten zu beschneiden. Schon Bruno mußte sich mit seinen beiden Brüdern in den Besitz des Rittergutes hineinteilen. Als Familien-Fideikommiß und größtes Rittergut im Greizer Fürstentume besaß es den Status der Unveräußerlichkeit. Unter den nachfolgenden beiden Generationen wuchs die Zahl der Mitbesitzer beträchtlich an. Im Jahre 1923 wird der Besitz von ›August von Geldern-Crispendorfs Erben‹ mit 274/279 ha LWN [davon 78 ha Feld, 52 ha Wiesen und 129 ha Wald] angegeben, die zusammen mit der Gutswirtschaft an die Familie Eichler verpachtet waren. 1926 entschloss sich der Familienverband, den Status der Unveräußerlichkeit aufzuheben. Daraufhin wurde ein Grundstück nach dem anderen verkauft, bis das Gut 1939 nur noch 126,4 ha umfaßte. Brunos Sohn, Maximilian Georg Lothar [1854–1938], wollte Crispendorf als Familiensitz erhalten und brachte seinen Eigenanteil mittels des Zukaufs von Anteilen seiner Miterben bis 1929 auf $^6/_{15}$, die nach seinem Tod 1938 an seine Witwe Margarethe geb. Timmich auf Wolfersdorf bei Berga fielen. Ihr Sohn Erich von Geldern-Crispendorf, seines Zeichens Major, wird 1941 als Verwalter des Familienbesitzes in Crispendorf genannt. Nach dem Zweiten Weltkrieg wurde das Gut enteignet und seine Liegenschaften an Landarme und Neubauern verteilt. Der Abriß des Schlosses erfolgte 1948. Auf dem Gelände entstand eine Kleinsportanlage, die auch als Festwiese des Dorfes genutzt werden kann.[271]

Unter den Crispendorfer Bergen zeichnen sich durch ihre Namen aus: die Weheleite [Wehrleite?], die Haardt und der Hunds- oder Hunenhügel.[272]

Der Name der oberhalb von Grochwitz liegenden Bergzunge ›**Haardt**‹ wird einerseits als ›lichter für Weidewirtschaft nutzbarer Wald‹ erklärt, andernseits aber auch als ›Heiligtum‹. So verwendet eine althochdeutschen Glosse ›hart-puri‹ für ›Obrigkeit‹ und in einer lateinischen Quelle aus dem Frühmittelalter heißt es: ›lucum quem vulgares hart nominant → den heiligen Hain, den sie gewöhnlich Hart nennen‹. Indem viele, solche Heiligtümer umschließende Wälder später im Landes-, häufiger aber im Kirchenbesitz verblieben und noch bestanden, als alles Umland längst gerodet war, mag der Heilige-Hain-Name ›Hardt‹ später zum Synonym für ›Bannwald‹ devanciert sein. Eine dritte mögliche Deutung ergibt sich bei der etymologischen Ableitung von Grochwitz aus ›Grod‹ [sorb.: Befestigung] und der Vermutung, daß es sich bei dem 1071 erwähnten Ort Goztima um eine Grenzbefestigung gehandelt hat, deren Überreste freilich noch zu suchen wären. Mit ›Hain, Hardt‹ oder seiner oberdeutschen Form ›Hag‹ ist mitunter die Einfriedung gemeint, deren Ränder durch Verknick und Verschnitt von anstehenden Hainbuchen oder Rosenhecken absichtlich so kurz gehalten wurden, daß kein Durchkommen war. Anhand folgender Flurnamen wird deutlich, wie sich der ursprüngliche Name für eine Befestigung später auf den anliegenden Wald übertragen hat. Man denke dabei an den ›Hirschberger Hag‹ am dortigen Schloßberg, an die Ziegenrücker Hemm- oder Hunnenkoppe mit einer vorzeitlichen Wallanlage, an den ›Krölpaer Hain‹ unterhalb von Schloß Brandenstein, an das ›Haintal‹ bei der Burgruine zum Stein [bei Pößneck], an den ›Kospodaer Hain‹ mit dem sorbischen Rundwall oberhalb von Burgwitz und schließlich an den Arnshaugker ›Haushain‹ nahe des alten Dynastensitzes der Lobdeburger oberhalb von Neustadt an der Orla.[273]

Nördlich von Crispendorf erhebt sich der **Hun- oder Hundshügel** [467m]. Zwar ist von ihm nichts Legendäres mehr bekannt, doch könnte er – worauf der Name des nahen ›Gerichtsteichs‹ verweist – in früherer Zeit ein Versammlungsort der umwohnenden Bevölkerung gewesen sein, der am Ende zum blanken Vollzugsort herabsank. Die Etymologie der ›Hun‹-Orte ist höchst interessant: Und würde in der Sage von jener Hunnenschlacht im Mordtal bei Tausa und Ziegenrück der Ort Crispendorf keine tragende Rolle spielen, könnte nachfolgende, im Grunde auf die germanischen Hauptsiedlungsgebiete und nicht auf deren Marken [wie unser Oberland in jener Zeit eine war] bezogene Deutung ausgelassen werden: Den Titel ›Hundt‹ [Hending, Chun], das Wort König [altnord.: Konungr] hat da seinen Ursprung, trugen Anführer, die einhundert und mehr Kämpfer befehligten, mehr aber noch Lokalgrößen [altnord.: Jarl, engl.: Earl], die über einhundert und mehr Freie [meist Hofbesitzer] geboten, die mit ihren Familien und Hörigen in einem mehr oder minder locker gefügten administrativen Verbund lebten. Flurnamen wie ›Hunnenkuppe, Hundshügel, Hungersberg‹ deuten auf die Malstatt hin, wo diese Hundertschaft bzw. die Bewohner jener Siedlungsaue bzw. Kleingaus [Hundari] einst Versammlungen, Gericht [Thing], Jahreszeitenfeste oder Initiationsriten abhielten. Desweiteren lassen sich ›Hun‹-Orte auch auf Hünen [vorzeitliche Steinbauten oder Riesen, ein Wort das zuweilen gleichbedeutend für ›Götter‹ gebraucht wurde], aber auch auf ›Hain → umhegter Sonderbezirk‹ beziehen. Meistens finden sich an solchen Orten vorgeschichtliche Artefakte.

Da solche auf dem Hundshügel bislang nicht zutage getreten sind, sollen weitere Deutungen für diesen Flurnamen nicht unerwähnt bleiben: Zum einem können ›Hundswiesen‹ [Köthnitz] oder ›Katzenwinkel‹ [Linda] auch mit dem Bodenertrag von Grundstücken in Verbindung gestanden haben, die gleich der Hundskamille oder dem Katzengold etwas Minderwertiges darstellten. Andernseits verweisen die ›Hunds‹-Fluren mitunter auf gewesenen Bergbau nach einem alten Begriff für die Lore, den Schiebekarren zum Fortschaffen der Erze [tschech.: Hony → mda.: Hund]. Andere ›Hun‹-Orte beziehen sich auf Visurlinien von Gestirnsverläufen, vornehmlich auf die Auf- und Untergangspunkte des Sirius, der einst ›Hundsstern‹ genannt wurde, nach dessen Erscheinen und Verschwinden sich in alten Zeiten die Feldarbeit richtete.[274]

Der Wilde Jäger jagt die Moosleute

In den Wäldern um Crispendorf sind in früherer Zeit hin und wieder Moosleute gesichtet worden und im **Kauleichigt** sowie auf den **Büttnersberg** [476m] hat der Wilde Jäger sein Revier.[275] Es ist die gleiche Gottheit, die als Wode, Wuthan, Ode, Uode, Grote, auch Berndietrich usw. auftritt. Auf seinem schnellen achtbeinigen Roß Sleipnir stürmt der germanische Sturm- und Sonnengott durch die Lüfte, bekämpft mit seinem Speer, dem Sonnenstrahl, den Winter und besiegt ihn. Er führt das Heer der Gefallenen, die Geister der tapferen Ahnen nach Walhalla, wo sie sich zwischen Kampf und Gelage auf die Götterdämmerung, die letzte große Schlacht vor dem Weltende, vorbereiten. Sobald die Sonne im Winter sank, zog er sich zum Schlaf in sein unterirdisches Reich zurück [Man denke hier an Barbarossa]. In den Zwölf Heiligen Nächten um die Wintersonnenwende zieht er hoch zu Roß als Wilder Jäger durch das Land und verteilt Segen und Fruchtbarkeit für das beginnende Sonnenjahr. In Richtung Sonnenuntergang raste er über die breitesten Abgründe, Hufabdrücke dabei hinterlassend.

In der Sage wird Wodan zum Führer eines schrecklichen Geisterheeres ruheloser Seelen und jagte mit Vorliebe die Moos- und Holzleute. Das sind ganz kleine flinke Menschen beiderlei Geschlechts Sie tragen graue Kleidung, haben ein graues Gesicht und sind zwischen einem und drei Fuß hoch. Als die

Wälder noch an die Dörfer heranreichten, kamen sie gern in die Wohnungen der Menschen, um ein Stück Brot oder am Sonntag auch einmal einen Kloß zu stibitzen. Um das zu verhindern, buk man Kümmel ins Brot, was die Kleinen dann nötigte sich anderswo ein Auskommen zu suchen. Eine Frau aus Crispendorf, die Kümmel ins Brot getan, um den Holzweibeln das Stehlen zu verleiden, kam mit ihren Wohlstand rückwärts. Für die New-Age-Bewegung – oder wie man das Wiederaufleben von altem, überwunden geglaubtem Gedankengut sonst nennen mag – sind die Holzleute höchst reale Elementargeister, welche die Naturvorgänge am Laufen halten. Werden Elfen als ›Geister der Pflanzen und der Blumen‹ betrachtet, so gelten die Moosleute als ›Seelen der Bäume‹. Die Jagd des Wilden Jägers nach den Moosleuten wird so zum Wintersturm, zum ausgedrückten Tanz des Himmels mit der Erde als Energieaustausch des männlichen und des weiblichen Aspektes der Schöpfung. Allgemein wird angenommen, daß die Wucht schwerer Orkane oder im Winter der gemeinhin nach Weihnachten und zur Fastnachtszeit vermehrt aufttretenden Schneestürme, in dem sich die Wanderer in früherer Zeit mitunter hoffnungslos verirrten, Illusionen von einer wilden Geisterjagd begünstigten. So galt es als Tabu, zu solchen Zeiten in den Wald zu gehen, besonders nicht am 2. Januar, weil der Wald da seinen Mann, sprich sein Todesopfer, suche und auch nicht am Aschermittwoch, weil da der Wilde Jäger mit seinem Heer umherzieht.[276]

Der Binsenschnitter

Oftmals fanden sich früher – und auch noch nach Einführung der LPG – in den Getreidefeldern kleine Fußsteige, 10 bis 20 cm breit, wo das Getreide kurz über dem Erdboden abgeschnitten war. Noch 1960 hat man solcher ›Steige‹ durch die Felder gesehen und die Kinder sind ihrer Spur nachgelaufen. Ihre natürliche Entstehung ist bis heute nicht hinreichend geklärt. Von Wildfraß können sie jedenfalls nicht herrühren. Es hieß dann, das war der Pillen- oder Binsenschnitter, ein Mann, der mit dem Teufel in Bunde stand und durch ›magische Spaziergänge‹ in den Feldern seiner Nachbarn die Erträge derselben an sich zu bringen wußte. Man glaubte, der Binsenschnitter gehe an gewissen Tagen des Jahres [Johannestag, Walpurgis] in der Früh vor Sonnenaufgang quer durch die Kornfelder. Er habe dabei einen aparten Hut [ein eigenes dreieckiges Hütchen] auf und an den Fußzehen seien sichelförmige kleine Scheren angebunden. Man sieht es solchen Äckern gleich an, was mit ihnen geschehen ist, denn in der Richtung, in der sie durchschritten wurden, sind alle Halme abgeschnitten. Von solchen Flächen erntet man keine Ähren, der Binsenschnitter behält sie ganz bzw. zur Hälfte für sich. Der Ertrag fließt auf magische Weise seiner eigenen Ernte zu. Eine solche Erwerbsart ist für den Binsenschnitter freilich nicht ohne Gefahr, denn wird er auf seinem unheimlichen Gange von jemanden angesprochen oder gegrüßt, so stirbt er noch im selben Jahre. Umgekehrt sollen aber auch jene sterben müssen, die vom Binsenschnitter zuerst angesprochen werden. Die Bauern ›sicherten‹ ihre Felder, indem sie an den vier Ecken des Ackers kleine Kreuze oder Elsbeeren unter Segenssprüchen in kleine Gruben versenkten. Auch sprachen sie Segen über die Felder bzw. besäten die Ränder zuerst. Fallweise wurde Schmiede-schlacke ins Feld geworfen, da diese – wie man inzwischen weiß – astrale Netzwerke beeinträchtigt. Der Eßbacher Heimatdichter Gustav Schröer hat den Stoff atmosphärisch verdichtet in seinem Roman ›Der Schuß auf den Teufel‹ [1925] verarbeitet. Vornehmlich kleine Bauern waren früher als ›Binsenschnit-ter‹ verschrien, vornehmlich dann, wenn sie einmal eine gute Ernte einbrach-ten oder ihre Scheuer voller Korn lagen, obwohl sie keines oder nur wenig angebaut hatten. Einige Forscher bringen den Mythos mit bronzezeitlichen Hortfunden und dort geborgenen 10-18 cm großen Knopfsicheln in Ver-bindung, die hin und wieder zutage treten. Zwischen dem Verbreitungsraum des Binsenschnitters und den Fundgebieten bronzezeitlicher Sicheldepots be-stehen auffällige Gemeinsamkeiten. Die gruppenweise Versenkung von Bron-zesicheln, so in Dornburg beim Wetthügel oder in Unterwellenborn-Röblitz, mag nichtzuletzt auf bronzezeitliches Erntebrauchtum zurückgehen. Andere sehen in dem geheimnisvollen Stegen eine frühe Entsprechung des sogenann-ten ›Kornkreis-Phänomens‹, wie es – wie wir bereits hörten – 1989 in der nördlichen Crispendorfer Flur sowie im März 1994 östlich des Görkwitzer Zipfel-teiches aufgetreten ist.[277]

Ein unruhiger Geist

Nicht nur altvordere Götter und Naturgeister besiedelten dem Volksglauben nach unsere Wälder und Lehden, auch Geister, die zuvor die Stätten der Lebenden heimgesucht hatten, wurden dorthin verbannt, weswegen man in prätouristischen Zeiten schon allein darum nicht ohne eine Verrichtung zu haben, in den Wald ging. So spukte im **Reißig**, jenem Waldstück südöstlich von Crispendorf, lange Zeit der Geist eines verstorbenen Neundorfer Einwoh-ners. Schon zu seinen Lebzeiten hatte er Familie und Nachbarn arg geschädigt und auch im Tode konnte er nicht davon lassen. So beauftragten die Orts-einwohner einen Geisterjäger. Das waren meistens Scharfrichter oder aber sogenannte weise Männer [mitunter auch weise Frauen], die gegen Angriffe astraler Entitäten vorgingen. Dieser Ghostbuster nun zog um einen Baum in diesem Wald einen Kreis und bannteden unruhigen Geist dort hinein. Lange Zeit blieb er auch darin. Einmal versuchte er einem Schweinehirten die Hand zu reichen, damit dieser ihn aus dem Bannkreis zöge. Als der Hirte sich wei-gerte, bestieg der gebannte Geist eine innerhalb des Kreises herumwühlende Sau und ritt auf Nimmerwiedersehen von dannen.[278]

»Also sangen wir, schier zehn jugendliche Studenten auf einer Pfingstfahrt unseres Weges ziehend. Schon lugte eines Dörfchens Kirchturm aus der Lichtung des Waldes, der von unserem Sang wiederhallte. Und muntren Schritts nach den Takten der frischen Melodie wanderten wir, vom langen Marsche an dem allzuwarmen Tage ermüdet und nach ›frischem Wasser‹ schreiend, vorbei an ernsten, alten Tannenriesen, vorbei an knospenden Gesträuchen und den nickenden ›Damen des Waldes‹, den schwankenden Birken, dem wirtlichen Hause inmitten des Dörfleins zu, wo wir bald unter einem uralten Baum – war es eine Linde? – bei der Lindenwirtin, der jungen, traulich beisammen saßen. Des eben hinter dem Dache auftauchenden Mondes lichter Schein lag voll und warm auf Wies und Hain und brach durch das dichte Gezweig und blinkte auf manchen Krug voll edelsten Dorfbiers, ›Eefaches‹ genannt. Doch hört: In langgezogenen Tönen klingt von ungeschulten hellen Mädchenstimmen eine getragene, fast wehmütige Weise zu uns herüber: ...

›Es ging ein treu verliebtes Paar im grünen Wald spazieren. Der Jüngling, der ihr untreu war, wollte sie im Wald verführen. Er nahm sie bei ihrer schneeweißen Hand und führte sie ans Gesträuche: ›Geh zu, geh zu feins Liebelein. Es geht zu Deiner Freude!‹

›Was soll ich denn im grünen Wald für eine Freude haben? Ich glaub, es wird die Totenbahre, und du willst mich begraben!‹ Drauf zog er auch sein Messer heraus, gab ihr ein Stich ins Herze, Sie schrie: ›O Jesu steh mir bei in meinem großen Schmerze!‹ Drauf gab er ihr den zweiten Stich, sie sank gleich vor ihn nieder, Sie schrie: ›O Jesu steh´mir bei, ich lieg ja schon darnieder!‹ Vor Kummer und vor Herzeleid konnt er sie nicht begraben. Er legte sich an ihre Seit und starb in ihren Armen. Drauf lagen sie zwei Jahre lang, eh sie ein Mensch gefunden. Und alle Vögel weit und breit sind über sie geflogen.‹ ...

Wie es Sitte ist in den Dörfern des Burgker Oberlandes ziehen die Dorfschönen Sonntag Abend gemeinsam durch das Dorf, die alten, von der Mutter der Tochter überlieferten, im Winter in den Spinnstuben gelehrten Gesänge des Volkes singend. Niemand weiß, wo und wann sie entstanden sind. ... Auch dieselben Volkslieder werden in den verschiedenen Gegenden, ja in benachbarten Dörfern anders, mit geringen Variationen gesungen. Sie weisen zum Teil sogar erhebliche Verschiedenheiten voneinander auf. Es dichtet dabei jeder Einzelne mit und so entsteht das Ganze in oft ewigem Wechsel. Wen haben sie nicht ergriffen die schlichten Melodien voll Herz und Gemüt: ... ›Wenn wir durch die Straßen ziehen, recht wie Bursch in Saus und Braus, schauen Augen, blau und grau, schwarz und braun aus manchem Haus; und ich laß die Blicke schweifen nach den Fenstern hin und her. Fast als wollt ich Eine suchen. Die mir die Allerliebste wär.‹«[279]

ERKMANNSDORF

Der Weiler Erkmannsdorf [1394] liegt zwischen Crispendorf und Eßbach an der Ziegenrück-Schleizer Straße in einer, vom Erkmannsdorfer Bach [1071 Goztima?] gebildeten Geländespalte. Die Überlieferung, wonach der Ort »früher ein **großes Dorf** gewesen, aber durch die Stürme des 30-jährigen Krieges zerstört worden sei, kann kaum zutreffen, da 1596 Crispendorf, Dörflas und Erkmannsdorf zusammen nur 35 Herd- und 3 ledige Baustätten aufwiesen.«[280] Vielmehr handelt es sich um eine schon im Spätmittelalter eingegangene kolonisationszeitliche Gründung eines Lokators mit Namen ›Erkmann‹, welche im 15. Jahrhundert von einem herrschaftlichen Vorwerk wiederbesiedelt worden ist. Wie wir noch hören, war es Teil jener Grundherrschaft, die sich im Schutze der Walsburg entwickelt hatte. Unter ihren Besitzern, den Herren von Posseck [1389, 1402], wird Erkmannsdorf noch nicht als **Herrensitz** erwähnt, erst unter ihren Besitznachfolgern, der mit der Familie von Posseck eng verwandten und verschwägerten Familie von Watzdorf, hören wir 1497 von einem Herrn vom Watzdorf auf ›Erckmaßdorf‹ als stiftsaalfeldischen Vasallen. 1547 wird das Rittergut Erkmannsdorf zum Leibgeding der Frau des Erhard von Walzdorf verschrieben. Verschiedene Unterlagen über der von Watzdorf auf Crispendorf und Erkmannsdorf Burgkische Lehen datieren aus den Jahren 1573–1587. Erst um diese Zeit scheint das Gut vom Stammgebiet abgetrennt worden zu sein. Der Zerfall der Grundherrschaft in drei Rittergüter kann anhand der Aufteilung der dem Landesherrn zu schuldenden Kriegsdienste nachvollzogen werden. Hatten die von Watzdorf den Herren von Gera bislang mit einem Ritterpferd dienen müssen, so war diese Verpflichtung fortan aufgeteilt, nämlich auf Crispendorf mit einem halben sowie Dörflas und Erkmannsdorf mit je einem viertelsten Ritterpferd [bzw. nach 1547 dessen Äquivalent als eine Art Kriegssteuer].[281] Nach Erhard von Watzdorfs Tod wurde Erkmannsdorf reußischen und [!] sächsischen Teils unter seinen Söhnen Erhard und Konrad aufgeteilt, worauf ersterer, nachdem er für 2.860 fl. auch den Anteil seines Bruders erworben hatte, den Gesamtbesitz am 25. April 1597 an Heinrich II. von Reuß-Untergreiz-Burgk für 6.500 fl. Kaufgeld und 400 fl. Verehrungsgeld veräußerte. Mitinbegriffen waren neben allen Zubehörungen auch ›dennen Stucken so vonn J. G. zu lehen ruhrenn, Besondern auch die Sächßischenn lehen sambt der Blotenn guthern [Güter in Plothen?] wie sie genennet werden‹ und anderer ihm erblich zugestandener reußischer Lehen zu Rödersdorf. Als Äquivalent dafür kaufte er sich im Kursächsischen an, kam aber kurz darauf bei einem Sturz vom Pferd ums Leben. Daraufhin ging sein Bruder Konrad gegen dessen Witwe – Margaretha von Watzdorf, geb. von Thunau zu Tromlitz [bei Blankenhain] – vor und behauptete, der Verstorbene hätte bei ihm noch beträchtliche Schulden gehabt. Der daraufhin von der Fürstlich Sächsischen

Regierung zu Weimar für den April 1600 anberaumte Schlichtungstermin verlief ergebnislos. Im Folgejahr gerät das Amt Ziegenrück mit Heinrich Reuß von Plauen wegen der Obergerichte in Erkmannsdorf aneinander, welches – obwohl der Dorfbach die Landesgrenze bildete – ganz zum Orlagau gerechnet wurde. Wann dort jenes zweite, sächsische Rittergut entstanden ist, läßt sich nicht sagen. Als im Jahre 1602 Heinrich II. ›sein frey Rittergutth Ergmansdorff‹ mit allen Zubehörungen, den Erbgerichten und der Niederjagd für 3.000 fl. an Ditterich Merrettich verkaufte, war es sowohl wirtschaftlich als auch vom Status her beträchtlich geschrumpft und rein auf den Ortsbezirk beschränkt. Gleich Dörflas brauchte es fortan keinen Ritterdienst mehr zu leisten. Dafür blieben aber auch das Obergericht, die Hohe Jagd und alle auswärtigen Lehen und Fronbauern vom Landesherrn einbehalten. Stattdessen wurde dem Käufer erlaubt, an der Stelle des alten **Schafhofes** zwei oder drei Häuslein bauen zu dürfen und Leute hineinzusetzen, ›die Jhme bisweilen zur handt mittarbeitten vndt andern Laufen mögen‹, wovon im Gegensatz zu Dörflas leider zu keiner Zeit Gebrauch gemacht worden ist und das Rittergut fortan ohne Untertanen auskommen mußte. Bald darauf, 1617 und 1629, ist Hieronymus Kaspar von Watzdorf als Gutsherr allhier erwähnt. Im Zuge einer Erbteilung mit seinem Bruder Christoph Daniel von Watzdorf auf Weitisberga verfügte er über etliche Untertanen in Friesau, ebenso noch sein 1643 erwähnter Sohn Wolf Albert, der in der Körperschaftsverwaltung der hiesigen Ritterschaft tätig war. Ab den 1670er-Jahren wechselte das Rittergut in rascher Folge seine Besitzer und wandelte sich zusehends zu einem ›Rittergütlein‹. Zunächst erwarb es Joseph Adam Töpfer aus dem Hause Lunzig. Ihm folgten die Heeresoffiziere Dietrich Bernhard von Obernitz [1681] und Christoph Wilhelm von Reitzenstein zu Niederkrossen [1712]. Im Jahre 1728 kaufte der Buchdrucker Friedrich Anton Urban aus Schleiz um 1.600 Mfl. das Anwesen mit Brau- und Schankgerechtig-keit, ging aber bald in Konkurs, worauf im Jahre 1730 die zu Dreba angeses-sene Bauernfamilie Meißgeier das Rittergut erlangte. Unter dieser kam es 1757 an deren Pahnstanger und 1783 an deren Kirschkauer Zweig. Als im Jahre 1783 der Bauer Johann Georg Dietz zu Langenwolschendorf den Besitz kaufte, war er nicht einmal mehr ›so stark wie ein ordentliches Bauerngut‹ und hatte lediglich noch 8-9 Rinder im Stalle. Nach dessen Bankrott 1813 erwarb Fried-rich Leich [auch Leicht oder Leucht] aus Eßbach das Gut. Die Wirtschaft war inzwischen zu einem kleineren Betrieb herabgesunken, der im Jahr 1860 [ge-rechnet nach Burgker Maß] nur noch über LWN von 7 ha [3,4 ha Feld, 1,5 ha Wiese, 1,5 Wald, 0,16 ha Teich und 0,5 ha Hutung] sowie einen Viehbestand von 3-4 Rindern und 10 Schafen verfügte. Davon mußte Johann Friedrich Adam Leich, der das Gut 1871 von seinem Vater übernommen hatte, auch noch 7 [!] Geschwister auszahlen. Mit der Eingemeindung nach Crispendorf erhielt der Rittergutsbesitzer, gemessen an seiner Grund- und Einkommenssteuer, dieselben Rechte und Pflichten wie alle anderen Gemeindemitglieder, nur daß er von Lasten ausgenommen blieb, die ihm aufgrund der Abgelegenheit seines Besitzes nichts angingen. 1884 beantragen Vater und Sohn Leich ›die Alodifikation des Rittermannlehngutes Erkmannsdorf, da es eben z. Zt. nur auf vier Augen und also auf dem Heimfall steht‹ und sie es ihrer Familie auch in weiblicher Linie sichern wollen. Die Greizer Regierung veranschlagt daraufhin einen Besitzwert von *11.566 ℳ* und fordert eine beträchtliche Ablösesumme von *1.800 ℳ,* welche nach mehrfachem Ersuchen von Fürst Heinrich XXII. ›im Gnadenwege‹ auf *1.200 ℳ* gemindert wird.[282] Im Folgejahr verkauft der Vater das Gut an den Sohn für nur *5.400 ℳ.* 1926 werden in Erkmannsdorf Ida Leich als Freigutsbesitzerin und ihre Söhne Albin und Reinhold als Landwirte angeführt. Letzterer übernimmt 1927 den Besitz und wird im Zuge der Einführung des NS-Erbhofgesetzes zum Erbhofbauer. Das Anwesen selbst, ein kleiner Vierseitenhof, lag idyllisch rechts des Erkmannsdorfer Baches zwischen den beiden Teichen und war bis nach der Wende noch völlig erhalten. Heute kündet nur noch das stehengebliebene Wohnstallhaus mit Satteldach von dem ehemaligen Rittergütlein Erkmannsdorf.[283]

Über die ältere Geschichte des sachsen-meiningischen **Rittergutes** Erkmannsdorf, auch ›Wüstung Erkmannsdorf‹ genannt, sind wir hingegen überhaupt nicht unterrichtet, ebensowenig darüber, warum ausgerechnet an dieser Stelle eine ernestinische Exklave bestand, die 1826 Teil des Herzogtums Sachsen-Meiningen wurde. Die Neustädter Landkarte von 1757 hat Erkmannsdorf überhaupt nicht eingezeichnet. Eine etwa gleichalte vogtländische Karte verortet den Ort dicht hinter die reußische Grenze. Schuhmanns Postlexikon [1815] erwähnt in Erkmannsdorf lediglich ein ›Rittergut ohne Untertanen‹ als Teil der Herrschaft Burgk im Voigtlande. Erst Alberti [1837] führt hier ein zweites kleines Rittergut auf, welches sich nach Schmidt [1843] im Besitze eines Gottlob Adler befand. Dieser entstammte wohl jener weitverzeigten Gutsherrenfamilie, die zu Beginn des 19. Jahrhunderts auch in unserer Region mehrere Rittergüter besaß und von der noch heute Nachfahren in Crispendorf leben. Der Gutsbezirk von Erkmannsdorf meiningischen Teils reichte im Süden bis zur Wisenta und umfaßte im Jahre 1910 lediglich eine Fläche von 57,2 ha mit 2 Wohnhäusern und 8 Einwohnern, welche 1923 nach Crispendorf eingemeindet und damit zum Großkreis Schleiz geschlagen wurden. Dessen ungeachtet existierten 1922 Grenzregulierungspläne zwischen der ehedem sachsen-meiningischen Stadt Pößneck und dem preußischen Kreis Ziegenrück mit dem ›Austauschprojekt Gut Erkmannsdorf‹. Im Jahre 1923 befand sich das Fideikommiß-Rittergut ebenda im Besitz des Barons Max de la Vigne, welcher den Landwirtschaftsbetrieb mit 95 ha LWN im Jahre 1926 u.a. von seinem Gutsverwalter Neuhaus und seinem galizischen Gesindemann Pikur Blazyk bewirtschaften ließ. Das Anwesen ist weitestgehend noch erhalten. Das zwei-geschossige, gründerzeitliche **Herrenhaus**, ein Rechteckbau mit Walmdach, großen Fenstern und Seitentürmchen, besticht durch seinen Mittelrisaliten, der ebenfalls als Türmchen mit Spitzhelm ausgeführt ist. Das Verwalterhaus davor ist ein eingeschossiger Bau mit Hochpaterre und Krüppelwalmdach. Die Hofanlage dicht unterhalb auf der anderen Seite des Weges hat durch ver-schiedene LPG-zeitliche Erweiterungen inzwischen einen H-förmigen Grundriß angenommen.Indem der Baron auch in Weißen [in der Uhlstädter Heide] einen großbäuerlichen Hof mit 81 ha LWN besaß, konnte er sich der Muße widmen. So trat er in den 1930er-Jahren mit [inzwischen noch nachgewie-senen] 13 Büchern oder besser Broschüren als eine Art New-Age-Schriftsteller in Erscheinung. Sie trugen Titel wie: ›Vom Ursprung des Lebens‹ [1932], ›Gott‹ [1934], ›Ecce homo‹ [1935], ›Vom Leben, Lieben und Sterben‹ [1936], ›Gott ist tot!‹ [1937], ›Der Weg des Menschen‹ [1937], ›Besitzen wir eine unsterbliche Seele?‹ [1938], ›Geistereien ohne Gespenster‹ [1939] und – gleich einer Zunkunftsschau – ›An der Zeitenwende‹ [1939].[284] Mit unter 100 ha LWN entging das Gut von de la Vigne 1945 der Enteignung. Als aber die Schleizer SED 1953 auf einem Versuchsfeld die Vorzüge der sozialistischen Landwirtschaft demonstrieren wollte und die großen Betriebe über 100 ha inzwischen längst zerschlagen und ihre Flächen aufgeteilt waren, faßte sie das Gut Erkmannsdorf ins Auge, das mit seinen noch ca. 80 ha LWN, 37 Milch-kühen und 6 Pferden struktur- und maschinentechnisch überaus gut ausge-stattet war. Ein Streit, den der Baron neun Wochen zuvor mit dem staatlichen Aufkäufer des Volkseigenen Erfassungs- und Aufkaufbetriebes für pflanzliche und tierische Erzeugnisse gehabt hatte, wurde daraufhin zum Anlaß genom-men, der Agronom verhaftet und ihm wegen Boykotthetze gegen demokra-tische Einrichtungen und Massenorganisationen der Prozeß gemacht. Man verurteilte ihn zu 12 Jahren Zuchthaus und zu weiteren ›Sühnemaßnahmen‹ u.a. die Übernahme seines Hofes betreffend. Erst 1964 wurde er schwerkrank aus der Haft entlassen. 1991 erfolgte eine Rehabilitation. Seine Wirtschaft aber wurde 1953 zunächst als ›örtlich geleiteter landwirtschaftlicher Betrieb‹ von durch die SED eingesetzte Genossen geführt. »Die von der SED im Rahmen der Kampagne ›Industriearbeiter aufs Land‹ eingesetzten Genossen bedienten sich zunächst einmal an den Beständen des Hofes. Binnen einen Jahres hatten sie den Viehbestand fast auf null heruntergewirtschaftet und die Futter- und Saatgutvorräte waren verschwunden. In das Gutshaus zogen zwangsver-pflichtete Industriearbeiter mit ihren Familien ein. Auch die sogenannte ›Zweite Generation‹, die am 9. April 1954 die LPG ›IV. Jahrestag‹ gründete ... wirtschaftete kaum besser. In kürzester Zeit hatte die LPG Erkmannsdorf den Ruf der schlechtesten LPG des Kreises Schleiz.«[285] Erst nach deren Einverlei-bung in eine Groß-LPG besserten sich die Zustände. Erkmannsdorf wurde zum

Standort von landwirtschaftlichen Einrichtungen, darunter eines größeren Mastbetriebes. Heute sitzt hier die ›Landwirtschaftliche Produktions- und Vertriebs- GmbH Erkmannsdorf‹. Dicht unterhalb der Ziegenrücker Straße entstanden Einfamilienhäuser so daß aus dem bisherigen beiden Gehöften inzwischen eine richtige Siedlung geworden ist.

Dörflas

Der Weiler Dörflas [1538 daz Derflen] liegt auf der Nordabdachung des Vogelherdes, eines Höhenrückens, der von den umgebenden Landschaftseinheiten durch die tief eingeschnittenen Täler von Saale und Wisenta beinahe vollkommen abgeschnitten ist. Sein früheres Prädikat ›kleinstes Dorf‹ des Fürstentums Reuß älterer Linie, mag die Ableitung seines Namens von mda.: ›Derfle → kleines Dorf‹ auf den ersten Blick rechtfertigen, doch können damit nicht jene 11 Häusleranweisen gemeint sein, die sich wahrscheinlich nicht vor dem Jahr 1600 unterhalb des großen Vierseitengehöfts des 1389 erstmals erwähnten Rittergutes angesiedelt hatten. Hier kann derselbe Hintergrund vermutet werden, wie im Falle von Peuschen oder den Rittergütern Pirk und Sachsbühl [heute Birkenhügel], wo der Gutsherr landlosen Familien die Ansiedlung erlaubte, um fron- und steuerfähige Untertanen sowie Dorfhandwerker zu gewinnen. Über Jahrhundert waren die Rittergutshäusler mit dem Herrenhof verbunden, ja genossen anfänglich sogar dessen Privilegien wie Steuerfreiheit vor dem Staat, Schutz vor Einquartierung u.a., bis der damalige Rittergutsbesitzer Carl-Hugo Wittich im Jahre 1869 die Exkommunalisierung seines Besitzes erwirkte, worauf die Häusler von Dörflas zusammen mit den drei Anwesen an der Wisentamündung eine Gemeinde bildeten und den ›Gastwirt und Gutsmaurer allhier‹ Albin Haase zu ihrem Bürgermeister wählten. Nachdem das Rittergut 1920 wieder kommunalisiert war, erfolgte schon 1923 die Eingemeindung nach Crispendorf und 1967 nach Eßbach. Eingepfarrt und eingeschult war Dörflas seit jeher nach Crispendorf, in dessen Kirche die Herrenfamilie einen eigenen Patronatsstand nebst Gruft besaß.[286] Als im Zuge des Ersten Weltkrieges – nichtzuletzt wegen der zunehmenden Maschinisierung des Landwirtschaft – weniger Tagelöhner benötigt wurden, zogen etliche Dörflaser in die weite Welt hinaus. Ihre Kleinhäuser fielen wüst und wurden zwecks Abriß vom Gutsherrn angekauft und zwar 1920 [1], 1928 [1], 1932 [1], 1933 [3]. 1926 lebten u.a. 1 Mauer, 2 Zimmerer und 7 Landarbeiter im Ort. Die neuere Geschichte von Dörflas ist eng mit der Fabrikantenfamilie Wetzel verbunden, die zwischen 1916 und 1945 das hiesige Rittergut besaß. Gleich anderen Industriellen wertete sie ihren Landsitz enorm auf, nicht nur mittels Zukaufs von Flächen, sondern auch durch historisierende Umbauten im Herrenhaus [anheimelndes Treppenhaus, oberländische Bauernstube], Modernisierung und Neubauten [umfassende Sanierung, Außenbalkon, Beseitigung der Schwarzen Küche, neue Wasserleitung von den Röhren des nahen Pumpspeicherkraftwerks über den Hochbehälter Vogelherd, Bootshaus an der Saale u.a.] sowie verschiedener erinnerungskultureller Maßnahmen wie der Errichtung einer neobarocken Gutskapelle [1935] und des **Elterngedenksteins** im Schloßgarten [1939], dessen gußeiserne Platte mit Familienwappen und Konterfei von Karl Friedrich Wetzel und seiner Frau Marie Louise, geb. Garthe, von dem Jocketaer Bildhauer Pfeiffer geschaffen wurde. Auch die bereits bestehende Einbindung von Dörflas und seiner Ausflugsgaststätte ›**Zur Linde**‹ in das touristische Netzwerk des Luftkurortes Ziegenrück wurde gefestigt, so etwa mit der Neuanlage und Sanierung von Wirtschaftswegen als Wanderwege, der Aufstellung der Fürstenbank, der Kissinger-Steinbank, zweier Bänke am Vogelherd, der Neuerrichtung des **Dreiherrensteines** an der Teufelsbergstraße [1924] u.a. Der Herzenswunsch der Wetzels, Dörflas als Mittelpunkt ihrer inzwischen recht verzweigten Familiendynastie zu erhalten und auszubauen, ging am Ende nicht in Erfüllung. Wie alle Besitztümer ab 100 ha Größe in der SBZ wurde auch das Rittergut Dörflas nach dem Zweiten Weltkrieg enteignet, seine Flächen zerschlagen und an landarme Bauern bzw. an Neubauern verteilt, die im und um den Gutshof fünf Neubauernanwesen errichteten. Bis weit hinein in die 1990er-Jahre war Dörflas, bedingt durch die schlechten Fahrtverbindungen, der gefühlt abgelegenste Ort des Landkreises und die Bevölkerung sank rapide auf 16 Einwohner im Jahr 2000. Eine ›Wende‹ brachte neben der neuen Asphaltstraße die Sanierung und Wiedereröffnung der ehemaligen Gutskapelle [1998/99], welche – seit 2010 mit dem Titel ›Kleinste Kirche Mitteldeutschlands‹ ausgezeichnet – auch für überregionale Gottesdienste und Konzerte – genutzt wird.[287]

Rittergut Dörflas-Walsburg

Das Rittergut Dörflas ist aus dem Burggut des im Spätmittelalter wüst gewordenen Felsenschlosses Walsburg, hoch über der Einmündung der Wisenta in die Saale, hervorgegangen. Es zeichnete sich durch sehr ertragreiche Grundstücke aus, welche zudem besonders günstig beisammenlagen. Der Forscher Herbert Hüllemann vermutet, daß die ursprüngliche Grundherrschaft der alten Walsburg als Kolonisationszentrum zwischen Ziegenrück und Burgk neben Dörflas auch das Gebiet um Erkmannsdorf, Crispendorf, bis hinüber nach Pahnstangen und Neundorf umfaßte und die Rittergüter Erkmannsdorf und Crispendorf erst im Spätmittelalter entstanden sind, wogegen einzig einzuräumen ist, daß das Rittergut Crispendorf, welches aus einer Wasserburg hervorgegangen sein soll, in Besitz und Ansehen stets bedeutender war als das Rittergut Walsburg-Dörflas. Allerdings spricht für seine These eine, entgegen den Zeichen jener Zeit [Niedergang des Rittertums, Zersplitterung niederadeliger

Grundherrschaften durch Erbteilung, Konkurs u.a.] gegen Ausgang des Mittelalters noch vorhandene Besitzkonzentration in diesem Gebiet, zunächst der Familie von Posseck, dann der von Watzdorf. So sind die von Posseck zwischen 1389 und 1402 im Besitz der Rittergüter Dörflas-Walsburg und Crispendorf sowie bis 1487 auch des Rittergutes Eßbach im benachbarten Amt Ziegenrück urkundlich nachgewiesen. Gegen Ende des 15. Jahrhunderts dann traten die Herren von Watzdorf an ihre Stelle. Dörflas, Erkmannsdorf, Crispendorf gehörten ihnen damals fast ganz, in Neundorf und Pahnstangen besaßen sie etliche Höfe.[288] »Am Montag nach Valentini 1538 belehnt Heinrich der Jüngere, Herr zu Gera, Schleiz und Lobenstein, die Brüder und Vettern Balthasar, Erhard, Hans, Apel, Kaspar, Christoph, Achatus, Hans Georg, Georg, David, Heinrich, Albrecht, Andreas, Georg, Rudolf, Vollrath, Kunz, Bastian, Albrecht und Heinz von Watzdorf mit den Rittergütern und Dörfern Crispendorf, Walsburg, Dörflas und Dittersdorf und allem Zubehör, den Fischwassern in der Wisenta und Saale, den Ober- und Erbgerichten, den geistlichen Lehen, 12 Männern und Gütern in Rödersdorf usw. Ausgenommen wird jedoch überall das Bergregal. Als voriger Besitzer wird der verstorbene Vater Erhard von Watzdorf genannt.«[289] Gegen Ende des Jahrhunderts veränderten sich die Verhältnisse wiederum: Hintergrund waren Besitzumschichtungen innerhalb der Landesherrschaft. Nachdem die Reußen dem letzten Burggrafen von Meißen im Besitz des Oberlandes nachgefolgt waren, sorgte der Anheimfall von Schleiz, Saalburg und Burgk [1590] unter den drei 1572 gebildeten Linien für neue Möglichkeiten. Die beiden 1586 geschaffenen Zweige der älteren Linie teilten nun ihr Land derart, daß Heinrich II. einen Teil des Besitzes seinem Bruder Heinrich V. abtrat und dafür – zusätzlich zu seinem Anteil an Schleiz – noch das Amt Burgk übernahm, das bei einer weiteren Landesteilung 1616 zu einer aus den Orten Plothen, Pahnstangen, Neundorf, Crispendorf, Erkmannsdorf (teils), Dörflas, Möschlitz, Grochwitz, Burgk, Remptendorf, Rauschengesees, Röppisch, Friesau, Pöritzsch, Zoppoten u.a. bestehenden eigenständigen Herrschaft [bis 1639] avancierte und auch noch einmal 1668 als solche wiedererstand [bis 1697]. All dies schuf die finanziellen Voraussetzungen dafür, daß Heinrich II. [1543–1608] die seinem Residenzschloß Burgk benachbarten Watzdorfschen Herrschaften ansichziehen konnte. Von den Gläubigern des seligen Hans Görgen von Watzdorf erwarb er im Jahre 1592 das Rittergut Dörflas. Erhard von Watzdorf verkaufte ihm 1597 Erkmannsdorf. Crispendorf hingegen gewann er infolge des erbenslosen Todes Heinrich Balthasars von Watzdorf durch Anheimfall [1597], worauf letzteres Rittergut bis zum Jahre 1765 im Besitz der Landesherrschaft verblieb, während Dörflas und Erkmannsdorf 1601 und 1602 wieder verkauft wurden, freilich ohne die Verpflichtung zum Ritterdienst und auch ohne Lehnbauern, deren Fron- und Zinsverpflichtungen Heinrich II. an das Vorwerk seines Schlosses Burgk gezogen hatte. Im Falle von Dörflas betraf dies 9 Zinsleute, von denen aber keiner im Ort selbst wohnte. Der Verkaufspreis für das Rittergut Dörflas betrug 4.100 Mfl. Käufer war Wolf Karl von Reitenbach.[290] Bis 1788 verblieb Dörflas in der Hand dieser Familie, bis es der Markgräflich Brandenburg-Kulmbachische Hauptmann Friedrich Gottlob von Reitenbach in diesem Jahre schuldenhalber für 18.000 Mfl. an den Kurfürstlich Sächsischen General-Accis-Commissarius Samuel Gottlieb Reißmann – den Besitzer des Rittergutes Neunhofen – veräußerte. Dieser erwarb auch die Rittergüter in Tausa und Bucha und starb 1810 auf Kospoda. Schon 1790 hatte Reißmann Dörflas an Johann Heinrich Wittich weiterverkauft. 1862 genehmigte die Landesherrschaft gegen eine Zahlung von 400 Talern die Allodifikation [Umwandlung von einem Lehen in ein Eigenbesitztum] des Dörflaser Rittergutes. Die entsprechende Urkunde beließ dem Besitzer zwar seinen privilegierten Gerichtsstand, doch das Gut selbst mußte ab 1863 seine Patrimonialgerichtsbarkeit an den Staat abtreten und verlor auch seine bisherige Steuerfreiheit. Carl-Hugo Wittich verkaufte das Rittergut 1897 an den Zwickauer Stadtrat und späteren Kommerzienrat Gottlob Grimm, der seine Initialen ›GG‹ an dem seiner Zeit neuerbauten Kuhstall hinterließ. 1916 veräußerte seine Witwe Louise Grimm, geb. Bergholz, das 146 ha große Rittergut für 268.500 Mark an den Kommerzienrat Dr.-Ing. Karl Friedrich Wetzel [1850–1924], den Besitzer der Maschinenfabrik und Eisengießerei Wetzel in Gera und Chemnitz, dessen Familie es zum liebsten Aufenthaltsort wurde. Die Wetzels entstammen nämlich unserer Region, waren in Crispendorf, Burgk, Schöndorf, Dreba, Pörmitz u.a. beheimatet, besaßen Bauerngüter und zeitweise sogar den Walsburger Hammer.[291]

Durch Zukäufe von Flächen meist in der Crispendorfer und Grochwitzer Flur [mit 134 bzw. 13 ha] brachten die neuen Besitzer das Rittergut bis 1939 mit 308 ha auf das Doppelte seiner Größe. Zwar konnten sie ihre LWN [meist mit Wiesen] lediglich von 63 ha [1916] auf 80 ha erhöhen. Dafür erweiterten sie ihren Waldbesitz von 77 auf 215 ha und ließen diesen zusammen mit ihren 1933 von dem letzten Herzog von Altenburg erworbenen St. Gangloffer Forst [1.136 ha] und dem 1936 angekauften Forst Wetzelshain [206 ha] in Burgwenden bei Eckartsberga von einer Privatförsterei bewirtschaften, für welche man 1939 das Waldarbeiterwohnhaus an der Wisentabrücka erbaute. Die Viehwirtschaft des Rittergutes belief sich z.B. im Jahr 1923 auf 7 Pferde, 30 Rinder [davon 12 Milchkühe] und 10 Schweine. Verwaltet wurde der Gutsbetrieb damals von Reimund Pretzsch, der das Verwalterhaus neben dem Hoftor bewohnte. Noch heute läßt sich der ehemalige Vierseitenhof des Ritterguts recht gut erkennen, da einige Wirtschaftsgebäude erhalten geblieben sind bzw. auf den Grundmauern anderer neue Gebäude stehen. Der Innenhof selbst war in einen oberen und unteren Hof gegliedert und sein ziemlich runder Hofteich besteht nach wie vor. An der Westseite stand bis zu seinem völlig unnötigen

Abriß im Jahre 1948 das **Herrenhaus**, welches der Aufschrift der in seinem Dachreiter gehangenen Glocke: ›*Christoph-Ludewig von Riedesel anno 1707*‹ nach zu urteilen, aus diesem Jahr stammen mag [soweit die Glocke nicht aus Tausa kam]. Auch sonst war der kurz-rechteckige barocke Bau mit Mansardwalmdach, Mittel-Risaliten, Dreiecksgiebel und mittigem Dachreiter dem Tausaer Herrenhaus nicht unähnlich – allerdings nur mit zwei Geschossen.[292]

Die Kirche St. Nikolaus

Wie aus dem Erdboden gewachsen steht etwa 150 m vom ehemaligen Rittergut entfernt am östlichen Ende eines parkähnlichen Geländes die alte Gutskapelle und heutige Ortskirche von Dörflas, welche – mit nur 20 Sitzplätzen ausgestattet – in einem 2010 durchgeführten Wettbewerb des Mitteldeutschen Rundfunks innerhalb der Zuschaueraktion ›Schwefelhölzchen‹ zur ›Kleinsten Kirche Mitteldeutschlands‹ gekürt wurde. Als Dank für eine gelungene Augenoperation von der Familie Wetzel gestiftet, hatte der Geraer Architekt Werner Macht sie nach dem Vorbild der Geraer Trinitatiskirche entworfen und der Crispendorfer Maurermeister Raabe den Bau ausgeführt. Ihre Einweihung erfolgte am Reformationstag des Jahres 1935 durch den Greizer Oberkirchenrat D. Reuter, wobei im Giebel zu ebener Erde eine Kupferkassette mit Dokumenten eingemauert wurde. Nach der Enteignung des Gutes 1945 wurde die bisherige Privatkapelle in den Besitz der Kirchgemeinde Crispendorf überführt und zur Filialkirche für Dörflas [mit Begräbnisrecht] erhoben. Nach einem längeren Dornröschenschlaf nahm sich eine Initiativgruppe des inzwischen reichlich zerfallenen Gotteshauses an und restaurierte es ab 1998 in mühevoller Kleinarbeit umfassend. Seine Wiedereinweihung erfolgte 1999. Zum Patron wurde der Heilige Nikolaus gewählt. Seitdem dient sie den Bewohnern von Dörflas wieder als Ortskirche und wird – wie wir bereits hörten – auch für überregionale Veranstaltungen genutzt. Vom Stil her ist es ein neobarocker Saalbau mit Mansardwalmdach und Zwei-Fensterfront. An der Zugangsseite besitzt die Kirche einen Steilgiebel, darüber einen Dachreiter, in dem eine Glocke von 1935 hängt. Der Chor hat einen ⅜-Schluß und drei kleine Rundfenster. Von einem Münchner Künstler seinerzeit aus Buntglas gefertigt, zeigen sie die wichtigsten Stationen des Heils [Geburt, Kreuzigung, Auferstehung Christi] und tauchen den Innenraum zugleich in ein wohltuendes Licht, das durch die vier Seitenfenster mit dem Familienwappen der Stifter wie auch durch den ausschließlichen Gebrauch von Kerzen zur Beleuchtung noch verstärkt wird. Hatte in der ursprünglichen Raumfassung noch der große Kruzifixius seitlich vom Altar den Blick der Gemeinde aufsichgezogen, so sind es jetzt – neben einigen anderen Symbolen – die geschnitzte Holzfigur des Schutzpatrons der Kirche sowie die warmen Holztöne der Inneneinrichtung, welche eine anheimelnde Atmosphäre erzeugen wie in der ›guten Stube Gottes‹.[293]

Die Pulvermühle an der Wisenta

In der Kaufurkunde für das Rittergut Dörflas erlaubte der Landesherr Heinrich II. dem Erwerber Wolf Karl von Reitenbach ›vor seine haußhaltunge‹ und ›vf seinem grundt vnd boden‹ eine ›Muhle mit einen gangk‹ zu errichten, wenn es der landesherrlichen Fischerei nicht schade. Inwieweit er von diesem Recht Gebrauch machte – und wenn ja, ob diese Mühle beim Pulvermühlenwehr [100 m flußaufwärts des Wisenta-Steges] oder an der Flurstelle ›Mühlstatt‹ [östlich hinter der Wisentaschleife auf gleicher Höhe] gestanden hat –, ist unklar. Urkundlich ins Leben tritt die Pulvermühle erst zu Beginn des 19. Jahrhunderts, als der neue Besitzer [1790] des Rittergutes Dörflas, Johann Heinrich Wittich, nachdem er 1804 bereits ein Wisentawehr zur Bewässerung der Brandwiesen errichtet hatte, im Folgejahr von Heinrich XIII. Reuß zu Greiz die Genehmigung zum Bau einer kleinen Pulvermühle erhielt. Als Nachweis dafür, daß die Produktion nur kurzzeitig lief, gibt eine Gerichtsakte aus dem Jahre 1806, wonach Wittich eine ihm angelieferte Tonne Schwefel sowie drei Zentner Salpeter nicht bezahlen wollte, beredtes Zeugnis. Sein Sohn Karl August Friedrich Wittich war nicht weniger unternehmungslustig. Zusammen mit einem sachkundigen Kompagnon aus Böhmen plante er 1814, an der Wisenta eine Allaun- und Scheidewasserbrennerei einzurichten, deren Bau auch genehmigt wurde. Als aber die Frage auftrat, wie er die alljährlich benötigten 300 Klafter Brennholz zu deren Betrieb auf Dauer auftreiben wollte, nahm er mit dem Hinweis, sein Kompagnon habe inzwischen ein anderes Engagement, von dieser ›Oleums-Fabrik‹ wieder Abstand und wollte nun stattdessen einen Waffenhammer errichten, der im Jahr nur 50 Klafter Holz verbrauche. »In seinem Gesuch weist Wittich besonders darauf hin, daß es einen solchen Waffenhammer im Lande noch nicht gebe, der auch Sensen, Sicheln, Futterschneiden, Beile, Äxte usw. anfertige, daß aber die ›Westfäliger‹, die in hiesiger Gegend mit diesen Gegenständen handelten, viel Geld aus dem Lande trügen.«[294] Das zog und der Bau wurde 1816 genehmigt, allerdings unter der Prämisse, daß das Brennholz dazu nur aus den eigenen Rittergutswäldern stammen dürfte, das benötigte Eisen allein von Burgkhammer kommen müsse und der Betrieb spätestens nach drei Jahren wieder stillzulegen sei. So wundert es am Ende nicht, daß Wittich das Vorhaben 1817 wieder aufgab. Inzwischen ist die Mühle längst verschwunden. Nur ein kleines Kellergewölbe davon ist geblieben. In den Werken Schöers aber lebt die Erinnerung daran fort.[295]

Merkwürdige Flurorte

Südlich von Dörflas auf dem höchsten Punkt jener von Burgk her sich gen Nordwesten erstreckenden Landzunge erhebt sich der **Vogelherd** [458m]. Er gehört zu den wenigen Orten des Oberlandes mit Spuren eines vorchristlichen Begräbnisplatzes. Auf seiner östlichen Abdachung, ›inmitten steinigen und dürren Landes‹, fand sich eine Stelle von 2 Meter Durchmesser mit lockerer, schwarzer ›Gartenerde‹ darin und einige Zentimeter unter dem Rasen zwei menschliche Röhrenknochen und eine Urne.[296] Von hier bietet sich eine gute Aussicht auf die jenseits der Wisenta gelegenen Dörfer. Etwas oberhalb, wo der Fels jäh ins Wisentatal hinabfällt, lukt über den Fichtenwipfeln der Kirchturm von Eßbach hervor. Eine Baumreihe im Hintergrund zeigt den Verlauf der Straße nach Crispendorf an. Auch Erkmannsdorf ist gut zu erkennen. Unterhalb dieser Höhenlinie verengt sich das Wisentatal auf absonderbare Weise und der Nordhang fällt sehr steil ab.[297]

Nicht weit von Dörflas entfernt finden sich noch Reste einer **Wolfsgrube** [1621 erwähnt].

Ein Born, bei dem während des 30-jährigen Krieges schwedische Soldaten gerastet haben sollen, heißt ›**Schwedenborn**‹.

Das **Diebsloch** zwischen Wisentawand und Walsburger Weg, östlich eines Teichs gelegen, mag ein Rückzugsort der Bewohner von Dörflas in Kriegszeiten gewesen sein. Von der Etymologie dieses Namens war im Vorfeld bei der Ziegenrücker Eselsschöpfe schon die Rede.

Der Pfad, der von Dörflas nach dem ehemaligen Teufelswehr führte, war der **Leichenweg**. Es soll der alte Fronweg von Crispendorfer Einwohnern nach dem Rittergut Liebschütz gewesen sein. Hinter dem höchsten Haus von Walsburg links abseits der neuen Asphaltstraße führt er als tiefeingeschnittener schmaler Hohlweg in die Höhe nach Liebschütz-Liebengrün empor.

Über den Wisenta-Steg am Wege nach Eßbach erheben sich die grotesken Felsbildungen des **Zschachenfelsens**. Weitere Eßbach-Dörflaser Flurnamen wie ›Weiße Kirche‹, ›Lichteweg‹ oder ›Teufelswehe‹ waren schon Alberti [1837] als bemerkenswert aufgefallen.[298]

Femgericht und Weiße Kirche

Eine Stelle an dem steilen und felsigen Wisentahang unterhalb von Eßbach ist fast ausschließlich mit Birken bewachsen. Vom Volksmund wird sie als ›Weiße Kirche‹ bezeichnet. Hier soll in alten Zeiten ein Opferplatz gewesen sein. Vielleicht ist dort jenes **Femgericht** zu suchen, das ehedem ›auf einer Stelle unfern Essbach‹ seine geheimen Sitzungen abgehalten habe.

Interessanterweise läßt sich der von einigen Forschern mit dem Dorf Eßbach gleichgesetzte, 1071 erwähnte Ort Visbach mit der ›**Weißen Kirche**‹ etymologisch in Verbindung bringen.[299] In den klassischen Keltengebieten des oberdeutschen Raumes gibt es eine Vielzahl von ›Asp-, Asch-, Ess-, Has-‹ oder ›Oss‹-Orten, an denen vorgeschichtliche Funde an den Tag gekommen sind. Vom Ursprung her scheinen sie auf eine indogermanische Wortwurzel zurückzugehen, die sich im Altlateinischen als ›Asa → Altar‹ oder im Althochdeutschen als ›Asca → heiß, Feuer, Asche‹ wiederfindet und mit der früher Brandopfer-

bzw. Brandbestattungsplätze benannt wurden. Auch der Name des Ortes Oßla bei Wurzbach, die Vorzeitfunde an und auf den Haselbergen nahe Pößneck und nichtzuletzt Sagen von gespenstischen Hasen deuten auf solche Orte hin. Auch die räumliche Nachbarschaft zweier namentlich auf solche Weise deutbarer Ortschaften wie Eßbach und Dörflas ist nicht einmalig. Sie findet sich in dem Namen des Coburger Vorortes Dörfles-Esbach und anderswo wieder. Neben diesem sakralen Hintergrund mögen die Namen ›Eßbach‹ und ›Weiße Kirche‹ auch von topographischen Gegebenheiten herrühren, etwa von einem von Espen gesäumten Bach [ahd.: Aspe, mhd. Espe → Espe; ahd.: bah, mhd.: bach → Bach] oder bezüglich der ›Ass‹- und ›Weiß‹- Orte auch von keltischen Synonymen wie ›aighe → Höhe‹, ›ais → Berg‹, ›as → Bergrücken‹. Auch die slawische Form ›vysoka → hoch gelegen‹ kommt für die Namensgebung in Frage. Aus sakraltopographischer Sicht hingegen läßt sich ›weiß‹ von den keltischen Synonymen ›uid → weise, wissen, erkennen‹, ›uindo → weiß, Winter‹, aber auch von ›vindo → Gestirnslauf, Sonnenweg, Milchstraße, Heiliger Mann → Priester [?]‹ ableiten, das Grundwort ›Kirche‹ [griech.: dem Herrn gehörig] aber von einem indogermanischen Synonym für ›mit Steinen umgebener Ring‹, das sich im Irischen etwa in ›Cianan → Kirche, Kirchenburg‹ wiederfindet.[300]

Teufelsberg und Teufelswehr

Zwischen Dörflas und Grochwitz erhebt sich der Teufelsberg [453m], wo sich ein Mäander der Wisenta bis auf 500 m der Saaleschlinge nähert. »Der beide Talschlingen trennende Rücken, der oben nur die Breite einer Straße hat, ist zwischen dem Teufelsberg und dem Vogelherd schon um 30 m erniedrigt, auf seiner Südseite fließt 100 m tiefer die Saale, auf der Nordseite nur 60 m tiefer die Wisenta. Beide Flüsse prallen noch heute gerade an der gefährdeten Stelle, und es wird bei der fortdauernden Erosion nur eine Frage geologisch sehr kurzer Zeit sein, daß hier der Hauptfluß seinen Nebenfluß abzapft und dessen gesamtes unteres Erosionstal trockenlegt.«[301]

Der **Teufelsberg** mag bis in die frühgeschichtliche Zeit hinein ein Brandsignalplatz und somit Teil eines hocheffektiven Frühwarnsystems gewesen sein. Diese Teufels- oder Höllplätze waren fast ausschließlich an fernsichtigen Punkten oder Sichtschneisen angelegt. Dort hatte ein von der Gemeinschaft bestellter Beobachtungsposten, der sogenannte ›Teufel‹ [ahd.: Tifel → Waldmensch, Riese] ein ständig glimmendes Feuer zu unterhalten und im Gefahrfalle zu einer weithin sichtbaren Lohe [kelt.: Loucos; lat.: Lux → Licht] anzufachen, damit das Zeichen auf die anderen Plätze der Signalkette übertragen werden konnte. Solche Feuerplätze waren fallweise auch an späteren ›Brand-, Haardt-, Schön-, Wart-, Kapfen-, Leucht-, Licht-, Luchs- und natürlich Loh-Orten‹ angelegt. Indem diese an so einsamen Bergeshöhen fernab der Gesellschaft hausenden Feuerhüter auf die Versorgung seitens der umwohnenden Bevölkerung angewiesen waren, mußten sie – wenn diese einmal ausblieb – sich anderweitig, etwa vom Vogelfang, ernähren. So sind auch die zahlreichen, beinahe ausschließlich an hochgelegenen Orten zu findenden Vogelherde namentlich zu erklären, wobei Vogelfangplatz [Vogelherd] und Feuerstelle [Fackelherd] eine etymologische Begriffseinheit [Vuckel-Haardt] gebildet haben müssen.[302] Daß auch der Name des Ortes Dörflas, soweit an der Stelle des nicht vor 1389 erwähnten Walsburgischen Burggutes vordem kein ›kleines Dorf‹ gestanden hat, von einem aus ›Tifel‹ gebildeten Synonym abgeleitet ist, kann nicht vollends ausgeschlossen werden.

Und in der Tat hat die Volkssage in dieser abgelegenen Gegend den Teufel durchaus am Werke gesehen und als dessen hauptsächlichen Wohnsitz in unserer Gegend den ›**Eichrück**‹, einen abgelegenen Wald im Forstdistrikt Walsburg, auf der linken Seite der Saale ausgemacht, der nur schwer zu erreichen ist.[303] Crispendorf hat zudem die Fluren ›Teufelsküche‹ und ›Teufelsstube‹, Ziegenrück einen Teufelsgraben, doch weiß man nichts mehr darüber zu erzählen, umso mehr aber vom **Teufelswehr**, einer unterhalb des Teufelsberges ehedem weit in die Saale hineinragenden Felsenkette, deren Oberflächen teller- und schüsselartige Vertiefungen aufwiesen und über dessen Entstehung ehedem eine Reihe unheimlicher Geschichten kursierten:

»Auf dem Eichrück, einem Bergrücken jenseits der Saale gegenüber von Dörflas, hauste in der Vorzeit der Teufel mit seinem Gefolge, und wer sich jener Stelle näherte, den suchte er mit List zu fangen. Einmal kam ein Maurermeister dahin. Mit ihm ging der Böse eine Wette ein, daß er vor des Maurers Augen von Mitternacht bis zum Hahnenschrei über die reißendsten Fluten des Flusses ein Wehr erbauen wolle. Der Maurermeister ging darauf ein und stieg in der Nähe auf einen Baum, um von dort aus die Sache mitanzusehen.« Voller Schrecken gewahrte er, wie der Teufel große Felsblöcke aus dem Bergen riß, diese in die Saale stürzte und festtrat. »Kaum fehlte noch eine Elle an der Vollendung des Werkes, da rief der Maurer auf dem Baume in der größten Seelenangst mit lauter Stimme: ›Kikeriki! Kikeriki! Kikeriki!‹ — so täuschend echt, daß der Teufel wähnte, ein wirklicher Hahn habe gekräht. Wütend darüber, schlug er mit seiner Hand auf einen neben ihm befindlichen Felsen, so daß noch heute der Eindruck, den der Schlag gemacht, darauf zu sehen ist, und fuhr dann auf und davon.«[304]

Eine ähnliche Sage berichtet von einer ehedem dort gestandenen **Mühle**, deren Wehr zertrümmert war, worauf die Müllerin in ihrer Not einen Pakt mit dem Teufel einging, der sich bereiterklärte, das Wehr binnen einer Nacht wieder aufzubauen. Wenn er bis zur ersten Hahnenkraht mit der Arbeit fertig sei, dann müsse die Müllerin seine Schuldnerin in Ewigkeit sein. Als es kurz darauf in der Saale zu klatschen anfing, gewahrte sie zu ihrem Schrecken, daß die Gicht haushoch spritzte und ein schrecklicher Sturm dazu heulte. Der Teufel kam schnell voran. Es fehlten nur noch wenige Brocken und bis zum Morgengrauen war es noch gar zu weit. In ihrer Not hastete die Müllerin zum Hühnerstall und klatschte dreimal laut mit den Händen. Der Hahn erwachte, dachte es sei schon Morgen, und fing zu krähen an. Beim dritten Hahnenkraht war es totenstill draußen geworden. Am Morgen sah man dann ungeheure Felsblöcke über die Saale getürmt. Nur zwei hatten gefehlt und der Teufel hätte seinen Handel gewonnen.[305]

In einer dritten Überlieferung spiegeln sich eindeutig heidnisch-kultische Vorgänge wider: Zwischen Burgk und Walsburg wird die Saale durch ein natürliches Felsenwehr in ihrem geschäftigen Laufe gehemmt.»Da liegt noch heute ein **Stein** mitten im Saalbett, auf dem man deutlich den Abdruck einer Schüssel und eines Löffels erkennen kann. Die Prägung des Steines ist vom Teufel. Der war einst mit seiner Großmutter in dem tiefen Tal und verlangte von der Alten, eine rechte Satanssuppe zu kochen. Giftige Pflanzen und ekliges Gewürm gab es genug am Hang. Ja, sagte die Alte, du kannst die Höllenbrühe haben. Aber du mußt, während ich Kräuter suche, Schlangen und Echsen fange, ein Steinwehr über die Saale bauen. Bist du fertig, wenn ich fertig bin, sollst du die Suppe essen, gelingt dir die Arbeit nicht, habe ich die Wette gewonnen und darf die Schüssel auslöffeln. Der Teufel war es zufrieden – und verspielte. Ein Stein fehlte noch, als die Höllenalte ihm grinsend das dampfende Gebräu unter die Nase hielt. In wahrhaft teuflichem Zorn packte der Satan die Schüssel mit dem Löffel und schmetterte beides mit Teufelskraft auf den Stein. Die Eindrücke blieben. Die teuflische Mißgunst hat auch sonst auf Erden Spuren hinterlassen.«[306]

Das Teufelswehr aber stand hinterher noch lange Zeit unvollendet da, mit der vom Teufel gelassenen Öffnung. Es war der Ausläufer einer senkrecht stehenden Bank sehr harter Grauwacke, die sich unterhalb des Teufelsberges gegen den rechten Saalehang hinzieht. Als später zur Verbesserung der Flößbarkeit der Saale herausragende Felsen abgebrochen wurden, kam auch das Teufelswehr an die Reihe, welches sächsische Bergleute [anderen sagen, ein alter Ziegenrücker Bergknappe] im Jahre 1567 teils durch Sprengung beseitigten. Seine Überreste aber blieben – wie alte Fotographien zeigen – noch immer beeindruckend. Im Jahre 1920 dann hat man eine Rinne in die Felsenkette hineingesprengt, während der hangseitige Fels 1933 das Material für den Bau der Sperrmauer liefern mußte. Im Sommer 1939 wurde das Teufelswehr – weil es die zu erwartenden Wasserabflußverhältnisse gehemmt hätte – vollständig beseitigt, Reste davon sind – knapp unterhalb des Krafthauses – noch erkennbar.[307] Am Teufelsberg begegnen wir auch einem technischen Novum – dem Wisentakraftwerk als dem ersten vollautomatischen Pumpspeicherwerk der Welt.

Crispendorf

Dörflas

Grochwitz

Nur Wenigen ist heute noch bekannt, daß die Errichtung jener gewaltigen Saalekaskade zur Gewinnung elektrischer Energie mit dem Bau des Wisentakraftwerks begann. Wie wir bereits hörten, befinden sich unterhalb des Teufelsberges die Flußläufe von Saale und Wisenta horizontal nur etwa 500 m auseinander, besitzen aber einen Vertikal-Abstand von 55 m. Unter Ausnutzung dieser natürlichen Gegebenheiten entstand in einer ersten Ausbaustufe 1919/20 zunächst ein ›Gefällekraftwerk‹. Für den Bau des Krafthauses und die Installation seiner Armaturen mußten sämtlichen Materialien per Schrägaufzug den 180 m hohen Hang des Teufelsberges in das Saaletal hinabtransportiert werden. Zufahrtsstraßen gab es in diesem abgelegenen Winkel damals noch nicht. Die Wisenta aber wurde mittels eines 5 m hohen Steinkistenwehres aufgestaut, was den Weiterfluß des Wisentawassers auf, im Maximum 30 ℓ/s begrenzte. Das über ein Einlaufbauwerk abgezapfte Wisentawasser strömte zunächst durch einen 344 m langen, ovalen, mit 2% Gefälle ziemlich geraden Druckstollen [Ø 2,7 m²] mit einer kuppelförmigen Halle [Wasserschloß] am Ende. Anschließend stürzte es über eine, den Hang hinabführende 121 m lange Rohrtrasse [Ø 1,25 m²] 54 m tief auf zwei horizontallaufende Francis-Spiralturbinen hinunter, von denen es am Ende in die Saale abgeleitet wurde. Die in einem Krafthaus stehenden Turbinen verfügten über eine Leistung von je 600 kW und waren seinerzeit die ersten schnelllaufenden Wasserturbinen Deutschlands. Die ab 1920 erzeugte Elektroenergie wurde – wie in unserem Kapitel über das Conrodkraftwerk [1920] beschrieben – nach Jena geliefert, zunächst mittels einer 7,2 km langen 10 kV-Freileitung über das Conrodkraftwerk und schließlich – nach Fertigstellung der Bleilochtalsperre [Ende 1932] – über das Umspannwerk an der Bleiloch. In einer zweiten Ausbaustufe 1933/34 errichteten etwa 230 Arbeiter im Zuge einer Arbeitsbeschaffungsmaßnahme mit Handgeräten, Feldbahn, Baggern u.a. 250 m unterhalb des Wisenta-Steinkistenwehres eine neue, etwa 12 m hohe, in fünf Blöcken ausgeführte Betonmauer, die am Fuße 9 m, an der Krone 1,3 m breit ist. Gegossen hat man die einzelnen Lagen mittels zweier rd. 30 m hoher Gießtürme. In einer 3. Ausbaustufe 1938/39 wurde das Talsperren-Spitzenkraftwerk Wisenta zu einer Wasserkraft-Pumpspeicheranlage [PSW] erweitert und teils 1939, teils 1940 in Betrieb genommen. Notwendig dafür waren der Bau einer Betonsperrmauer über die Saale, die Aufstockung und Erweiterung der beiden Maschinenhäuser flußauf- und flußabwärts sowie der Einbau entsprechender Pumpspeicheraggregate. Die Saalestaumauer unmittelbar oberhalb des Krafthauses wurde 118 m lang und 15,5 m hoch. An der Sohle erhielt sie eine Breite von 12½ m, an der Krone von 2 m. Das stromaufwärts gelegene Krafthaus wurde erweitert und mit einem Niederdruckspeichersatz mit Kaplan-Turbine [1.980 PS], Hochdruckpumpe [mit 1.750 PS Leistungsaufnahme] und Synchrongenerator ausgestattet. Der zweite

Bausatz wurde wegen des Krieges nicht mehr beschafft. An seiner Statt trat 1948 eine aus dem Conrodkraftwerk ausgebaute Maschinengruppe, bestehend aus einer Schachtturbine [1.322 PS] mit einem Drehstrom-Schirmgenerator, ihren Dienst an. In dem stromabwärts gelegenen Krafthaus dagegen installierte man einen Hochdruckspeichersatz mit einer Francis-Doppelspiralturbine [2.500 PS] und zwei Hochdruckpumpen [mit je 1.450 PS Leistungsaufnahme] sowie einen Motorgenerator, alles mit Selbststeuer- und überwachungseinrichtungen. Die potentielle Ausbauleistung aller 5 Maschinengruppen belief sich auf 7.800 kVA, die jährliche Stromerzeugung auf 12-19 Mio. kWh. In einer 4. Ausbaustufe 1954/55 wurde die Sperrmauer des Oberbeckens verstärkt und auf 16,1 m erhöht, am Einlaufbauwerk eine Drosselklappe mit Nennweite 1900 – die erste in dieser Größe von einem Gußwerk in der DDR gefertigte – eingebaut und die Hangrohrleitung erneuert, worauf alle Maschinengruppen in voller Kapazität gefahren werden konnten. Dennoch war die erzeugte Gesamtnennleistung der vier Pumpspeicheraggregate von zuletzt 3,76 MW für einen Betrieb dieser Größe viel zu gering. 1992 erfolgte die Abschaltung. Einzig das Laufwasserkraftwerk an der Saale blieb in Betrieb, wobei die Leistungsabführung seit 1995 über ein 20-kV-Erdkabel zum PSW Bleiloch erfolgt. Bereits 1989 unter Denkmalschutz gestellt und von der VEAG und nachfolgend von Vattenfall gebrauchs- und funktionsfähig gehalten, muß man sich um den Erhalt dieser einmaligen Wasserkraftanlage auch in Zukunft nicht sorgen.[308]

Nördlich des Dörflas-Grochwitzer Weges lugt zwischen bewaldeten, wenn auch nicht sehr steil anmutenden Bergen eingebettet – die **Wisentatalsperre** hervor. Mit einem Fassungsvermögen von 1 Mio. m³ staut sie das Wasser aus einem Einzugsgebiet von 170 Quadratkilometern.[309] »Eine Fläche von nur 0,28 km² spiegelt da zu Füßen dichten Nadelwaldes in der grellen Sommersonne. Auch nur etwa 2,5 km die Wisenta aufwärts reicht der Stau, aber mit ihm verlieh der Mensch der Landschaft ebenfalls einen eigenartigen Reiz.«[310]

Versunken unter den Fluten liegen die Überreste der **Wolframsmühle**. Sie stand einsam im Tale auf der nördlichen Seite unterhalb des Erlberges [437m] nahe der Einmündung des Wehrbaches. In den Rittergutsakten von Crispendorf erstmals gegen Ende des 16. Jahrhunderts erwähnt, war sie die Zwangs- und eigentliche Dorfmühle des Ortes. Friedrich Heiber, Hans Kolb, Hannß George Orlamünder u.a. werden als ihre Besitzer genannt. Letzterer etwa mußte 1769 an Erbzinsen alljährlich an den Crispendorfer Grundherrn abführen: »Zu Walpurgis 1 fl. vom Hause, 5 fl. wegen des Zwangsmahlens und der Schweinemastung, 1 gr. von einem Teich, ferner zu Michaelis 5 fl. vom Zwangsmahlen und der Schweinemastung, 1 gr. vom Teich, 1 gr. von einer Wiese am Erlebergk, weiters zu Weihnachten 2 gr. für einen Weynachtsstollen, 6 alte Hühner von der Mühle, zwey dergleichen vom Acker am Erlebergk, zur Fastnacht 3 Scheffel Korn zu Saamen von der Mühle, 2 Viertel Korn von einem, von Hannß Michel

Rombergern wiederkäufflich erkaufften Acker.«[311] Zudem mußten unentgeltlich 120 Bretter geschnitten oder dafür 14 gr. 4 Pf. gegeben und selbstverständlich ohne Mahllohn [1 Metze auf den Scheffel] für die Lehnsherrschaft und das ›Vorwergcks-Gesinde‹ ausgemahlen werden. Dennoch scheinen die Müllersleute ›gut dran‹ gewesen zu sein. »Ein Ofen mit der Jahreszahl ›1744‹ soll 1895 nach Schloß Burgk und ein großer bemalter Schrank mit 2 Reihen Kästen und Fächern sowie dem Signum *Simon Farnbach 1750*‹ lange vor dem Abbruch nach Eßbach gekommen sein.«[312] Von seinem Aussehen her war die Mühle ein verschachteltes Anwesen aus fünf aneinanderstehenden altertümlichen Gebäuden [mit Holzbohlenstuben und Laubengang]. Alte Crispendorfer erinnerten sich noch gern daran, wie anheimelnd es dazumal war, wenn sie im Winter zur Mühle gefahren sind und – ehe sie ihr Schrot und das Mehl aufluden – sich noch einmal in der gemütlichen Stube aufwärmen konnten. Im 19. Jahrhundert gehörte die Mühle Nicol Orlamünder [†1819], anschließend seinen Schwiegersohn Heinrich Hendel. Als der letzte Hendel 1905 verstarb, übernahm der Schwiegersohn, Moritz Manger, das Anwesen, dessen Existenzgrundlage damals noch aus Lohnschroterei und einer kleinen Landwirtschaft bestand. 1919 erwarb die Zeiss-Stiftung das Anwesen nebst den Grundstücken und begann mit dem Bau der Wisenta-Staumauer. Im Frühjahr 1921 verließ die Familie ihr Anwesen. Beim Abiß kam eine als Bauopfer eingemauerte Katze ans Licht.[313] »Nach dem Erwerb eines Hofes in Crispendorf konnten die Müllereimaschinen dort installiert werden und so kam eine kleine Müllerei wieder in Gang. Heute weist nur noch der alte ›**Mühlweg**‹ auf den versunkenen Ort hin.«[314]

GROCHWITZ

An einem, zum linken Ufer der Wisenta sich neigenden Abhange liegt das Platzdorf Grochwitz [1356 Grouswitz] »mit einem alten Kirchlein, das einen äußerst schlanken Spitzturm hat und mit fränkischen Bauernhöfen. Die Giebel der Häuser sind zur Straßenseite gekehrt, Wohnhaus, Scheune und Schuppen bilden mit der wohlausgebildeten, ausgemauerten Toreinfahrt ein geschlossenes Viereck. Die gleichmäßige Stellung der Höfe mit dem Giebel zur Straße ergibt ein reizvolles dörfliches Straßenbild.«[315] Der **Ortsname** des ehedem sorbischen Sippendorfes ›Grachz‹ oder ›Drachz‹ ist als slaw. ›Groch → Erbse‹ bzw. ›Grobica → ein von einem Graben durchzogenes Tal‹ deutbar, kann aber als ›Goztima‹ [aso.: Gozd → Bergwald, Obdach] auch jener Ort gewesen sein, der 1071 als einer der Grenzpunkte des Orlagaus erwähnt wird und bislang auf den Erkmannsdorfer Bach bezogen worden ist.[316] Ursprünglich bestand Grochwitz aus einem Freigut [wohl dem ursprünglichen Grundhof] und 9 Bauerngütern, von denen eines dem Deutschritterorden zu Schleiz und die anderen ›auf der Burgk‹ zu fronen und zu zinsen hatten, wobei dessen Domäne,

Kammergut und fürstliches Schatullgut [mit zusammen 284 ha] noch im Jahre 1923 in der Grochwitzer Ortsflur [347 ha] über Liegenschaften von knapp 100 ha verfügten. Die Frone nach dem Domänengut war beträchtlich, sie betrug je Woche 3 Tage. Im Jahre 1551 wurde den Möschlitzer und Grochwitzer Einwohnern von den Gebietsnachbarn der Herrschaft Burgk, den Herzögen zu Weimar, auch noch das Heu gepfändet, weil diese sich mit dem Burggrafen Heinrich IV. über Besitzfragen nicht einigen konnten. Mit der Zeit sollte auch Grochwitz anwachsen und 16 Häusleranwesen zu den 10 Gütern hinzukommen, deren Haushaltsvorstände teils Dorfhandwerk betrieben, teils Tagelöhner waren, zum großen Teil aber im Burgkhammer arbeiteten, so daß um das Jahr 1840 an die 100, 1867 aber schon 159 Menschen im Dorfe lebten. Später ging diese Zahl wieder etwas zurück, so bis 1910 auf 139 und bis 1933 auf 133, was einem Rückgang von 16% entspricht. Unter den 10, im Adreßbuch des Kreises Schleiz 1926 ausgewiesenen Landwirten waren die Höfe von A. Eismann, O. Fritz, K. Müller, H. Opel, J. Opel, F. Pohl und E. Rudolph mit 21/ 26/ 26/ 24/ 22/ 19 und 20 ha LWN die bedeutendsten. Unter den anderen Bewohnern fanden sich 1 Müller, 1 Gastwirt, 1 Baumeister, 5 Gesindeleute, 17 Tagelöhner und mitarbeitende Familienangehörige, 14 Witwen bzw. Auszügler, an Handwerksgesellen 5 Maurer, 1 Dachdecker und 1 Zimmerer, ferner 1 Werkmeister u.a. Mitarbeiter des nahen Wisentakraftwerks. 1994 wurde Grochwitz mit seinen etwa 100 Einwohnern nach Möschlitz und zusammen mit diesem 1995 nach Schleiz eingemeindet.[317]

Die **Ortskirche** könnte, worauf das Patrozynium der Maria hindeutet, eine Gründung des Deutschritterordens gewesen sein, der sich nicht nur dem Heiligen Georg, sondern auch der Muttergottes besonders verschrieben hatte. Alberti erwähnt 1835 noch eine Glocke von 1320. Sonst deutet nichts auf diese frühe Zeit hin. Der polygonale Ostabschluß und ein inzwischen vermauertes Spitzbogenfenster weisen die Kirche vielmehr als gotisches, ja spätgotisches Bauwerk aus der Zeit vor 1500 aus. Als Filial der Möschlitzer Pfarrei, der auch das benachbarte Burgk zugehörte, besaß die Kirche bestenfalls das Trau-, definitiv aber kein Tauf- und Beerdigungsrecht. Darum fehlt die sonst bei fast allen Gotteshäusern des Schleizer Landes anzutreffende Kirchhofsmauer. Während in der, ebenfalls mit zum Möschlitzer Kirchspiel gehörenden Burgker Schloßkapelle mindestens allsonntaglich Gottesdienst war, wohin den Pfarrer reihum einer der Pferdefröner kutschieren mußte, wurde in Grochwitz jährlich nur zum dritten Feiertage der drei Hohfeste und zur Kirchweih Predigt gehalten, »wo dann jeder Hauswirt als Bezahlung bei dem Ausgange aus der Kirche 6 Pfennige gutes Geld ... auf den Altar legt, von welchem der Pfarrer zwei Drittheile, und der Cantor ein Drittheil erhält. Die Kirche hat 70 Rthlr. und 20 Gr. eisern Capitalia, die auf die Bauerngüter vertheilet sind, und die bisher hinreichten, sie im baulichen Wesen zu erhalten. Im Übrigen muß der Ort zu allen Anlagen, die zur Erhaltung der Kirche Pfarre und Schule in Möschlitz gemacht werden, den fünften Teil geben.«[318]

Von ihrer Gestalt her ist die Kirche ein kleiner rechteckiger Saalbau von innen ≈11 x 6 m mit hohem Krüppelwalmdach, unter dem – für diese Gegend ganz ungewöhnlich – neuere Balkenköpfe hervorragen, nebst einem schlanken Dachreiter mit Uhr und Spitzhelm. Die höchst ungleichen und unregelmäßigen Fenster [je eines an den drei Schlußseiten, zwei an der Südseite] und die Tür sind rundbogig. Über der letzteren findet sich eine kleine Blende mit Giebeldeckung. Die Innenausstattung mit einfacher Empore und geputzter, ursprünglich mit Schablonen-Malerei versehener Flachdecke entstammt weitgehend dem 19. Jahrhundert, das Altarbild – das Heilige Abendmahl darstellend – dagegen der Barockzeit. Zwei im Jahre 1950 von A. Lange geschaffene Bleiglasfenster zeigen die Taufe im Jordan und die Auferstehung. Das Orgelpositiv [1950] ist eine Arbeit der Werkstatt Sauer. Zwei von Paul Lehfeld noch erwähnte hölzerne Altarfiguren stellten die Heiligen Barbara und Nikolaus dar. Sie entstammten einem Schrein aus dem 16. Jahrhundert, dessen beiden Flügel, die Anbetung der Könige sowie den Martertod des Heiligen Sebastian darstellend, an der Nordwand des Chors angenagelt waren. Dafür hat sich eine vorreformatorische Glocke mit der Inschrift: ›Anno dnī m°cccc° ixxxxi° igsvs kirstvs → Jesus Christus im Jahr des Herrn 1489‹ erhalten.[319]

Über die Geschichte des Grochwitzer **Freigutes** sind wir nur wenig unterrichtet. Wie seine Bezeichnung ›Freigütchen‹ [1835] andeutet, wird es am Ende nicht größer gewesen sein als ein mittelbäuerliches Anwesen, allerdings mit der Freiheit von Fronden, Steuern und Gemeinpflichten. Auf den kleineren Freigütern lebten gewöhnlich Erbschulzen oder Erbkretschmare, auf den größeren in der Regel adelige Nebenlinien. So ist auch Grochwitz im Jahre 1769 als Sitz des Militäroffiziers Gustav Adolph von Brandenstein [geb. 1690] oder [?] seines Sohnes Gustav Adolph Ernst [geb. 1737] erwähnt. Sie entstammten dem Bodelwitzer Zweig der Wöhlsdorfer Linie dieses volkreichen Geschlechts. Ersterer war Besitzer des Freigutes Bodelwitz, Herr auf Bucha und Mitbelehnter des Rittergutes Krölpa [bei Ranis]. Nach seinem Abschied aus dem Militärdienst [1737] lebte er ausschließlich auf Grochwitz. Von seinen 8 Kindern trat Gustav Adolf Ernst die Nachfolge an. Als Kammerrat des Grafen von Schönburg-Hinterglauchau geriet er jedoch in dessen Streitigkeiten mit dem sächsischen Kurfürsten, dessen Lehnsherrschaft der Schönburger sich nicht länger unterwerfen wollte und war zeitweise eingekerkert. 1778 floh er nach Prag und nahm eine Hauptmannsstelle bei österreichischen Militär an. Später fungierte er als Beamter in Braunau am Inn und wurde 1791 in den Ruhestand versetzt, worauf er sich in Wien niederließ und seine hiesigen Besitzungen verkaufte.[320]

Die Dorf- oder **Stöckigtsmühle** liegt 250 m nordöstlich vom Ort unter einer Biegung der Wisenta an der Einmündung des Cristelbaches. Als Amtsmühle war sie etwa im Jahr 1701 verpachtet gegen Zins und die Auflage das für Schloß, Vorwerk und Amtshaus Burgk sowie für die dort wohnende Dienerschaft erforderliche Malz und Getreide umsonst und ohne Metze zu schroten und zu mahlen, außerdem jährlich 4 Scheffel Malz als Zins zu entrichten und ein Drittel der der Herrschaft gehörigen Klötzer zu schneiden. Zudem war sie Zwangsmühle für die Amtsuntertanen von Grochwitz, Neundorf, Pahnstangen und Plothen. Schon 1703 klagten die Kleinhäusler letzteren Ortes: »Da doch keiner weder Anspann noch anderes Vieh, ja der zehnte nicht eine Henne halten kann, auch solche Mühle uns zu weit gelegen, da wir Gott danken, wenn wir einen viertel oder einen halben Scheffel zuwege bringen und solches dazu schaffen sollen, uns gar so schwer fallen will, wir auch uns mit dem Tagelohn unserer Handarbeit nähren müssen und viel zu versäumen nicht leiden will. Überdies haben sowohl wir als auch die auf Gütern wohnenden und andere Mahlgäste mehr uns zu beklagen, daß wir unser gehöriges Mehl nicht wie in anderen Mühlen, sondern ein merkliches weniger bekommen, womit vielleicht der Pachtmüller, seines Pachtgeldes zu erheben gedenkt.«[321] Daraufhin erlaubte man ihnen, ihr Getreide fortan in der Plothner Mühle mahlen zu lassen. Pahnstangen löste die Mahlpflicht 1860 mit 380 Thl. ab. Mit der Einführung der Gewerbefreiheit 1868 in Reuß ä.L. ging das Bannrecht endgültig zu Ende. Bis zu dieser Zeit hatte die Stöckigtsmühle drei Gänge, ein Schneidegatter und eine Ölstampfe besessen. Später waren hier nur noch ein Sägewerk und eine Lohmühle. Seit 1913 ist die Mühle im Besitz der Familie Ritter.»In den 20er-Jahren folgte der Einbau einer 15 PS Turbine, die dann mittels Generator auch Licht ins Haus brachte. 1935 übernahm der Sohn Alfred die Mühle mit Säge nebst 15 ha Landwirtschaft. Da für beide Gewerke die Wasserkraft nicht ausreichte, wurde in den 30er-Jahren ein 18 PS Dieselmotor angeschafft.«[322] Nachdem Alfred bei einer mühlentypischen Tätigkeit 1956 tödlich verunglückt war, übernahm sein Bruder Reinhold 1962 die Mühle und betrieb sie bis 1991. Seine Felder mußte er zwar in eine LPG vom Typ I einbringen, die Kühe aber blieben auf dem Hof. Das Sägewerk läuft inzwischen in dritter Generation weiter. Auf dem Anwesen entstanden mehrere Ferienwohnungen. 2008 wurde das hochwasserbeschädigte Mühlenwehr mit großem Aufwand erneuert. Der am Wege liegende **Plattenbruch** im Flurteil Haardt birgt – unklar ob Tier oder Pflanze – seltene Kulmversteinerungen der ›Dictyodora Liebeana Weiss‹.[323]

Vom Hausfeuersegen

Ein Hausbrand galt in früheren Zeiten, mehr denn heute, als – das Unglück schlechthin. Scheunen, Wohngebäude, ja ganze Dörfer und Städte konnten binnen weniger Stunden bis auf den Grund zerstört werden. Oft genug gingen dabei die Ersparnisse und das Lebenswerk ganzer Generationen dahin. Wo trotz möglichster Sicherheitsvorkehrungen Rest-Risiken nicht auszuschließen sind, bricht – früher wie heute – der Aberglauben oft hervor. So interessierten sich unsere Vorfahren auch für unkonventionelle Methoden der Brandverhütung. Blitzschlag bannten sie, indem sie alljährlich ein Stück Kohle vom Maifeuer in den Dachgiebel steckten oder beim Heranziehen eines Gewitters einen Donnerkeil – ein ererbtes ehemals auf dem Felde gefundenes neolithisches Steinbeil – aufs Fensterbrett legten. Viel Geld gaben sie für Zauberformeln und sogenannte ›Feuerbeschwörer‹ aus. Der Erfolg hielt sich in Grenzen, doch weiß die Überlieferung beinahe jeden Ortes von auf solche Weise gelöschten Bränden zu berichten. Auch in einem alten Haus in Grochwitz ist bei dessen Sanierung 2005 ein solcher Hausfeuersegen, ein gefaltetes Blatt Papier mit in roter Tinte geschriebenen Schutzsprüchen und magischen Zeichnungen, gefunden worden. Erinnert sei in diesem Zusammenhang an den königlich-preußischen Kammerherrn Graf Otto von Kospoth, der 1817 beim Brand seines Schlosses in Mühltroff, auf einen solchen Zauber vertrauend, die rechtzeitige Evakuierung verweigerte und – mit verbrannte. Aus demselben Vertrauen blieb noch 1864 bei einem Feuer in Schilbach bei Tanna ein Bauer in seinem Haus und war nicht zu bewegen, seine Habe zu retten.[324]

Die gebannten Frösche

Ein fremder Müllersknappe auf Wanderschaft kehrte einmal im Grochwitzer Wirtshaus ein und verwunderte sich darüber, daß sich alle Gäste so lauthals unterhielten. Auf seine Frage hin antworteten die Bauern, die Frösche in dem nahen Teiche würden so laut quaken, daß sie ihr eigenes Wort nicht verstehen könnten, worauf der Knappe gegen die Zusage – ihn den Abend über mit Speis und Trank auszuhalten – versprach, der Plage unverzüglich Herr zu werden. Darauf ging er hinaus an den Teich und schlug mit seinem Haselstock dreimal auf das Wasser, worauf schlagartig alles still war. Danach soll es mehr als Hundert Jahre gedauert haben, bis sich wieder Frösche im Grochwitzer Dorfteich zeigten. In der Legende spiegelt sich nicht allein der Aberglauben wider, wonach die Müllersleute in früheren Zeiten als böse Männer galten die mit Gnomen und Wassergeistern auf vertrautem Fuße standen, weswegen man sich des Nachts ohne den Müller nicht in eine Mühle getraute,[325] sondern auch eine Erinnerung an Martin Pumphut, einer halb göttlichen und halb menschlichen Sagengestalt, die durch die Lande zog, um die Seelen der Menschen zu prüfen. »Seinen Namen hat er von dem eigentümlich geformten Hütchen, was er trug; man nannte ihn aber auch ›Graumännchen‹ nach seiner Kleidung. Dieser kam nun als wandernder Müllersbursche auch ins Vogtland. Verkürzten ihm da die Müller das übliche Geschenk, so leitete er ihnen das Wasser ab, wie es einigen Saalmüllern geschah; die Saale selbst aber, wie die Mulde und Elbe hat man ihn überschreiten sehen, auf einem papiernen Kahne.«[326]

Bibliographie

-Friedrich **Alberti**: Geschichte der Herrschaft Schleiz und ihrer Besitzer, in: Geschichte des Deutschen Hauses zu Schleiz nebst Beiträgen zur älteren Geschichte des Schleizer Gebietes und der Stadt Schleiz, 1877.

-**Derselbe**: Geschichtliche Topographie der Fürstlich Reußischen Länder älterer und jüngerer Linie, in: Variscia – Zeitschrift des altertumsforschenden Vereins zu Hohenleuben 1837, in: 164. Jahresbericht des Vogtländischen Altertumsforschenden Vereins zu Hohenleuben e.V., in: MR – Jahrbuch des Museums Reichenfels-Hohenleuben, Heft 50, Hohenleuben 2005, S. 167-186.

-**Derselbe**: Notizen zur Geschichte des Schleizer Schlosses (neu herausgegeben von Frank Reinhold u. Jürgen K. Klimpke), Schleiz 1997.

-Herbert **Althans**: Vor 80 Jahren – Wasserkraftwerk am Conrod, in: Heimatjahrbuch des Saale-Orla-Kreises 2003, S. 96-99.

-Alfred **Auerbach**: Die vor- und frühgeschichtlichen Altertümer Ostthüringens, Jena 1930.

-**Autorenkollektiv**: Oettersdorfer Chronik: Festschrift 700 Jahre Oettersdorf 1302–2002, Erfurt 2001.

-Helmut **Barth**: Die Wüstungen der Landkreise Greiz und Schleiz, in: Beiträge zur mittelalterlichen, neueren und allgemeinen Geschichte (Hg. von Friedrich Schneider), Band 24, Jena 1949.

-Bruno **Behr**: Unser Oberland – Ein Heimatbuch aus dem Kreise Schleiz, Schleiz 1927.

-Helmut **Beierlein**: Die Lobdeburger, in: Heimatjahrbuch des Saale-Orla-Kreises 2006, S. 52f.

-Alfred **Bergemann** u.a.: Adreßbuch des Landkreises Schleiz enthaltend alle Haushaltungsvorstände und Personen über 20 Jahre im Kreis Schleiz. Für die Städte Hirschberg, Lobenstein, Saalburg, Schleiz und Tanna, Schleiz 1926.

-Heinrich **Bergner** u.a.: Beschreibende Darstellung der älteren Bau- und Kunstdenkmäler der Provinz Sachsen (des Königreichs Preußen), Heft XXII: Die Kreise Ziegenrück und Schleusingen, Halle 1901.

Alexander **Blöthner**: Die Geschichte der Arbeiterbewegung im Fürstentum Reuß älterer Linie – Ziviler Ungehorsam im 19. Jahrhundert (Plothener Hefte 16), Norderstedt 2017.

-**Derselbe**: Geschichte des Saale-Orla-Raumes: Orlasenke und Oberland – Band 1: Von den frühesten Anfängen der Besiedlung bis zu den Kelten – Von den Germanen und Sorben bis zur frühdeutschen Zeit – Vom Hochmittelalter und der Kolonisation bis zur Frühneuzeit des Jahres 1599, Plothen 2015.

-**Derselbe**: Sagenhafte Wanderungen im Saale-Orla-Kreis – Ein Landeskundliches Lesebuch für Schule und Haus; Band I: Die Obere Orlasenke mit Neustadt, Triptis, Auma und Umgebung; Band II: Das Oberland östlich der Saale mit Schleiz, Ziegenrück, Tanna, Gefell, Hirschberg und Umgebung; Band III: Das Oberland zwischen Saale, Sormitz und Frankenwald mit Bad Lobenstein, Saalburg-Ebersdorf, Remptendorf, Leutenberg und Umgebung; Band IV: Untere Orlasenke mit Ranis, Pößneck, Oppurg, Langenorla und Umgebung, Norderstedt 2016, 2017, 2019.

-**Derselbe**: Thüringer Fürsten im 18. Jahrhundert und ihre Herrschaft (Plothener Hefte 61), Norderstedt 2018.

-Otto **Brönner**: Beiträge zur Morphologie des Ostthüringischen Schiefergebirges, Jena 1914.

-Georg Martin **Brückner**: Landes- und Volkskunde des Fürstenthums Reuß jüngerer Linie, Gera 1870.

-Georg **Clemens**: Die Gebannten Frösche, in: Sagenhaftes Oberland, Schleizer Heimathefte Nr 12 (1998), S. 13f.

-**Derselbe**: Wenn das Rumpele kommt – Geistergeschichten, in: Schleizer Heimathefte Nr. 32 (2003).

-**Derselbe**: Wenn über dem Haus ein Sarg schwebt – Aberglauben in Schleiz und Umgebung, in: Schleizer Heimathefte, Nr. 8 (1997).

-Georg **Dehio**: Handbuch der deutschen Kunstdenkmäler (Bearbeitet von Stephanie Eißing, Franz Jäger u.a.), München 1998.

-Pat **Delgado**, Colin Andrews: Kreisrunde Zeichen, Frankfurt/Main 1990.

-Jerry **Dennis**: Der Mond-Regenbogen, in: Wenn es Frösche und Fische regnet – Unglaubliche Phänomene zwischen Himmel und Erde, Hamburg 1994, S. 62f.

-Hans-Jörg **Diersch** in: Autorenkollektiv: Oettersdorf 2002.

-**Derselbe**: Die Besiedlung in der Bronzezeit, in: Befreite Erde, Nr. 23 (05.07.1961).

-Werner **Dietzel**: Mühlen zwischen oberer Saale und Thüringer Becken – Wasserräder und Turbinen in Mühlen, Hammerwerken und Schmelzhütten im Einzugsgebiet der Saale sowie der Windmühlen auf den umliegenden Hochflächen, Bad Langensalza 2012.

-Walter **Dorsch**: Das erste Treffen im Kriege von 1806 – Das Gefecht von Schleiz am 8. und 9. Oktober, in: Das Vogtland und seine Nachbargebiete – Monatsschrift für heimatliche Kunst, Literatur und Wissenschaft (2. Jg.), Heft 2, Plauen 1913, S. 43ff.

-Rudolf **Drechsel**: Sagen und alte Geschichten aus dem Orlagau, Wernburg 1934.

-Albert **Ehley**: Tumellen, Ustrinen und Kummeln im Hexengrund, in: Rudolstädter Heimathefte. Beiträge zur Heimatkunde des Kreises Rudolstadt (Hg. vom Kulturbund Ortsgruppe Rudolstadt, u.a.) 1956, S. 235ff.

-Robert **Eisel**: Sagenbuch des Voigtlandes, Gera 1871.

-Friedrich **Facius**: Politische Geschichte von 1828–1945, in: Patze u. Schlesinger, Bd. V, Teil II, Köln u.a. 1978, S. 1-570.

-**Förderverein** Nikolauskapelle Dörflas e.V.: Die Nikolauskapelle Dörflas – Kleinste Kirche Mitteldeutschlands – Die ›gute Stube Gottes‹ ein Kleinod an der oberen Saale, Ziegenrück 2011.

-Oliver **Franke**: Die Familie derer von Watzdorf, in: Heimatjahrbuch des Saale-Orla-Kreises 2007, S. 44-48.

-Günther **Franz**: Die Herren, Grafen, Fürsten Reuß, in: Patze u. Schlesinger, Bd. V/1, Teil 1, Köln u.a. 1982, S. 561ff.

-Ronald **Füssel**: Die Hexenverfolgungen im Thüringer Raum, Hamburg 2003.

-Julius **Gaul**: Beiträge zur Landeskunde des Fürstentums Reuß ä.L. Halle/Saale 1900.

-Steffi **Gänse**, Anika Lorenz, Maria Oehler u.a.: Die unterirdischen Keller und Stollen der Stadt Schleiz – Mythen, Legenden und deren Wahrheitsgehalt, in: Heimatjahrbuch des Saale-Orla-Kreises 2010, S. 87-94.

-Arthur von **Geldern-Crispendorf**: Die Bedeutung der Familie von Geldern(-Crispendorf) und ihres im Thüringischen Staatsarchiv zu Greiz hinterlegten Familien- und Rittergutsarchivs für das Reußenland, in: Beiträge zur mittelalterlichen und neueren und allgemeinen Geschichte (Hg. v. Friedrich Schneider), Bd, 18, Jena 1941.

-Conrad von **Geldern-Crispendorf**: Volkslieder aus der Herrschaft Burgk, in: Unser Voigtland – Monatsschrift für Landsleute in der Heimat und Freunde (Hg. von Gottfried Döhler), Band 1 (1895), S. 235-241.

-Walter von **Geldern-Crispendorf**: Geschichte der Familie von Geldern-Crispendorf, Görlitz 1919.

-Rainer **Goldhahn**: ›Vögte und Fürsten‹ – Die Heinriche im Reußenland, Münster 2007.

-**H.**: 50 Jahre Kreisverwaltung in Schleiz, in: Oberlandhefte 1930, Heft 1, S. 4f.

-Gisela **Graichen**: Das Kultplatzbuch – Ein Führer zu den alten Opferplätzen, Heiligtümern und Kultstätten in Deutschland, Augsburg 1997.

-Tom **Groß**: Des Teufels Lichtspiele oder: Wie kam das Böse in die Welt, in: Lichtfokus 12 (2005).

-Willfried **Gruner**: Festschrift zum 700-jährigen Bestehen der Gemeinde Crispendorf 1290–1990, Crispendorf 1990.

-Fritz **Haardt**: Das Schiefergebirge, in: Autorenkollektiv: Zwischen Saale und Orla – Heimatbuch des Kreises Pößneck, Pößneck 1957, S. 33f.

-Werner **Hager**, Liebschütz: Mitteilungen 2014.. 82;

-Robert **Hänsel**: Burgk a.S. – Ein Führer durch die Geschichte, die Schönheiten und die Sagen des Schlosses und seiner Umgebung, in: Oberland-Reihe Nr. 5, Schleiz 1929.

-**Derselbe**: Der Mahlzwang in der Schleizer Herrenmühle und der Stöckigtsmühle bei Grochwitz, in: Der Oberlandbote, Okt. 1957, S. 294ff.

-**Derselbe**: Die 700-Jahrfeiern des kommenden Jahres: Schleiz, Tanna, Harra, Dittersdorf, in: Oberlandhefte 1931, Heft 9, S. 190f.

-**Derselbe**: Die Klause im Schleizer Wald, in: Ebenda 1929, Heft 8, S. 171-174.

-**Derselbe**: Die Sylvesternacht in der Bergkirche, in: Ebenda 1927, Heft 9, S. 131-134.

-**Derselbe**: Ein Freigut in Crispendorf, in: Reußischer Erzähler, Nr. 14 (07.07.1934).

-**Derselbe**: Einwohnerlisten einiger Dörfer von 1592 (Kirschkau, Lössau, Löhma, Raila, Mönchgrün, Oberböhmsdorf, Görkwitz, Möschlitz, Burkersdorf, Tegau, Rödersdorf, Weckersdorf, Neundorf (bei Schleiz), Pörmitz, Oettersdorf, Plothen, Pahnstangen, Crispendorf, Dragensdorf, Göschitz, Mielesdorf, Zollgrün, Grochwitz, in: Reußischer Erzähler 1937, Nrn. 4-7 (20.02., 06.03., 20.03., 03.04.1937).

-**Derselbe**: Ein sorbischer Begräbnisplatz bei Oettersdorf, in: Vogtländischer Anzeiger und Tageblatt Nr. 99 (27.04.1924).

-**Derselbe**: Grochwitz, in: Oberlandhefte 1924, Nr. 12.

-**Derselbe**: Schleizer Höhler, in: Der Wisentagau – Ein Heimatblatt für die Geschichte der Stadt Schleiz und des Kreises Schleiz (Hg. vom Geschichts- und Altertumsforschenden Verein Schleiz unter der Schriftleitung von Robert Hänsel), Nr. 2 (02.12.1932).

Robert **Hänsel**: Schleiz – Ziegenrück – Saalburg, in: Unser Kleines Wanderheft, Nr. 49, Leipzig 1961.

-**Derselbe**: Schloß Burgk und der Burgkhammer an der oberen Saale, in: Beiträge zur mittelalterlichen und neueren Geschichte (Hg. von Friedrich Schneider), Band 15, Jena 1941.

-**Derselbe**: Zur Geschichte von Görkwitz, in: Oberlandhefte 1927, Heft 8, S. 114-119.

-**Derselbe**: Zur Geschichte von Wüstendittersdorf, in: Wisentagau, Nr. 9 (24.12.1934).

-**Derselbe** zusammen mit Bruno Behr: Die Saaletalsperre nebst Geschichte der im Stausee verschwindenden Orte und Siedlungen (Oberland-Reihe Nr. 2), Schleiz 1926.

-Clemens von **Hausen**: Vasallen-Geschlechter der Markgrafen zu Meißen, Landgrafen zu Thüringen und Herzöge zu Sachsen bis zum Beginn des 17. Jahrhunderts aufgrund des im Königl. Staatsarchiv zu Dresden befindlichen Urkundenmaterials, Berlin 1892.

-Veronika **Hegner**: Der Ketten- und/oder Köthenwald bei Dröswein, in Heimatjahrbuch des Saale-Orla-Kreises 2011.

-Paul **Heller**: Thüringer Pfarrbuch, Band 4: Die Reußischen Herrschaften (Hg. von der Gesellschaft für Thüringische Kirchengeschichte), Leipzig 2004.

-Klaus **Herden**: Ein Kleinod am Saale-Orla-Wanderweg, in: Heimatjahrbuch des Saale-Orla-Kreises 2000, S. 178f.

-Hans **Herz**: Regierende Fürsten und Landesregierungen in Thüringen 1485-1952, Erfurt 1999.

-Fridolin **Heuschkel**: Beiträge zur Geschichte der Schleizer Betriebe – Aufstieg und Niedergang, Schleiz 2007.

-Werner **Hofmann**: Schröer – Ein literarisches Kapitel Eßbacher Heimatgeschichte, in: Autorenkollektiv: Festschrift zur 625 Jahrfeier der Gemeinde Eßbach (1378–2003), Eßbach 2003.

-Herbert **Hüllemann**: Die Geschichte der Rittergüter in Reuß ä. L., Bd. 2, Jena 1939.

-Rudolf **Hundt**: Geologische Wanderung durch das obere Saaletal, Ostthüringen und den nördlichen Frankenwald, Gera 1923.

-Wolfgang **Huschke**: Politische Geschichte von 1572 bis 1775, in: Patze u. Schl. ThHB V/1-1 1982, S. 1-588.

-Gerhard **Jahreis**: Der Heilige Wolfgang und frühe Spuren des Christentums im Schleizer Gebiet – Zum 1.000-jährigen Todestag des Heiligen, in: Heimatjahrbuch des Saale-Orla-Kreises 1994, S. 63-66.

-Henriette **Joseph**, Haik Thomas Porada (Hg.): Das nördliche Vogtland: Eine landeskundliche Bestandsaufnahme im Raum Greiz, Weida, Berga, Triebes, Hohenleuben, Elsterberg, Mylau, Netzschkau, Köln 2006.

-Arno **Keilitz**: Sagenschatz des Kreises Ziegenrück, Pößneck 1914 (vor 1920).

-Paul **Kiß**: Die Revolutions- und Putschtage im ehemaligen Fürstentum Reuß ältere Linie 1918–1920.

-Jürgen K. **Klimpke**: 300 Jahre Heinrichstadt in Schleiz, in: Heimatjahrbuch des Saale-Orla-Kreises 2008, S. 69-72.

-**Derselbe**: Baumgeschichten, in: Schleizer Heimathefte, Nr. 18 (2000).

-**Derselbe**: Das versunkene Schleiz – Gebäude die Schleiz einst prägten, in: Schleizer Heimathefte, Nr. 9 (1998).

-**Derselbe**: Der Drachenbrunnen auf dem Markte zu Schleiz, in: Heimatjahrbuch des Saale-Orla-

Kreises 1998.

-**Derselbe**: Kirchen zu Schleiz, in: Schleizer Heimathefte, Nr. 4 (1996).

-**Derselbe**: Oberländische Flurnamen, in: Ebenda, Nr. 5 (2004).

-**Derselbe**: Oberländische Ortsnamen: Herkunft und Bedeutung, in: Kleine Heimatbibliothek 5, Schleiz 1997.

-**Derselbe**: Reformpädagoge, Vordenker und Rechtschreibereformer – Zum 100. Todestag von Dr. Konrad Duden, in: Heimatjahrbuch des Saale-Orla-Kreises 2011, S. 137-143.

-**Derselbe**: Residenzstadt Schleiz, in: Schleizer Heimathefte, Nr. 33 (2004).

-**Derselbe**: Sind Napoleons Truppen hier begraben worden? – Der Franzosenstein an der Straße von Schleiz nach Saalburg, in: AA-Allgemeiner Anzeiger, o.J, Nr. N.N.

-Johann August E. **Köhler**: Volksbrauch, Aberglauben und andere Überlieferungen im Voigtlande, Leipzig 1867.

-Michael **Köhler**: Heidnische Heiligtümer – Vorchristliche Kultstätten und Kultverdachtsplätze in Thüringen, Jena 2007.

-**Derselbe**: Thüringer Burgen und befestigte vor- und frühgeschichtliche Wohnplätze, Jena 2001.

-Oskar **Köhler**: Landwirtschaftliches Güter-Adreßbuch für Thüringen – mit Anhang Reg.-Bezirk Erfurt (Provinz Sachsen) und Kreis Schmalkalden (Provinz Hessen-Nassau) – Verzeichnis sämtlicher Güter … mit Unterstützung des Thüringer Ministeriums des Innern zu Weimar, der Landwirtschaftskammern, nach amtlichen Quellen und auf Grund unmittelbarer Angaben, Band XXXII, Leipzig 1923.

-Erich **Körner**: Dreiherrensteine, in: Oberlandhefte 1927, Heft 4, S. 59f.

-Wolfgang **Krause**: Die keltische Urbevölkerung Deutschlands – Erklärung der Namen vieler Berge, Wälder, Flüsse, Bäche, Wohnorte besonders aus Sachsen-Thüringen, der Rhön und dem Harze, Leipzig 1904.

-Ernst Paul **Kretschmer**: Von geheimen Gesellschaften, Verbindungen und Orden in Ostthüringen, in: Bund für Heimatschutz (Landesverein Reuß), Kunstverein Gera e.V., Museum des Geraer Geschichtsvereins (Hg.): Heimatblätter, Jg. 13 (1926), Bl. 9, 12.

-Michael **Kühn** über das ehemalige Schloß Crispendorf, in: Heimatjahrbuch des Saale-Orla-Kreises 2008, S. 17.

-**Landratsamt des Saale-Orla-Kreises** (Hg.): Heimatjahrbuch des Saale-Orla-Kreises (ab 1993).

-Paul **Lehfeld**: Beschreibende Darstellung der älteren Bau- und Kunstdenkmäler Thüringens – Heft IX: Fürstentum Reuß älterer Linie: Amtsgerichtsbezirke Greiz, Burgk und Zeulenroda, Jena 1891; Heft XII: Fürstentum Reuß jüngerer Linie, Amtsgerichtsbezirke Schleiz, Lobenstein, Hirschberg, Jena 1891.

-Max **Leichsenring**: Opfersteine und Heilige Haine Westsachsens sowie die darauf bezüglichen altgermanischen Flur- und Ortsnamen im Spiegel der deutschen Sprache, Rochlitz 1928.

-Paul **Liebeskind**: Die Glocken des Neustädter Kreises – Ein Beitrag zur Glockenkunde, in: Zeitschrift des Vereins für Thüringer Geschichte und Altertumskunde, N.F. Supplementsheft 1, Jena 1905.

-Anja **Löffler**: Reußische Residenzen in Thüringen, Weimar 2000.

-F. **Löffler** (Hg.): Die Bergkirche zu Schleiz, in: Das christliche Denkmal, Heft 24, Berlin 1985.

-Paul Daniel **Longolius**: Sichere Nachrichten von Brandenburg-Culmbach oder dem Fürstenthume des Burggrafthums Nürnberg oberhalb des Gebirgs, 10 Teile, Hof 1751-1762.

-Werner **Lonitz**: Unsere schöne Heimat – Wanderziele im Bezirk Gera, Gera 1979.

-Ernst **Lotter**: Die Schweden in Dörflas: Eine Erzählung aus dem 30-jährigen Kriege, in: Wetzel 1939.

-Otto **Mehr**: Die Gülde und ihr Lauf, in: Oberlandhefte 1933, Heft 1, S. 26.

-Friedrich **Meinhof**: Thüringer Pfarrerbuch – Band 10: Thüringer Evangelische Kirche 1921–1948 und Evangelische Lutherische Kirche in Thüringen 1948–2008, Heiligenstadt 2015 (Entwurf).

-Richard **Mendner**: Die Herrschaft Burgk bis zu ihrer Angliederung an das Haus Reuß-Greiz 1596/1616, Leipzig (I) 1917.

-**Derselbe**: Burgker Urkundenbuch – Urkunden und Urkundenauszüge der Herrschaft Burgk bis zu ihrer Angliederung an das Haus Reuß-Greiz 1596/1616, Plauen (II) 1917.

-Harald **Mittelsdorf**: Zur Geschichte der drei Wasserkraftwerke an der oberen Saale, Reihe Ziegenrücker Hefte 5, Gera 1986.

-Eugen **Mogk**: Der Ursprung der mittelalterlichen Sühnekreuze, in: Berichte über Verhandlungen der Sächsischen Akademie der Wissenschaften, Philosophisch-Historische Klasse, Band 81 (1929), Heft 1.
-Hans **Müller**: Thüringen – Reisen durch eine deutsche Kulturlandschaft, Köln 1990.
-Hermann **Müller**: Mühlen an der Wisenta (Vortragsmanuskript), Gera 2009.
-**N.N.**: Das kleine Mädchen und das Rumpele, in: Oberlandhefte 1927, Heft 9.
-**N.N.**: Das Teufelswehr gesprengt (Sage), in: Reußischer Erzähler, Nr. 179 (1938).
-**N.N.**: Die Eremitage bei Schleiz, in: Ebenda 1925, Heft 6, S. 46f.
-**N.N.**: Die Kreisstadt als unterirdisches Labyrinth, in: OTZ, Lokalteil Schleiz (16.01.2008).
-**N.N.**: Heinrichsruh, in: Ebenda 1928, Heft 4, S. 79ff.
-**N.N.**: Kirschkau, in: Ebenda 1928, Heft 10, S. 4.
-**N.N.**: Unsere alten Handelsstraßen, in: Ebenda 1925, Heft 12, S. 90ff.
-**N.N.**: Vom nunmehr 745-jährigen Görkwitz – Einziger Ort im Oberland mit einer eigenen Dorfordnung, in: Ostthüringer Zeitung, Lokalteil Schleiz (14.03.1995).
-**N.N.**: Wanderung an der Saale zwischen Burgk und Ziegenrück, in: Heimat im Bild (25.09.1932).
-**N.N.**: Zur Mitternacht am Kreuzweg – Ein Scherz in der Silvesternacht, in: Ebenda, jedes Jahr.
-Ferdinand **Nitze** (Hg.): Beschreibung des Geschlechts von Watzdorf, Dresden 1872.
-**Oberland** – Jugendblätter für Volks- und Heimatkunde (Oberlandhefte), unter der Schriftleitung von Robert Hänsel, Schleiz 1924–194X.
-**Oberlandbote** – Heimatzeitschrift mit kultureller Monatsschau der Kreise Schleiz und Lobenstein 1956-1961.
-U. **Otto**: Schleizer Gespenster, in: Oberlandhefte 1925, Heft 14.
-Alfred **Pasold**: Geschichte der reußischen Landesteilungen von der Mitte des 16. Jahrhunderts bis zur Einführung der Primogenitur im Jahre 1690, Jena (Diss.) 1932.
-**Derselbe**: Landschaft Obere Saale – Raum Schleiz, Aalen 1992.
-**Derselbe**: Palais Heinrichsruh im Schleizer Ortsteil Oberoschitz, in: Heimatgeschichtlicher Kalender des Bezirks Gera 198X, S. 53f.
-Hans **Patze** (Hg.): Handbuch der historischen Stätten, Bd. 9: Thüringen, Stuttgart 1968.
-**Derselbe** zusammen mit Walter Schlesinger (Hg.): Geschichte Thüringens, Bd. II, Teilbd. 2: Hohes und Spätes Mittelalter, Köln u.a. 1973; Bd. IV: Kirche und Kultur in der Neuzeit, Köln u.a. 1972, Bd. V: Politische Geschichte in der Neuzeit, Teil 1, Teilbde. 1-2, Köln u.a. 1982.
-Horst **Paul**: Saaletalsperren, Leipzig 1976.
-Ernst **Petzold**: Beiträge zur Geschichte des Kreises Ziegenrück, Pößneck 1942.
-Karl Robert **Preußner**: Zwischen Saale und Wisenta – Von Schloss Burgk nach Walsburg, in: Vogtländische Heimatblätter 2002, Heft 5, S. 22-28.
-Inge **Resch-Rauter**: Auf den Spuren der Druiden – Landschaft und Steine, Festtags-Bräuche und Märchen als Zeugen der großen europäischen Vergangenheit, Wien 2006.
-**Dieselbe**: Unser keltisches Erbe – Flurnamen, Sagen, Märchen und Brauchtum als Brücken in die Vergangenheit, Wien 1992.
-**Reuß** Heinrich IV. Prinz von: Das Thüringische Vogtland – Erinnerung und Neuanfang, in: Bruno J. Sobotka (Hg.): Burgen, Schlösser, Gutshäuser in Thüringen, in: Veröffentlichungen der Deutschen Burgenvereinigung e.V., Reihe C (Mitherausgeber Thüringer Amt für Denkmalpflege), Stuttgart 1995, S. 142-145.
-**Reußischer Erzähler** – Unterhaltungsbeilage zur Schleizer Zeitung 1911–194X.
-Heinz **Rosenkranz**: Die Ortsnamen des Bezirks Gera, Greiz 1982.
-Harald **Rudolph**: Die Geschichte der Stadt Ziegenrück – Eine Zusammenfassung über die Entstehung und Entwicklung einer kleinen Stadt, Ziegenrück 2003.
-Karl **Rühl**: Das obere Saaletal, 2. vermehrte Auflage, Ziegenrück 1903.
-**Derselbe**: Das obere Saaletal und der Frankenwald, 8. vermehrte Auflage, Sömmerda 1929.
-Peter **Sachenbacher**: Der Orlagau im frühen und hohen Mittelalter, eine Einführung, in: Derselbe zusammen mit Hans Jürgen Beier (Hg.): Der Orlagau im frühen und hohen Mittelalter, in: Beiträge zur Frühgeschichte und zum Mittelalter Ostthüringens 3, Langenweissbach 2007, S. 3-11.

-**Derselbe**: Neue Archäologische Forschungen zu Problemen der mittelalterlichen Landnahme und des Landesausbaus in Thüringen östlich der Saale, in: Rainer Aurig u.a.: Im Dienste der Historischen Landeskunde – Beiträge zu Archäologie, Mittelalterforschung, Namenskunde und Museumsarbeit vornehmlich in Sachsen – Festschrift für Gerhard Billig zum 75. Geburtstag, Beucha 2002, S. 25-34.

-Kaspar **Sagittarius**: Saalfeldische Historien (Hg. von Ernst Devrient), Saalfeld 1904.

-Karsten **Schaarschmidt**: Platz ist in der winzigsten Kirche – Die Nikolaus-Kapelle in Dörflas ist Mitteldeutschlands kleinstes Gotteshaus, in: Glaube und Heimat – Mitteldeutsche Kirchenzeitung (Ausgabe Thüringen), Weimar 2011, Nr. 49 (04.12.2011), S. 1.

-**Schleizer Heimathefte** (Hg. v. Jürgen K. Klimpke), ab 1997 (Nr. 1 [1995] – 8 [1997] als ›Kleine Heimatbibliothek‹).

-Andreas **Schmidt**: Das Wisenta-Kraftwerk, in: Heimatjahrbuch des Saale-Orla-Kreises 2011, S. 118-123.

-Berthold **Schmidt**: Geschichte der Stadt Schleiz, 3 Bde., Bd I: (1232-1550), Schleiz 1908, Bd. II: (Urkundenbuch), Schleiz 1909, Bd. III (1550-1871), Schleiz 1916.

-**Derselbe**: Geschichte des Reußenlandes, Bde. I und II, Gera 1923/27.

-Claudia **Schmidt** u.a.: Kulturlandschaftsprojekt Ostthüringen – Historisch geprägte Kulturland-schaften und spezifische Landschaftsbilder in Ostthüringen (Hg. von der Regionalen Planungsgemein-schaft Ostthüringen), Erfurt 2004.

-Hermann **Schmidt** (Hg.): Die Kirchengallerie der Fürstlich-Reußischen Länder, Zweite Abteilung die Ephorien Greiz, Schleiz und Lobenstein nebst dem Inspectionsamte Saalburg, Dresden 1843.

-Friedrich Lorenz **Schmidt**: Darstellende Geschichte der Stadt Zeulenroda 1325-1867, Bd. 2, Teil 1 Zeulenroda 1938.

-Peter A. **Schmidt**: Pflanzenwelt, in: Heinze u.a. 2017, S. 30-35.

-M. **Scholz**: Die Friedrich-Fröbel-Schule stellt sich vor, in: Heimatjahrbuch des Landkreises Schleiz 1994, S. 67f.

-August **Schuhmann**: Vollständiges Staats-, Post- und Zeitungslexikon von Sachsen enthaltend eine richtige und ausführliche geographische, topographische und historische Darstellung aller Städte, Flecken, Dörfer, Schlösser, Höfe, Gebirge, Wälder, Seen, Flüsse etc. Bände I-XIII verfaßt von August Schuhmann, Zwickau 1814–1826, fortgeführt und vollendet von Albert Schiffner (Supple-mentbände I-V), Zwickau 1827–1833.

-Johann Gottlieb **Schulz**, Tobias Lotter, August Vindel: Delineatio Geographica Specialis Territorii Celsissimorum S.R.I. Comitum Ruthenorum de Plauia utriusque Linea Senioris et Iunioris Partem Vogtlandiae, o.J. (um 1750).

-Carly **Seyfahrt**: Aberglaube und Zauberei in der Volksmedizin Sachsens, Leipzig, 1913.

-Gunther **Silge**: Der Schritt vom Ich zum Wir. Die Kollektivierung der Landwirtschaft im Kreis Schleiz, Plothen 2010.

-**Statistisches Bureau** Vereinigter Thüringischer Staaten (Hg.): Ortschaftsverzeichnis vom Großher-zogtum Sachsen, Herzogtum Sachsen-Altenburg und den Fürstenthümern Schwarzburg-Sonders-hausen, Schwarzburg Rudolstadt, Reuß Aelterer Linie und Reuß jüngerer Linie auf Grund der Volks-zählung vom 2. Dezember 1892, Weimar 1895.

-**Statistisches Bureau** Vereinigter Thüringischer Staaten (Hg.): Ortschaftsverzeichnis vom Groß-herzogtum Sachsen, Herzogtum Sachsen-Altenburg und den Fürstenthümern Schwarzburg-Sonders-hausen, Schwarzburg Rudolstadt, Reuß Aelterer Linie und Reuß jüngerer Linie auf Grund der Volkszählung vom 1. Dezember 1905, Weimar 1907.

-Günther **Steiniger**: Mühlen an der Auma, der Triebes, der Leuba und im Güldetal mit den Mühlen am Kesselbach, Finkenbach, Pöllnitzbach, Struthbach, Floßbach, sowie dem Seebach, Bad Langen-salza 2011.

-Jakob **Torsy**: Der große Namenskalender – 3720 Namen und 1596 Lebensbeschreibungen der Heiligen und Namenspatrone, Freiburg u.a. 1997.

-Elfriede **Ulbricht**: Das Flußgebiet der Thüringischen Saale – Eine namenskundliche Untersuchung (Theodor Frings und Rudolf Fischer [Hg.]: Deutsch-Slawische Forschungen zur Namenskunde und

Siedlungsgeschichte 2), Halle 1957.

-Stephan **Umbach** über das ›Rittergütlein Erkmannsdorf‹, in: Heimatjahrbuch des Saale-Orla-Kreises 2008, S. 9.

-Günther **Wachter**: Der Schatz unterm Stelzenbaum – Aus dem Sagenschatz des Wisentalandes, in: Beiträge zur Geschichte des Kreises Schleiz, Schleiz 1978.

-**Derselbe**: Sorbensiedlungen?, in: Der Oberlandbote, Sept. 1959, S. 220-227.

-Klaus **Waniczek**: Die versunkene Braupfanne als Hinweis auf vorgeschichtliche Metallurgie, in: Heimatkundlicher Kalender des Bezirkes Gera 1986, S. 47-51.

-A. **Wankel**, H. Meyer: Die Bergkirche und St. Wolfgangskapelle zu Schleiz, Schleiz 1925.

-Klaus **Weidermann**: Links und recht der Orla – Bausteine zur Heimatgeschichte, in: Beiträge zur Geschichte und Stadtkultur, Bd. 19, Jena 2006.

-Achim **Weidhaas**: Das armselige Leben der Magd Juliana Christiana Dorothea Pasold aus Zoppoten – Beitrag zur Geschichte der Gemeinde Möschlitz, in: Heimatjahrbuch des Saale-Orla-Kreises, Bd. 17 (2009), S. 122-127.

-**Derselbe**: Die Crispendorfer Mühle, auch Wolframsmühle genannt, nahe Grochwitz, in: Heimatjahrbuch des Saale-Orla-Kreises 2001, S. 33f.

-Franz **Weidmann**: Sagen des Greizer Reußenlandes, Zeulenroda 1920.

-Peter **Weiß**: Kirchen im Oberland: Die Superintendentur Schleiz, Berlin 1988.

-**Derselbe**: Die Kirche von Mönchgrün, in Heimatjahrbuch des Saale-Orla-Kreises 1995, S. 104f.

-**Derselbe**: Häuser am Weg – Die Kirchen im Kirchenkreis Schleiz, Teil I: Oberland, Schleiz 2008; Teil II: Orlatal, Schleiz 2010.

-Gerhard **Werner**: Alte Kreuzsteine im Oberland und ihre Bedeutung, in: Oberlandbote 1959, Heft 10, S. 226-231.

-**Derselbe**: Die Geschichte der Wysburg bei Weisbach, in: Rudolstädter Heimathefte 2013, Nr. 9/10, S. 262-268.

-**Derselbe**: Die Walsburg bei Ziegenrück, in: Der Oberlandbote, April 1956, S. 148ff.

-Matthias **Werner**: Burg und Stadt Ranis im Mittelalter: Zur Entstehung einer kleinen Schwarzburgischen Herrschaft und Residenz im Orlagau, in: Sachenbacher u. Beier 2007, S. 117-135.

-**Derselbe**: Burg und Stadt Ranis im Mittelalter: Zur Entstehung einer kleinen Schwarzburgischen Herrschaft und Residenz im Orlagau, in: Sachenbacher u. Beier 2007, S. 117-135.

-Dieter **Wetzel**: ›Vom Ich zum Wir‹ – Vor 50 Jahren: Vollständige Kollektivierung der Landwirtschaft im Kreis Schleiz, in: Heimatjahrbuch des Saale-Orla-Kreises 2011.

-Rudolf **Wetzel**: Denkwürdige Daten zur 500-jährigen Geschichte des Rittergutes Dörflas mit Walsburg sowie zu jener der Lehnsmänner und Allodherren auf Dörflas, einbezogen Arrondierung und Ausbau des Besitzes unter Dr. Karl Friedrich Wetzel und seinen Kindern, Gera 1939.

-Bernd **Wiefel**: Bausteine zur Rittergutsgeschichte der Herrschaft Ranis, in: Studien zur Sozialgeschichte der Herrschaft Ranis, Band IX, Olbernau 2006.

-Manfred **Wilde**: Die Zauberei- und Hexenprozesse in Kursachsen, Köln u.a. 2003.

-Der **Wisentagau** – Ein Heimatblatt für die Geschichte der Stadt Schleiz und des Kreises Schleiz (Hg. vom Geschichts- und Altertumsforschenden Verein Schleiz unter der Schriftleitung von Robert Hänsel), 1932-1938, Ausgaben 1-25.

-Alfred **Wurmehl**: Landwirtschaft von 1896–1945, in: Gemeinde Liebengrün (Hg.): Festschrift zur 625-Jahrfeier des Marktfleckens Liebengrün 1377–2002, S. 76-82

-Werner **Zippel**: Kulturgeographie der Orlasenke, Stuttgart 1937.

-Adam **Zürner** u.a.: Neuer Sächsischer Atlas, enthaltend die sieben Kreise des Kuhrfürstentums Sachsen, nebst allen angrenzenden Landen und Fürstenthümern und Herrschaften d. Fürstl. Hauses Sachsen, Amsterdam, Leipzig 1757.

Quellennachweise

1 Haardt 1957, S. 33f.
2 Vgl. Eisel 1871, Nr. 705; Wachter 1978, S. 11, 31-37, 43, 74, 125; Longolius 1751-1762, zitiert ebenda, S. 30
3 Schmidt I 1923, S. 44
4 Vgl. Jahreis 1994, S. 63-66
5 Vgl. Werner 2007, S. 118; Sachenbacher 2007, S. 3; Derselbe 2002 S. 25
6 Vgl. Werner 2007, S. 121
7 Vgl. Joseph u. Porada 2006, S. 42; Schmidt I 1908, S. 17-20; Derselbe I 1923, S. 70; Hänsel 1941, S. 3; Beierlein 2006, S. 52f.
8 Vgl. Schmidt I 1935, ab S. 225; Franz 1982, S. 562; Joseph u. Porada 2006, S. 257f.; Reuß 1995, S. 142
9 Vgl. Joseph u. Porada 2006, S. 451; Herz 1999, S. 23ff.; Brückner 1870, S. 372f.; Pasold 1932
10 Franz 1982, S. 561f.
11 Vgl. Brückner 1870, S. 576; Lehfeld XII 1891, S. 1
12 Brückner 1870, S. 578f.
13 Vgl. Alberti 1877
14 Vgl. Franz 1982; Schmidt I 1923, S. 69
15 Franz 1982, S. 562
16 Patze 1968/9, S. XII, zitiert bei Löffler 2000, S. 1
17 Franz 1982, S. 565; Siehe auch Huschke 1982, S. 561-575; Löffler 2000
18 Vgl. Schmidt II 1935, S. 727, 733
19 Vgl. H. 1930/1, S. 4f.
20 Vgl. Müller 1990, S. 217

Görkwitz
21 Vgl. Brückner 1870, S. 600ff.; Behr 1927, S. 99; Hänsel 1927/8, S. 114-119; Rosenkranz 1982, S. 57; N.N. (14.03.1995)
22 Vgl. Werner 1959, S. 330
23 Vgl. Brückner 1870, S. 601; Eisel 1871, Nr. 866; Lehfeld XII 1891, S. 5; Behr 1927, S. 99; Oberlandhefte 1931/7, S. 153f.
24 Eisel 1871, Nr. 587
25 Vgl. Drechsel 1934, S. 106; Graichen 1997, S. 153, 160; Resch-Rauter 2006, S. 382; Dennis 1994, S. 62f.; Delgado u. Andrews 1990
26 Vgl. Eisel 1871, Nr. 442; Drechsel 1934, S. 185f.

Oettersdorf
27 Vgl. Brückner 1870, S. 602f.; Autorenkollektiv Oettersdorf 2001, S. 8f.
28 Autorenkollektiv Oettersdorf 2001, S. 8
29 Behr 1927, S. 35f.
30 Vgl. ebenda
31 Autorenkollektiv Oettersdorf 2001, S. 8
32 Ebenda
33 Vgl. Brückner 1870, S. 602; Lehfeld XII 1891, S. 21f.; Behr 1927, S. 35f.; Dehio 1998, S. 937
34 Vgl. Dorsch 2/1913, S. 43ff.
35 Brückner 1870, S. 603
36 Vgl. ebenda; Scholz 1994, S. 67f.
37 Vgl. Autorenkollektiv Oettersdorf 2002. S. 38
38 Vgl. ebenda; Wetzel 2011, S. 128
39 Oberlandhefte 1931/9, S. 194f.
40 Vgl. Auerbach 1930, S. 203; Barth 1949, S. 26; Hänsel (27.04.1924); Wachter 1978, S. 44
41 Vgl. Werner 1959, S. 330

42 Vgl. Schmidt I 1908, S. 59; Autorenkollektiv Oettersdorf 2002, S. 10; Hänsel, in: Oberlandbote 1957, S. 212, 321; Werner 1959/10, S. 330; Klimpke: Franzosenstein o.J.

Löhma

43 Vgl. Brückner 1870, S. 606; Oberlandhefte 1925/5, S. 37; Mehr 1933/1, S. 26
44 Vgl. Lehfeld XII 1891, S. 16f.; Brückner 1870, S. 607; Dehio 1998, S. 774
45 Vgl. Brückner 1870, S. 607; Lehfeld XII 1891, S. 17; Oberlandhefte 1925/5, S. 37; Behr 1927, S. 80; Auerbach 1930, S. 202; Wachter 1978, S. 79
46 Vgl. Brückner 1870, S. 609; Eisel 1871, Nr. 60, 64; Wachter 1978, S. 59
47 Eisel 1871, Nr. 78
48 Oberlandhefte 1925/5, S. 37
49 Vgl. Brückner 1870, S. 609; Eisel 1871, Nr. 643, 648; Mehr 1933, S. 26-29; Behr 1927, S. 80
50 Brückner 1870, S. 608; Vgl. auch Eisel 1871, Nr. 258; Wachter 1978, S. 98
51 Vgl. Brückner 1870, S. 609; Resch-Rauter 1992, S. 260-269; Köhler 2007, S. 121
52 Vgl. Mehr 1933, S. 29; Steiniger 2011, S. 221f.
53 Oberlandhefte 1925/5, S. 36
54 Vgl. Diersch (05.07.1961)
55 Derselbe, in: Autorenkollektiv Oettersdorf 2002, S. 9
56 Vgl. Resch-Rauter 2006, S. 274
57 Vgl. Barth 1949, S. 25; Brückner 1870, S. 608

Kirschkau

58 Vgl. Brückner 1870, S. 622; Eisel 1871, Nr. 804; Wachter 1978, S. 122
59 N.N. 1928/10, S. 4
60 Vgl. Brückner 1870, S. 624; Oberlandhefte 1928/10, S. 4
61 Vgl. Behr 1927, S. 80
62 Ebenda
63 Vgl. Oberlandhefte 1928/10, S. 4
64 Vgl. ebenda; Brückner 1870, S. 623; Lehfeld XII 1891, S. 9-12; Behr 1927, S. 80; Dehio 1998, S. 699
65 Vgl. Brückner 1870, S. 623; Eisel 1871, Nr. 490; Lehfeld XII 1891, S. 12; Oberlandhefte 1928/ 10
66 Vgl. Brückner 1870, S. 623
67 Vgl. Oberlandhefte 1928/10, S. 5; Barth 1949, S. 8, 12f.
68 Vgl. Brückner 1870, S. 623; Barth 1949, S. 25
69 Vgl. Kretschmer 1926, Bl. 9, 12

Lössau

70 Vgl. Brückner 1870, S. 625f.; Lehfeld XII 1891, S. 17ff.; Behr 1927, S. 79f.; Dehio 1998, S. 774; Rosenkranz 1982, S. 66
71 Oberlandhefte 1928/10, S. 5
72 Wachter 1978, S. 132
73 Vgl. Barth 1949, S. 25; Wachter 1978, S. 132f.

Dröswein

74 Hegner 2011, S. 44
75 Vgl. Rosenkranz 1982, S. 61; Wachter 1978, S. 132f.; Resch-Rauter 1992, S. 474f.
76 Vgl. Brendel 1956, S. 393

Langenbuch

77 Vgl. Eisel 1871, Nr. 890, 959; Behr 1927, S. 85; Dehio 1998, S. 745
78 Vgl. Leichsenring 1928, S. 60, 101, 172, 174; Rosenkranz 1982, S. 19, 28, 38

SCHLEIZ

79 Vgl. ebenda, S. 570, 579
80 Vgl. Eisel 1871, Nr. 748; Schmidt III 1916, S. 380

81 Vgl. Köhler 1867, S. 47; Eisel 1871, Nr. 804; Leichsenring 1928, S. 263; Wachter 1978, S. 122, 124f.; Rosenkranz 1982, S. 57
82 Vgl. Hänsel 1931/9, S. 190f.; Wachter 1978, S. 36
83 Vgl. Schmidt I 1908, S. 18
84 Vgl. ebenda, S. 31
85 Vgl. Wachter 1978, S. 74
86 Vgl. Brückner 1870, S. 579; Schmidt I 1908, S. 42; Behr 1927, S. 9; Müller 1990, S. 192
87 Schmidt I 1908, S. 22
88 Vgl. ebenda, S. 43; Behr 1927, S. 10
89 Vgl. Brückner 1870, S. 579; Schmidt I 1908, S. 22, 29, 34ff.; Dehio 1998, S. 1079
90 Schmidt I 1908, S. 100f.
91 Vgl. Wachter 1981, S. 43f.
92 Vgl. Brückner 1870, S. 580; Schmidt III 1916, S. 100f.
93 Ebenda, S. 188
94 Vgl. Wachter 1981, S. 38
95 Vgl. Schmidt III 1916, S. 177-201
96 Vgl. Brückner 1870, S. 593; Klimpke 9/1998, S. 8-14
97 Vgl. Dehio 1998, S. 1079
98 Vgl. Brückner 1870, S. 584, 590; Eisel 1871, Nr. 945; Behr 1927, S. 9; Auerbach 1930, S. 206
99 Vgl. Wachter 1981, S. 40
100 Ebenda, S. 25
101 Vgl. Schmidt III 1916, S. 57
102 Vgl. Brückner 1870, S. 579f.; Dehio 1998, S. 1079; Klimpke: Heinrichstadt 2008, S. 68
103 Vgl. Schmidt I 1908, S. 43
104 Vgl. Schmidt III 1916, S. 282; N.N. 1925/12, S. 90ff.; Heuschkel 2007
105 Vgl. Lonitz 1979, S. 66; Müller 1990, S. 192; Dehio 1998, S. 1079
106 Brückner 1870, S. 581
107 Vgl. Schmidt I 1908, S. 83; Dehio 1998, S. 1080
108 Vgl. Brückner 1870, S. 583f.; Schmidt I 1908, S. 68
109 Vgl. Brückner 1870, S. 590; Schmidt I 1908, S. 58f.; Werner 1959/10, S. 228
110 Vgl. Eisel 1871, Nr. 964
111 Brückner 1870, S. 582; Schmidt I 1908, S. 70, 89ff.; Dehio 1998, S. 1080; Klimpke 4/1996
112 Vgl. Brückner 1870, S. 586; Lonitz 1979, S. 66; Schmidt III 1908, S. 69-72; Klimpke 2011, S. 137-143
113 Vgl. Brückner 1870, S. 583f.; Eisel 1871, Nr. 993; Lehfeld XII 1891, S. 81
114 Vgl. Brückner ebenda.; Schmidt I 1908, S. 83-87
115 Brückner 1870, S. 583
116 Lehfeld XII 1891, S. 77
117 Vgl. Brückner 1870, S. 583, 593; Eisel 1871, Nr. 977; Lehfeld XII 1891, S. 77-80; Schmidt III 1916, S. 82f.; Dehio 1998, S. 1083; Jahreis 1994, S. 65f.
118 Vgl. Brückner 1870, S. 582; Eisel 1871, Nr. 964; Lehfeld XII 1891, S. 45; Schmidt I 1908, S. 142-150; Derselbe III 1916, S. 78ff.; Wankel u. Meyer 1925; Löffler 1985; Müller 1990, S. 217; Dehio 1998, S. 1080-1083
119 Vgl. Brückner 1870, S. 593; Eisel 1871, Nr. 609; Schmidt III 1916, S. 381; Behr 1927, S. 10; Dehio 1998, S. 1082
120 Vgl. Eisel 1871, Nr. 496, 639, 964; Lehfeld XII 1891, S. 45; Schmidt III 1916, S. 381
121 Vgl. Blöthner 2017 (I), S. 172f.
122 Schmidt III 1916, S. 148f.
123 Vgl. ebenda, S. 381
124 Derselbe I 1908, S. 148f.
125 Vgl. Brückner 1870, S. 593; Lehfeld XII 1891, S. 44, 65-70; Schmidt III 1916, S. 337f., 380; Lonitz 1979, S. 66; Müller 1990, S. 217; Dehio 1998, S. 1080-1083
126 Schmidt I 1908, S. 81
127 Wachter 1978, S. 113

128 Vgl. Brückner 1870, S. 583, 593; Drechsel 1934, S. 185

129 Eisel 1871, Nr. 458

130 Zitiert bei Lehfeld XII 1891, S. 68

131 Schmidt III 1916, S. 150f.

132 Vgl. Eisel 1871, Nr. 993; Schmidt I 1908, S. 79; Wankel u. Meyer 1925; Löffler 1985; Müller 1990, S. 217; Dehio 1998, S. 1080f.

133 Vgl. Lehfeld XII 1891, S. 75; Lonitz 1979, S. 66; Dehio 1998, S. 1080f.; Klimpke 18/2000

134 Eisel 1871, Nr. 283

135 Vgl. Köhler 1867, S. 530f.; Hänsel 1927/9, S. 131-134; Wachter 1978, S. 114f.

136 Vgl. Wachter 1978, S. 116f.

137 Schmidt I 1908, S. 71f.

138 Vgl. Köhler 1867, S. 58; Lehfeld XII 1891, S. 2, 44; Schmidt I 1908, S. 36, 68-77; Behr 1927, S. 16; Dehio 1998, S. 1079; Wachter 1978, S. 35f.

139 Vgl. Resch-Rauter 1992, S. 168ff., 220; Krause 1904, S. 33

140 Vgl. Longolius 1751, zitiert bei Wachter 1978, S. 30; Brückner 1870, S. 580, 592

141 Wachter 1978, S. 74

142 Vgl. Löffler 2000, S. 271f.; Brückner 1870, S. 383; Lehfeld XII 1891, S. 44; Alberti 1997, S.22f.

143 Vgl. Brückner 1870, S. 580; Lehfeld XII 1891, S. 82; Schmidt I 1908, S. 26, 60-65; Behr 1927, S. 9; Lonitz 1979, S. 66

144 Clemens 1/2004, S. 32

145 Ebenda, S. 25

146 Vgl. ebenda, S. 18, 23

147 Ebenda, S. 27f.

148 Vgl. Schmidt I 1908, S 29ff.; Behr 1927, S. 9; Wetzel 2011, S. 131f.

149 Vgl. Brückner 1870, S. 596

150 Schmidt I 1908, S. 28

151 Vgl. Brückner 1870, S. 583, 593; Eisel 1871, Nr. 496; Schmidt I 1908, S. 28; Barth 1949, S. 52

152 Vgl. Brückner 1870, S. 588; Schmidt I 1908, S. 26, 60-65; Behr 1927, S. 10; Lonitz 1979, S. 66; Dehio 1998, S. 1083

153 Vgl. Brückner 1870, S. 588ff.; Schmidt I 1908, S. 55; Behr 1927, S. 9

154 Vgl. Brückner 1870, S. 590; Eisel 1871, Nr. 924

155 Vgl. Behr 1927, S. 85

156 Vgl. Blöthner 2015 (I), S. 253ff.

157 Schmidt III 1908, S. 327

158 Vgl. Schmidt III 1916, S. 336f.

159 Seyfahrt 1913, S. 286

160 Vgl. Schmidt III 1916, S. 381

161 Seyfahrt 1913, S. 277ff.

162 Eisel 1871, Nr. 698

163 Vgl. Hänsel (02.12.1932); S. Gänse u.a. 2010, S. 87-94; N.N. (16.01.2008)

164 Vgl. Barth 1949, S. 25

165 Vgl. Oberlandhefte 1925/4, S. 32; Barth 1949, S. 32

166 Schmidt III 1916, S. 381

167 Eisel 1871, Nr. 124

168 Wachter 1978, S. 118; Vgl. auch ebenda, S. 113f.; Brückner 1870, S. 593; Schmidt III 1916, S. 381; Otto 1925/14; N.N. 1927/9; Klimpke 32/2003

169 Vgl. Brückner 1870, S. 580, 590; Schmidt III 1916, S. 300-314

170 Schmidt III 1916, S. 302f.

171 Vgl. Brückner 1870, S. 593; Eisel 1871, Nr. 432; Schmidt III 1916, S. 380; Wachter 1978, S. 107; Klimpke 1998, S. 52

172 Vgl. Eisel 1871, Nr. 658; Schmidt III 1916, S. 380; Clemens 8/1997

173 Vgl. Mogk 1929/1

174 Wachter 1978, S. 115f.; N.N.: Mitternacht am Kreuzweg, j.J.

175 Vgl. Eisel 1871, Nr. 653

176 Vgl. Wachter 1978, S. 107
177 Köhler 1867, S. 499
178 Vgl. Brückner 1870, S. 602, 609
179 Vgl. Eisel 1871, Nr. 448
180 Schmidt III 1916, S. 380
181 Vgl. Brückner 1870, S. 583, 585, 592f.; Eisel 1871, Nr. 209, 282, 410, 519, 649, 1002; Leichsenring 1928, S. 40; Barth 1949, S. 53
182 Zitiert bei Leichsenring 1928, S. 116; Vgl. ebenda, S. 119
183 Eisel 1871, Nr. 31; Vgl. auch Brückner 1870, S. 592; Schmidt III 1916, S. 380; Wachter 1978, S. 50
184 Hundt 1923, S. 93
185 Ebenda, S. 96. Siehe auch Brönner 1914
186 Vgl. Oberlandhefte 1925/5, S. 26f.; Behr 1927, S. 9, 87f.; Wachter 1978, S. 122; Resch-Rauter 1992, S. 486

Wüstendittersdorf

187 Vgl. Brückner 1870, S. 593f.; Eisel 1871, Nr. 516, 850, 981; Lehfeld XII 1891, S. 86; Hänsel 9/1934; Derselbe in: Oberlandbote 1960; Barth 1949, S. 38; Wachter 1978, S. 124, 130f.
188 Vgl. Brückner 1870, S. 594; Eisel 1871, Nr. 813; Wachter 1978, S. 131
189 Vgl. Brückner 1870, S. 593
190 Vgl. Behr 1927, S. 85; Auerbach 1930, S. 207f., Wachter 1978, S. 103, 109; Köhler 2007, S. 242
191 Schmidt III 1916, S. 380; Vgl. auch Eisel 1871, Nr. 13
192 Vgl. Brückner 1870, S. 594
193 Köhler 1867, S. 52f., 70
194 Vgl. Resch-Rauter 1992, S. 381-384
195 Vgl. Oberlandhefte 1925/10, S. 75; Behr 1927, S. 79
196 Hänsel 1929/8, S. 171-174
197 Ebenda
198 Vgl. ebd.; Brückner 1870, S. 697; Eisel 1871, Nr. 970; Lehfeld XII 1891, S. 21; Barth 1949, S. 9
199 Vgl. Barth 1949, S. 9

Oberböhmsdorf

200 Vgl. Brückner 1870, S. 594ff.; Eisel 1871, Nr. 812; Lehfeld XII 1891, S. 20f.; Behr 1927, S. 78f.; Wachter 1978, S. 122; Rosenkranz 1982, S. 34; Dehio 1998, S. 919
201 Vgl. Auerbach 1930, S. 206; Barth 1949, S. 26
202 Vgl. Hänsel 1959/10, S. 325f.; Resch-Rauter 2006, S. 331
203 Leichsenring 1928, S. 41ff.

Heinrichsruh

204 Behr 1927, S. 16
205 Brückner 1870, S. 600
206 Vgl. ebenda; Behr 1927, S. 16; N.N. 1928/4, S. 79ff.; Pasold 198X, S. 53f.
207 Vgl. Eisel 1871, Nr. 748
208 Vgl. Behr 1927, S. 16
209 Eisel 1871, Nr. 943
210 Vgl. Resch-Rauter 2006, S. 123, 159; Blöthner 2015 (I), S. 241f.
211 Vgl. Leichsenring 1928, S. 93, 121

Oschitz

212 Vgl. Brückner 1870, S. 596, 599
213 Vgl. ebenda; Eisel 1871, Nr. 965, 973; Schmidt III 1916, S. 381; Auerbach 1930, S. 203; Köhler 2007, S. 250
214 Vgl. Eisel 1871, Nr. 893; Auerbach 1930, S. 203; Wachter 1978, S. 70
215 Vgl. Brückner 1870, S. 593; Eisel 1871, Nr. 496
216 Vgl. Ehley 1956, S. 235ff.; Rosenkranz 1982, S. 71; Resch-Rauter 1992, S. 240f.
217 Vgl. Brückner 1870, S. 599; Eisel 1871, Nr. 157, 364
218 Vgl. Brückner 1870, S. 597, 599; Eisel 1871, Nr. 641, 742; Lehfeld XII 1891, S. 22-25; Dehio 1998, S. 947

219 Brückner 1870, S. 599; Vgl. auch Eisel 1871, Nr. 996; Wachter 1978, S. 43, 92
220 Vgl. Brückner 1870, S. 598f.; Eisel 1871, Nr. 236; Behr 1927, S. 8; Wachter 1978, S. 80
221 Vgl. Brückner 1870, S. 599; Barth 1949, S. 52
222 Vgl. Wachter 1978, S. 117f.
223 Vgl. Brückner 1870, S. 599; N.N. 1925/6, S. 46f.
224 Vgl. Eisel 1871, Nr. 645
225 Behr 1927, S. 107
226 Vgl. Leichsenring 1928, S. 56, 140; Resch-Rauter 2006, S. 461f.
227 Vgl. Eisel 1871, Nr. 923; Leichsenring 1928, S. 52
228 Vgl. Leichsenring 1928, S. 169; Rosenkranz 1982, S. 19, 52; Resch-Rauter 1992, S. 475
229 Vgl. Barth 1949, S. 26
230 Vgl. Brückner 1870, S. 599; Eisel 1871, Nr. 895; Wachter 1978, S. 70; Klimpke 5/2004
231 Vgl. Brückner ebenda; Eisel 1871, Nr. 551, 895; Schmidt III 1916, S. 381
232 Vgl. Behr 1928, S. 26
233 Vgl. Köhler 1867, Eisel 1871, Bergner 1999, S. 23-29; Füssel 2003, S. 253; Wilde 2003, S. 158
234 Vgl. Sagittarius 1904, S. 344; Drechsel 1934, S. 131; Füssel 2003, S. 238f.; 244
235 Eisel 1871, Nr. 551
236 Vgl. Auerbach 1930, S. 112, 203
237 Vgl. Körner 1927/4, S. 59f.; Behr 1927, S. 8
238 Vgl. Barth 1949, S. 32
239 Klimpke: Franzosenstein, o.J.

Mönchgrün

240 Vgl. Schmidt II 1909, S. 1; Wachter 1978, S. 123
241 Vgl. Leichsenring 1928, S. 93, 121; Rosenkranz 1982, S. 37
242 Vgl. Lehfeld IX 1891, S. 57; Weiß 1995, S. 104f.; Dehio 1998, S. 821
243 Behr 1927, S. 104
244 Nach Wohl 2011, S. 189f.

Möschlitz

245 Vgl. Alberti 1837, S. 92
246 Vgl. Eisel 1871, Nr. 893; Auerbach 1930, S. 203; Wachter 1978, S. 69
247 Vgl. Alberti 1837, S. 92ff.; Paul 1976, S. 49
248 Vgl. Eisel 1871, Nr. 863, 960, 779
249 Alberti 1935, S. 94
250 Vgl. Schmidt u.a. 1843, S. 56; Lehfeld IX 1891, S. 58; Dehio 1998, S. 822f.
251 Vgl. Barth 1949, S. 11, 27, 32
252 Vgl. Behr 1927, S. 17f.
253 Vgl. Weidhaas 2009, S. 122-125

Crispendorf

254 Vgl. Alberti 1837, S. 95; Schmidt u.a. 2004; Pasold 1992, S. 25. Siehe auch Gruner 1990
255 Vgl. Torsy 1997, S. 291; Ulbricht 1957, S. 94; Weiß 1988, S. 71; Klimpke 5 (1997), S. 6; Wikipedia.de (abger. 20.04.2020)
256 Vgl. Alberti 2005, 1837, S. 95ff.; Mendner I 1917, S. 50, 61; Hänsel 1934/17; Derselbe 1937/4-7; Hüllemann 1939, S. 1006, 1016-1024, 1030
257 Hänsel 1961, S. 35. Siehe auch von Geldern-Crispendorf 1941, S. 30; Schmidt II 1927, S. 125; Petzold 1942, S. 72-90; Kiß o.J.
258 Vgl. Alberti 1837, S. 95ff.; Köhler 1923, S. 14; Bergemann u.a. 1926, S. 28f.; Schmidt II 1927, S. 125; Zippel 1937, S. 108; Hüllemann 1939, S. 1006, 1031, 1033; von Geldern-Crispendorf 1941, S. 30f.; Schleiz.de (abger. 20.04. 2020)
259 Lehfeld IX 1891, S. 48
260 Schmidt 1843, S. 60
261 Zitiert bei Weiß 1988, S. 71
262 Vgl. ebenda
263 Vgl. ebenda; Derselbe 2008, S. 106; Alberti 1837, S. 96; Schmidt 1843, S. 60; Eisel 1871, Nr.

738; Lehfeld IX 1891, S. 48f.; Wetzel 1939, S. 21, 27; Hüllemann 1939, S. 1012; Dehio 1998, S. 194f.
264 Vgl. Schmidt 1843, S. 60; Lehfeld IX 1891, S. 49; Wetzel 1939, S. 21
265 Zitiert bei Wetzel 1939, S. 23
266 Alberti 1837, S. 96f.
267 Mendner I 1917, S. 40
268 Vgl. Alberti 1837, S. 95; Köhler 1923, S. 14; Schmidt 1843, S. 60; Meinhof 2015, S. 33; Heller 2004
269 Vgl. Nitze 1872; von Hausen 1892, S. 360, 570f.; Mendner I 1917, S. 61; Franke 2007, S. 44f., 48; Hüllemann 1939, S. 966f., 1006; Werner 2013/9f., S. 264, 266
270 Vgl. Hüllemann 1939, S. 1006, 1012; Hänsel u. Behr 1926, S. 19; Wetzel 1939, S. 18, 20; Schmidt 1843, S. 59
271 Vgl. Schmidt 1843, S. 59; Lehfeld IX 1891, S. 48; Schmidt III 1916, S. 377; von Geldern-Crispendorf 1919; Köhler 1923, S. 145; Hüllemann 1939, S. 1012, 1033; Wetzel 1939, S. 18, 20; von Geldern-Crispendorf 1941, S. 21- 36, 38; Köhler 2003, S. 81; Kühn 2008, S. 17; Hagner 2008, S. 82; Blöthner 16 (2017), S. 35; Wikipedia.de (abger. 20.04. 2020)
272 Vgl. Alberti 1837, S. 97
273 Vgl. Eisel 1871, Nr. 1, 317; Drechsel 1934, S. 185; Leichsenring 1928, S. 166
274 Vgl. Leichsenring 1928, S. 204; Pfannenschmidt 2002; Köhler 1867, S. 32; Resch-Rauter 1992
275 Vgl. Alberti 1837, S. 97
276 Vgl. Drechsel 1934, S. 50; Eisel 1871, Nr. 58; Blöthner 2017 (I), S. 215-218; Wurmehl 2002, S. 76
277 Vgl. Alberti 1837, S. 94; Eisel 1871, Nr. 550; Drechsel 1934; Hofmann 2003, S. 36-39; Waniczek 1986; Eisel 1871, Nr. 549; OTZ, Lokalteil Schleiz (04.04.1994)
278 Vgl. Weidmann 1920
279 von Geldern-Crispendorf 1895, S. 235f., 239f.

Erkmannsdorf

280 Mendner I 1917, S. 5
281 Vgl. Schuhmann II 1815, S. 510; Mendner 1917, S. 61; Hüllemann 1939, S. 965, 1034; Rosenkranz 1982, S. 31; Wikipedia.de (abger. 20.04.2020)
282 Vgl. Hüllemann 1939, S. 1023, 1035-39, 1044f., 1048f.
283 Vgl. ebenda, S. 1050; Bergemann u.a. 1926, S. 30; Umbach 2008, S. 9
284 Vgl. Schulz, Lotter u. Vindel (um 1750); Zürner u.a. 1757; Schuhmann II 1815, S. 510; Alberti 1837, S. 98; Schmidt 1843, S. 60; Köhler 1923, S. 129, 146; Bergemann u.a. 1926, S. 30; Hüllemann 1939, S. 1034
285 Wetzel 2011, S. 129. Siehe auch Silge 2010

Dörflas

286 Vgl. ebenda; Klimpke 5 (1997), S. 7; Preußner 2002, S. 23; Wikipedia.de (abger. 15.07.2014). Siehe auch Statistisches Bureau 1895/1907, Gaul 1900
287 Vgl. Bergemann u.a. 1926, S. 29f.; Wetzel 1939; Blöthner III 2016, S. 30f.; Rühl 1929, S. 20; NN (25.09.1932); Werner 1956/4, S. 149; Weiß I 2007, S. 107
288 Vgl. Hüllemann 1939, S. 965f.; Wetzel 1939, S. 10f.
289 Hüllemann 1939, S. 966f.
290 Vgl. ebenda, S. 967f, 1006, 1009f., 1034ff.; Blöthner 61 (2018), S. 104
291 Vgl. Wetzel 1939, S. 12, 15, 22, 25, 27
292 Vgl. Hüllemann 1939, S. 1005; Wetzel 1939, S. 16, 28, 32, 38; Köhler 1923, S. 145
293 Vgl. Wetzel 1939, S. 36; Weiß 1988, S. 71f.; Derselbe I 2007, S. 107; Herden 2000, S. 178f.; Preußner 2002, S. 23; Förderverein Nikolauskapelle Dörflas e.V. 2011; Schaarschmidt (04.12.2011); Wikipedia.de (abger. 15.07.2014)
294 Hüllemann 1939, S. 999f.
295 Vgl. ebenda, S. 996-1000; Rühl 1929, S. 20; Wetzel 1939, S. 23; N.N. (25.09.1932); Petzold 1942, S. 98

296 Vgl. Lehfeld IX 1891, S. 49; Auerbach 1930, S. 199
297 Vgl. N.N. (25.09.1932)
298 Vgl. Rühl 1929, S. 20; Drechsel 1934, S. 31; Lotter 1939; Alberti 1837, S. 97f.
299 Vgl. Eisel 1871, Nr. 926; Bergner XXII 1901, S. 40; Werner 2007, S. 42
300 Vgl. Krause 1904, S. 39f., 67; Resch-Rauter 1992, S. 399, 460, 472, 482; Ulbricht 1957, S. 29, 272; Klimpke 5 (1997), S. 7
301 Brönner 1914, zitiert bei Hundt 1923, S. 95
302 Vgl. Groß 2005; Resch-Rauter 1992, S. 115-119; Weidermann 2006, S. 176
303 Vgl. Eisel 1871, Nr. 1
304 Eisel 1871, Nr. 15. Vgl. auch ebenda, Nr. 1
305 Vgl. Rühl 1903, S. 26f.; Keilitz 1920; Wetzel 1939 S. 57; Dietzel 2012, S. 189
306 Hänsel 1929, S. 31f.
307 Vgl. Drechsel 1934, S. 31; N.N. 179 (1938); Hänsel 1961, S. 31; Mittelsdorf 1986, S. 14f.
308 Vgl. Mittelsdorf 1986, S. 9, 11, 13-17, 20; Schmidt 2011, S. 119, 122f.; Preußner 2002, S. 22ff.; Althans 2003, S. 97; Wetzel 1939, S. 28; Hänsel 1961, S. 31; Wikipedia.de (abger. 23.03.2020)
309 Vgl. Preußner 2002, S. 23
310 Paul 1976, S. 7
311 Hüllemann 1939, S. 1023
312 Weidhaas 2001, S. 33
313 Vgl. ebenda, S. 33f.; Müller 2009, S. 6; Oberlandhefte 1929/9, S. 109
314 Müller 2009, S. 6

Grochwitz

315 Hänsel 1961, S. 30f. Siehe auch Hänsel 1924/12; Derselbe 1929, S. 27f.; Derselbe 1937/4-7; Schmidt u.a. 2004
316 Vgl. Alberti 1837, S. 95; Lehfeld IX 1891, S. 40; Werner 2007, S. 42; Weiß 1988, S. 67; Wachter 1959, S. 222; Klimpke 5 (1997), S. 10
317 Vgl. Schmidt 1843, S. 56; Mendner II 1917, S. 11ff, 43, 46, 53, 61; Köhler 1923, S. 145, 147; Bergemann u.a. 1926, S. 50; Zippel 1937, S. 109; Wikipedia.de (abger. 17.07.2014)
318 Schmidt 1843, S. 56
319 Vgl. ebenda; Schuhmann III 1816, S. 460; Alberti 1837, S. 95; Lehfeld IX 1891, S. 56; Liebeskind 1905, S. 65; Mendner I 1917, S. 39; Dehio 1998, S. 523; Weiß 1988, S. 68; Derselbe 2008, S. 87; Wikipedia.de (abger. 17.07. 2014)
320 Vgl. Hüllemann 1939, S. 1023; Wiefel IX 2006, S. 58f.
321 Zitiert bei Hänsel 1957/10, S. 296
322 Müller 2009, S. 6
323 Vgl. ebenda; Schmidt 1843, S. 56; Hundt 1923, S. 94; Hänsel 1957/10, S. 296
324 Vgl. Brückner 1870, S. 692; Eisel 1871, Nr. 585, 620.
325 Vgl. Clemens 1998, S. 13f.; Rudolph 2003, S. 44
326 Eisel 1871, Nr. 565

Bildnachweis:

-Cover oben: Nr. 1: Heinrichsruhe – Palais 1810 (Schmidt 1916 Tafel V), Nr. 2: Schleiz – Erholungsgebäude (Schmidt 1843), Nr. 3: Heinrichsruhe – Schweizer Haus (Schmidt 1916 Tafel V); Cover mittig: Nr. 4: Schleiz – Bergkirche (Schmidt 1916 Tafel IX), Nr. 5: Schleiz – Stadtansicht (Schmidt 1843); Cover vorn unten: Nr. 6: Schloß Burgk (Schmidt 1843), Nr. 7: Neundorf – Kirche (ebenda);
-S. 38, 62, 79: Schmidt 1843;
-S. 73: Schmidt III 1916 Tafel IX;
-S. 124: oben: Schmidt 1843, Mitte: Wetzel 1939; unten: Schmidt 1843

❖❖❖❖❖❖❖❖❖❖❖❖❖❖❖❖❖❖❖❖❖❖
❖　Text – Satz – Gestaltung: Der Verfasser　❖
❖❖❖❖❖❖❖❖❖❖❖❖❖❖❖❖❖❖❖❖❖❖

Die Reihe Plothener Hefte zur Thüringer Regionalgeschichte in 64 Bänden

Band 1: Sagenhafte Wanderungen im Land der Tausend Teiche um Plothen, Dreba, Knau, bis nach Crispendorf und Linda – 88 S. Broschürt

Band 2: Die Kirche zu Weira – Kirchgemeinde und Baugeschichte. Festschrift zur Wiedereinweihung der Marienkirche – 64 S. Broschürt

Band 3: Gespenster im alten Gera – Soziologische Untersuchungen zum Geisterphänomen – 112 S. Paperback

Band 4: Sagenorte und Sagengestalten in der Volksüberlieferung des Orlagaues unter besonderer Berücksichtigung magischer Pflanzen, gespenstischer Tiere und keltischer Flurnamen – 80 S. Broschürt

Band 5: Die Herrschaft der Universität Jena über die Stadt Apolda im 18. Jahrhundert – Ein Rationalistischer Herrschaftsstil? – 72 S. Broschürt

Band 6: Die Jenaer Umgebung als Erinnerungslandschaft – Ästhetisierung und Rezeptionswandel – 104 S. Paperback, *ISBN 978-3-743-17616-4*

Band 7: Das Kriegsende 1945 in Thüringen in Augenzeugenberichten – 156 S. Paperback, *ISBN 978-3-744-89717-4*

Band 8: Geschichte und Geschichten aus dem Orlagau – Eine alte Kulturlandschaft stellt sich vor – 96 S. Broschürt

Band 9: Eine kleine Geschichte der Landwirtschaft in Ostthüringen unter besonderer Berücksichtigung des Saale-Orla-Kreises – 128 S. Broschürt

Band 10: Der Dreißigjährige Krieg in Thüringen [1618-1648] – Östlicher Teil: Reuß, Schwarzburg, Orlagau, Holz- und Osterland, 396 S. Hardcover, *ISBN 978-3-741-29289-7*

Band 11: Eine kleine Geschichte der Jagd und des Waldes im Saale-Orla-Kreis – 80 S. Bro.

Band 12: Kamen die Reußen von der Unstrut? – Das Kloster Homburg bei Bad Langensalza und seine Gründer – 96 S. Paperback, *ISBN 978-3-743-17635-5*

Band 13: Fackeln des Krieges – Nordischer Krieg, Siebenjähriger Krieg und Napoleonische Kriege an Saale, Orla und Wisenta [1700–1815], 232 S. Paperback

Band 14: Geheimnisse der Vorzeit im Orlagau – Von den Jägern und Sammlern der Urzeit bis zu den Kelten – 116 S. Broschürt

Band 15: Waldlandvölker – Germanen und Sorben im Saale-Orla-Raum – Vom Leben im Ersten Jahrtausend nach Christi – 2 Teilbände: 60/68 S. Paperback

Band 16: Die Geschichte der Arbeiterbewegung im Fürstentum Reuß älterer Linie – Ziviler Ungehorsam im 19. Jahrhundert – 80 S. Paperback, *ISBN 978-3-743-17627-0*

Band 17: Wie dunkel war das Mittelalter? – Der Saale-Orla-Raum vom Mittelalter bis zur Frühneuzeit [899–1567] – 116 S. Broschürt

Band 18: Zwischen Heil und Verdammnis – Christianisierung und Reformierung im Saale-Orla-Raum [950–1590] – Eine etwas andere Kirchengeschichte, 104 S. Broschürt

Band 19: Abschied von der alten Saale – Zur Geschichte der Jagd, der Fischerei und des Waldes – Anmerkungen zur Entstehung der Städte und des Handels – Vom alten Bergbau-, Hütten-, Mühlen- und Flößereiwesen, in: Beiträge zur Wirtschafts-, Sozial- und Alltagsgeschichte des Saale-, Orla- und Wisenta-Raumes, Band 2 [Sammelband der Folgen 11, 22, 23, 24, 25] – 376 S. Paperback, *ISBN 978-3- 744-81273-3*

Band 20: Krobitz im Wandel der Zeiten – Festschrift zum 400-jährigen Jubiläum der Wieder-aufrichtung der St. Annenkapelle – 88 S. Paperback

Band 21: Geschichte des Saale-Orla-Raumes: Orlasenke und Oberland – Eine Landes-Chronika von den frühesten Anfängen der Besiedlung bis zu den Kelten – Von den Germanen und Sorben bis zur frühdeutschen Zeit – Vom Hochmittelalter und der Kolonisation bis zur Frühneuzeit des Jahres 1599 [Sammelband der Folgen 14, 15, 17, 18] – 420 S. Paperback, *ISBN 978-3-743-15120-8*

Band 22: Alte Bergwerke und Goldseifen im Saale-Orla-Raum – Wissenswertes über eine vergessene Bergbauregion – 64 S. Paperback

Band 23: Mühlen, Hammerwerke, Schmelzhütten an Saale und Orla – Zur regionalen Industriegeschichte in ›Händischer Zeit‹ – 64 S. Broschürt

Band 24: Alte Handelsstraßen und Floßverkehr im Saale-Orla-Raum – 60 S. Broschürt

Band 25: Die Stadt und ihre Nachbarschaft – Urbane Strukturen im Neustädter Kreis und im Reußischen Oberland während der Frühneuzeit – 80 S. Broschürt

Band 26: Von alten Bräuchen und Festtagen im Saale-Orla-Kreis – 48 S. Broschürt

Band 27: Rittergüter im Saale-, Orla- und Wisenta-Raum – Entstehung, Machtentfaltung, Untergang – 200 S. Paperback

Band 28: Sagen und Altertümer in Neustadt a. d. Orla und Umgebung – 112 S. Broschürt

Band 29: Sagenhafte Wanderungen in Ziegenrück und Umgebung – 268 S. Paperback, *ISBN 978-3-752-62429-8*

Band 30: Sagenhafte Wanderungen im Saale-Orla-Raum, Band 1: Obere Orlasenke mit Neustadt/ Orla, Triptis, Auma und Umgebung [Sammelband der Folgen 1 (teils), 4, 28, 42] – 436 S. Paperback, *ISBN 978-3-746-03016-6*

Band 31: Weyrische Chronik, Band 1: Das Dorf Weira und seine nähere Umgebung in Geschichte und Gegenwart – 284 S. Paperback

Band 32: Weyrische Chronik, Band 2: Beiträge zur Wirtschafts-, Schul- und Kirchengeschichte sowie zur Ortsflur und zur Infrastruktur von Weira [Zusammen mit der Folge 62] – 264 S. Paperb.

Band 33: Harry Blöthner: **Meine Lebenswege** [1924-1948] – 72 S. Paperback

Band 34: Sagenhafte Wanderungen in der Aga-Hochebene und im südlichen Lößhügelland von Steinbrücken nach Pölzig – 60 S. Broschürt

Band 35: Sagenhafte Wanderungen von Langenberg durch das Brahmetal nach Bethen-hausen – 68 S. Broschürt

Band 36: Sagenhafte Wanderungen um Bad Köstritz – 68 S. Broschürt

Band 37: Sagenhafte Wanderungen im Bundsandsteingebiet westlich der Weißen Elster durch den Saarbach-, Erlbach-, Weißiger Grund – 88 S. Broschürt

Band 38: Sagenhafte Wanderungen in Ronneburg und Umgebung sowie durch das Gessental nach Pforten – 80. S. Broschürt

Band 39: Sagenhafte Wanderungen im Geraer Becken, Erster Teil: Das Gebiet westlich der Weißen Elster mit dem Stadtwald – 68 S. Broschürt

Band 40: Sagenhafte Wanderungen im Geraer Becken, Zweiter Teil: Das Gebiet östlich der Weißen Elster mit dem alten Gera – 96 S. Broschürt [Zusammen mit Band 39 auch als Paperback]

Band 41: Sagenhafte Wanderungen um Weida – 96 S. Paperback

Band 42: Sagenhafte Wanderungen in Triptis, Auma und Umgebung – 80 S. Paperback

Band 43: Eine sagenhafte Wanderung auf der Hochebene nördlich von Oettersdorf – 72 S. Pp

Band 44: Sagen und Altertümer von Schleiz und Umgebung – 152 S. Paperback, *ISBN 978-3-752-62605-6*

Band 45: Sagenhafte Wanderungen in Tanna und Umgebung – 68 S. Broschürt

Band 46: Sagenhafte Wanderungen um Gefell, Hirschberg und Blankenberg – 68 S. Paperb.

Band 47: Sagenhafte Wanderungen in der Gemeinde Remptendorf und auf den Saale- und Sormitzhöhen – 68 S. Broschürt

Band 48: Sagen und alte Geschichten aus Saalburg-Ebersdorf und Umgebung – 80 S. Brosch.

Band 49: Sagenhafte Wanderungen durch die Saale-Rennsteig-Region: Blankenstein und Umgebung – 48 S. Broschürt

Band 50: Sagen und Altertümer aus Bad Lobenstein und Umgebung sowie aus der Erinnerungslandschaft um ›Saalpolynesien‹ – 60. S. Broschürt

Band 51: Sagenhafte Wanderungen im Raum Wurzbach, im Sormitztal und im [thüringischen] Frankenwald – 56 S. Broschürt

Band 52: Sagenhafte Wanderungen in Ranis und Umgebung, Teilband 1: Stadt und Burg Ranis mit den Zechsteinriffen um Brandenstein – 84 S. Broschürt

Band 53: Sagenhafte Wanderungen in Ranis und Umgebung, Teilband 2: Die Dörfer zwischen Ranis und der Oberen Saale – 84 S. Broschürt

Band 54: Sagenhafte Wanderungen um Krölpa und in den Wäldern der Heide – 64 S. Brosch.

Band 55: Sagen und Altertümer aus Pößneck und Umgebung – 88 S. Broschürt

Band 56: Sagenhafte Wanderungen in der Verwaltungsgemeinschaft Oppurg; Teil 1: Von Oppurg über die Heidewälder nach Langenorla und Kleindembach – 80 S. Broschürt

Band 57: Sagenhafte Wanderungen in der Verwaltungsgemeinschaft Oppurg; Teil 2: Von Wernburg über die Bahrener Höhe nach dem Weiraer Wald – 88 S. Broschürt

Band 58: Sagen und Altertümer von den Zechsteinriffen der Orlasenke – 88 S. Broschürt

Band 59: Sagenhafte Wanderungen zwischen Saale und Ilm östlich von Leutenberg – 68 S. Broschürt

Band 60: Sagenhafte Wanderungen um Schloß Burgk und seine Umgebung – 56 S. Broschürt

Band 61: Thüringer Fürsten im 18. Jahrhundert und ihre Herrschaft: Die Höfe von Coburg, Ebersdorf, Eisenberg, Gera, Gotha, Greiz, Köstritz, Lobenstein, Neustadt/Orla, Rudolstadt, Saalfeld, Schleiz, Weida, Weimar, Zeitz u.a. – 200 S. Paperback, *ISBN 978-3-743/17622-5*

Band 62: Harry Blöthners Weiraer Familienbuch – Familien in Weira [1850-1950] – Haus- und Familiengeschichte[n], 132 S. Paperback

Band 63: Sozialistische Landwirtschaft und LPGisierung im Saale-Orla-Raum [1945-1990], 144 S. Paperback

Band 64: Ende oder Neubeginn? – Landwirtschaftliche und Ländliche Entwicklung im Saale-Orla-Kreis zur Zeit des Konsumismus nach 1990, 64 S. Paperback

Alexander Blöthner:

**Beiträge zur Wirtschafts-,
Sozial- und Alltags-
geschichte des Saale-,
Orla- und Wisenta-Raumes**

Band 1:
Wie es damals bei uns war
Eine Geschichte der Landwirtschaft und des Dorflebens,
der Sitten und Gebräuche, der Bauernhöfe und der
Rittergüter im Land zwischen Saale und Orla

656 S. PAPERBACK
ISBN 978-3-734-78731-7

Band 2:
Abschied von der alten Saale
Zur Geschichte der Jagd, der Fischerei und des Waldes
Anmerkungen zur Entstehung der Städte und des Handels
Vom alten Bergbau-, Hütten-, Mühlen- und Flößereiwesen

356 S. PAPERBACK
ISBN 978-3-744-81273-3

Alexander Blöthner:

**Geschichte des Saale-Orla-Raumes:
Orlasenke und Oberland**

Band 1:
Eine LandesChronika
von den frühesten Anfängen der Besiedlung bis zu den Kelten –
von den Germanen und Sorben bis zur frühdeutschen Zeit –
vom Hochmittelalter und der landwirtschaftlichen Kolonisation
bis zur Frühneuzeit des Jahres 1599

420 S. PAPERBACK, 75 BILDER
ISBN 978-3-743-15120-8

Band 2:
Eine LandesChronika
des 17. und 18. Jahrhunderts mit dem Dreißigjährigen Krieg,
dem Zeitalter des Absolutismus und der fürstlichen und gräflichen Residenzen in der Region, dem Nordischen Krieg
[1700–1721] und dem Siebenjährigen Krieg [1756–1763]
bis hin zum Ende der Napoleonischen Zeit 1815

660 S. PAPERBACK, ISBN 978-3-743-12886-6

Alexander Blöthner:

Sagenhafte Wanderungen im Saale-Orla-Kreis
Sagen und alte Geschichten – Schlösser – Burgen – Rittergüter – Kirchen
Mühlen – Hammerwerke – Hochöfen – Brauchtum – keltische Flurnamen
Höhlen – Archäologische – Fundstätten – Heidnische Kultverdachtsplätze

Band 1: Die Obere Orlasenke mit Neustadt, Triptis, Auma und Umgebung
308 S. Paperback, ISBN 978-3-744-85164-0
Band 2: Das Oberland östlich der Saale mit Schleiz, Ziegenrück, Tanna, Gefell, Hirschberg
und Umgebung, 436 S. *Paperback, ISBN 978-3-744-85217-3*
Band 3: Das Oberland zwischen Saale, Sormitz und Frankenwald mit Bad Lobenstein,
Saalburg-Ebersdorf, Remptendorf, Leutenberg und Umgebung
320 S. Paperback, ISBN 978-3-738-65827-9
Band 4: Untere Orlasenke um Pößneck, Ranis und Oppurg mit den Zechsteinriffen
656 S. Paperback, ISBN 978-3-739-22749-8

Alexander Blöthner:
Mythen und Legenden aus dem Geraer Raum
Sagen und Altertümer – Rittergüter und Kirchen – Alteuropäische Flurnamen,
Fundstätten und Kultplätze   ISBN 978-3-732-23148-5, 400 S. Paperback

Alexander Blöthner:
Magische Orte in Leipzig und Umgebung
Sagen und Mythen, Legenden und Altertümer, Vorzeitliche Flurnamen,
Fundstätten, Heidnische Kult- und Kultverdachtsplätze der Tieflandsbucht
Band 1: Das Stadtgebiet mit den Vororten,   *ISBN 978-3-741-29290-3, 276 S. Paperback;*
Band 2: Die weitere Umgebung von Leipzig, *ISBN 978-3-741-29291-0, 352 S. Paperback*

Alexander Blöthner:
Kamen die Reußen von der Unstrut?
Das Kloster Homburg bei Bad Langensalza und seine Gründer
88 S. Paperback, ISBN 978-3-743-17635-5

Alexander Blöthner:
Der Dreißigjährige Krieg in Thüringen [1618–1648]
Östlicher Teil: Reuß, Schwarzburg, Orlagau, Holz- und Osterland
ISBN 978-3-741-29289-7, 396 S. Hardcover

Alexander Blöthner:
Thüringer Fürsten und ihre Herrschaft im 18. Jahrhundert
Coburg, Ebersdorf, Eisenberg, Gera, Gotha, Greiz, Köstritz, Lobenstein
Neustadt/Orla, Rudolstadt, Saalfeld, Schleiz, Weida, Weimar, Zeitz u.a.
200 S. Paperpack, ISBN 978-3-743-17622-5

Alexander Blöthner:
Das Kriegsende 1945 in Thüringen aus Sicht der Zivilbevölkerung
ISBN 978-3-744-89717-4, Vierte Auflage, 156 S. Paperback

Alexander Blöthner

Magische
Augenblicke

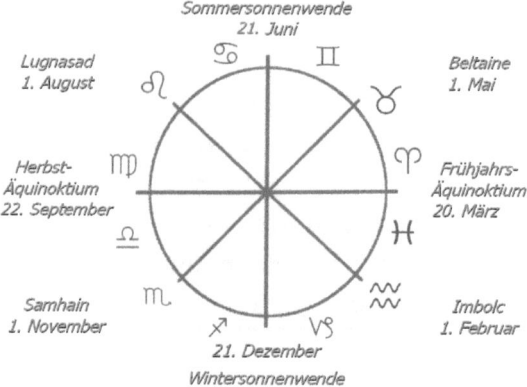

Jahreskalender
mit allen wichtigen
Monats-, Tages- und
Stundenqualitäten unter
dem Einfluss der Gestirne

Mit den Glücks-, Los- und Schwendtagen,
bedeutenden Tagesheiligen, westlichem
Mondkalender, Festen und Brauchtum im
Jahreslaufe – Wochenübersicht (vertikal)

196 S. Hardcover, ISBN 978-3-749-46577-4